21世纪高职高专财经类能力本位型规划教材

国际金融

主　编　张艳清
副主编　柳国华　刘志彬

北京大学出版社
PEKING UNIVERSITY PRESS

内容简介

本书主要介绍国际间的货币金融关系，在介绍国际金融一般理论和知识的同时，注重对我国对外货币金融问题的说明与分析。全书共分为七大项目，主要阐述国际收支、汇率及汇率制度、外汇市场业务、外汇市场衍生金融工具、外汇风险及其管理、国际结算及国际融资、国际货币体系方面的内容。本书在编写风格和体例上，注重实务性，例题、习题接近现实经济活动。本书在保证有关基本理论完整性的前提下，侧重于实务操作的介绍，突出了国际金融作为应用学科的课程特点，具有较强的时代性和理论性。

本书适合作为高职高专财经类、经管类专业的专业基础课教材，也可作为各类职业资格考试的经济基础知识教材，还可作为社会从业人员了解金融常识的实用读物。

图书在版编目(CIP)数据

国际金融/张艳清主编．—北京：北京大学出版社，2012.8
(21世纪高职高专财经类能力本位型规划教材)
ISBN 978-7-301-21097-0

Ⅰ.①国…　Ⅱ.①张…　Ⅲ.①国际金融—高等职业教育—教材　Ⅳ.①F831

中国版本图书馆CIP数据核字(2012)第187094号

书　　名：**国际金融**
著作责任者：张艳清　主编
策划编辑：蔡华兵
责任编辑：陈颖颖
标准书号：ISBN 978-7-301-21097-0/F·3285
出 版 者：北京大学出版社
地　　址：北京市海淀区成府路205号　100871
网　　址：http://www.pup.cn　http://www.pup6.cn
电　　话：邮购部62752015　发行部62750672　编辑部62750667　出版部62754962
电子邮箱：pup_6@163.com
印 刷 者：三河市北燕印装有限公司
发 行 者：北京大学出版社
经 销 者：新华书店
787mm×1092mm　16开本　12.75印张　295千字
2012年8月第1版　2015年1月第2次印刷
定　　价：26.00元

前　言

本书根据高等职业技术教育对国际金融、国际贸易等专业学生的要求编写而成，注重培养应用性职业岗位群所需新型人才的特定素质、知识及能力，并将这些要求体现在每个项目的内容和项目练习上，用具体的技能训练和实训来促使学生进一步掌握所学知识。

随着我国对外贸易往来越来越频繁，经济全球化势必加强金融一体化进程。国际金融课程所涵盖的内容很多，学生需要掌握的外汇知识也很多。本书根据金融贸易行业发展的特点，结合高职教育课程改革情况，选取了国际收支、汇率及汇率制度、外汇市场业务、外汇市场衍生金融工具、外汇风险及其管理、国际结算及国际融资、国际货币体系这 7 个项目来进行讲解，内容体系较为完整。

由于国际金融专业性很强，所以本书力求用清晰的条理、通俗的语言、简明的计算使读者能基本掌握外汇知识。同时，本书编写对授课对象和金融专业的特性进行了充分的考虑：一是高职高专教育以人才市场需求为导向，培养实用型人才，让学生在接受较完整的高等教育的同时，具备较好的职业技能；二是金融是实践性很强的学科和专业，必须注重应用能力、运作能力和职业素质的培养。

本书由济源职业技术学院张艳清担任主编，济源职业技术学院柳国华和华北电力大学刘志彬担任副主编，济源职业技术学院的杨倩、何芳、宋妍参与了教材的编写。全书共七大项目。其中张艳清编写项目二、项目三，刘志彬编写项目一、项目四，杨倩编写项目五，柳国华、何芳、宋妍共同编写项目六、项目七。

本书在编写过程中，参考了国内外相关书目，并从中借鉴和吸收了许多有价值的内容，在此向有关专家、作者表示衷心的感谢！同时，还要感谢河南宏鑫投资公司卢晓荣总经理在编写外汇衍生金融工具时给予的真诚帮助！

由于编者水平有限，加之编写时间仓促，书中难免有疏漏和不足之处，敬请广大读者批评指正。

编　者
2012 年 4 月

目　　录

项目一 国际收支

项目导读

2011 年我国国际收支继续“双顺差” 四季度资本项目转为逆差

本报北京 3 月 31 日讯 记者崔文苑报道：国家外汇管理局今天公布的 2011 年第四季度及全年我国国际收支平衡表显示，2011 年我国国际收支继续保持经常项目与资本项目“双顺差”。但第四季度资本和金融项目转为逆差，为 2010 年外汇局按季度公布国际收支数据以来资本和金融项目首现逆差。

统计显示，2011 年前 3 个季度，国际通行口径的跨境资本净流入 2 500 亿美元，较 2010 年同期增长 62%。第四季度，在美欧主权债务危机影响下，国际资本避险情绪加重，跨境资金净流入套利倾向减弱，资本和金融项目转为净流出 290 亿美元。交易形成的外汇储备增加额也由前 3 季度同比多增 888 亿美元，转为全年少增 847 亿美元。

2011 年第四季度，我国国际收支经常项目呈现顺差，资本和金融项目转为逆差，国际储备资产继续增加。经常项目顺差 605 亿美元，其中，按照国际收支统计口径计算，货物贸易顺差 706 亿美元，服务贸易逆差 152 亿美元，收益顺差 27 亿美元，经常转移顺差 23 亿美元。资本和金融项目逆差 290 亿美元，其中，直接投资净流入 490 亿美元，证券投资净流入 13 亿美元，其他投资净流出 805 亿美元。

外汇局表示，2008 年以来，我国经常项目顺差与 GDP 之比逐步降至国际公认的合理区间，既体现了国内经济发展方式转变、涉外经济政策调整的成效，也反映了国外经济金融形势的变化，还显示出人民币汇率正逐渐趋于合理均衡水平。

外汇局还表示，2012 年，预计我国国际收支仍总体保持顺差格局，但顺差规模将继续稳步回落，短期波动可能加大。下一阶段，外汇管理工作将把握好“稳中求进”的工作总基调，巩固和扩大应对国际金融危机冲击成果，进一步提高外汇管理服务实体经济的能力，稳步推进贸易外汇管理等重点领域改革，防范和打击“热钱”流入，促进国民经济平稳较快发展。

（资料来源：经济日报．2012－04－01）

任务一　国际收支概述

『任务目标』

1. 掌握外汇及国际收支的内涵
2. 掌握国际收支平衡表的内容

『任务引入』

你认识下面的货币吗？学习完外汇的相关知识后，看看哪种货币在中国可称之为外汇？

『知识内容』

一、外汇

1. 外汇的概念

外汇是国际汇兑的简称。

外汇的概念有动态和静态之分。

动态的外汇，是指把一国货币兑换为另一国货币，以清偿国际间债务的金融活动。从这个意义上讲，外汇等同于国际结算。静态的外汇，从广义来讲，是指下列以外币表示的可以用作国际清偿债务的支付手段和资产，具体包括：

（1）外国货币，包括纸币、铸币。

（2）外币支付凭证，包括票据、银行存款凭证、邮政储蓄凭证等。

（3）外币有价证券，包括政府债券、公司债券、股票等。

（4）特别提款权、欧洲货币单位。

（5）其他外汇资产，包括各种外汇投资收益，如股息、利息、债息、红利等。

2. 外汇的要素

（1）具有真实的债权债务基础。

（2）票面所标示的货币一定是可兑换货币。

在我国，以中国银行为例，有约20余种外币可以在外汇市场上挂牌买卖，它们是：美元(USD)、欧元(EUR)、日元(JPY)、英镑(GBP)、瑞士法郎(CHF)、荷兰盾(NLG)、比利时法郎(BEC)、丹麦克郎(DKK)、瑞典克郎(SEK)、港元(HKD)、加拿大元(CAD)、澳大利亚元(AUD)、新西兰元(NZD)、新加坡元(SGD)、澳门元(MOP)、菲律宾比索(PHP)、韩国元(KRW)、泰国铢(THB)、挪威克朗(NOK)等。

（3）是一国外汇资产，能用以偿还国际债务。

3. 外汇的作用

（1）作为国际购买手段，进行国际间货物、服务等产出的买卖。

（2）作为国际支付手段，进行国际商品、国际金融、国际劳务、国际资金等方面债权债务的清偿。

（3）作为国际储备手段，支付一国必须偿还的债务，维持本币汇率的稳定，促进经济增长。

（4）作为国际财富的象征，实际是对国外债权的持有，并能转化为其他资产。

相关链接

外汇黄金介绍

外汇黄金是外汇和黄金的合称，因为在金融投资市场中，外汇和黄金往往是相关性最强的，所以人们习惯于把黄金和外汇并列提及。黄金实物就是买来大量的黄金，等待升值，万一跌了，就没有利润了，而且占用资金很大。随着人们经济能力和金融知识的提高，单向获利的股票市场已经不能满足投资者的金融需求，越来越多的人转向更具操作空间和投资价值的黄金外汇市场。

（资料来源：青年导报网.2011-12-22）

二、国际收支平衡表

1. 国际收支的概念

1）狭义的国际收支

狭义的国际收支是指一定时间内与外汇收支有关的国际经济交易(建立在现金收付的基础上)。世界各国由于政治、经济、文化等各方面的交往十分频繁，从而在国与国之间形成了债权与债务关系，这种国际借贷关系所体现的债权债务到期时必须以货币形式(外汇)结清支付，从而形成一国的外汇收入与支出。

2）广义的国际收支

广义的国际收支是指在一定时期内(通常为1年)，一国居民与非居民之间的各种经济交易的系统记录，即由贸易、非贸易及资金往来引起的国际间资金收支。广义的国际收支概念从第二次世界大战后为各国所采用。第二次世界大战后，国际经济交易的内容和方式有了很大变化和发展，出现了无偿援助、易货贸易、记账贸易、补偿贸易、资本的国际流动等不涉及外汇收支的国际经济交易及私人赠与、侨汇等无偿资金转移。

相关链接

居民与非居民：

(1) 居民是指在一国(或地区)居住或营业的自然人或法人。

(2) 非居民是指在一国(或地区)以外居住或营业的自然人或法人。

确定居民与非居民的方法包括：

(1) 身在国外而不代表政府的任何个人，依据经济利益中心或长期居住地确定其居民身份。

(2) 法人组织是其注册国(或地区)的居民。

(3) 一国外交使节、驻外军事人员，不论在国外时间长短都属派出国的居民。

(4) 国际机构，如联合国、IMF(International Monetary Fund，国际货币基金组织)、世界银行集团等不是任何国家的居民，而是所在国家的非居民。

(5) 居民和非居民由政府、个人、非营利团体和企业构成。

广义的国际收支是一个流量概念。国际收支所反映内容为经济交易，一国国际经济交易的内容可分为5类。

(1) 金融资产与劳务、商品交换。

(2) 商品、服务与商品、服务间的交易。

(3) 金融资产之间的交易。

(4) 无偿单方面的商品劳务转移。

(5) 无偿单方面的金融资产转移。

2. 国际收支平衡表的概念及内容

1）国际收支平衡表的概念

国际收支平衡表是指一国将其一定时期内(通常为1年)的全部国际经济交易，根据交易的内容和范围，按照经济分析的需要设置账户或项目编制出来的统计报表。它是一国与其他国家之间所发生的国际收支按项目分类统计的一览表，集中反映了该国国际收支的具体构成和总况，对政府决策以及经济学家进行分析具有重要的意义和参考价值。

2）国际收支平衡表的编制原理与记账法则

(1) 编制原理。

它是按照现代会计学的复式记账原理编制的，即“有借必有贷，借贷必相等”。以借、贷作为符号，每个项目都有借方和贷方两栏。借方记录资产的增加和负债的减少，贷方记录资产的减少和负债的增加。

(2) 记账法则。

① 凡引起本国外汇收入的项目，即凡是引起外国对本国的支付项目(亦称正号项目)，记入贷方，记为“+”，如商品劳务出口、从国外取得的单方面转移收入、资本流入等，并有如下所示的等式。

贷方项目＝正号项目＝外国居民向本国居民支付的交易＝外汇供给项目

② 凡引起本国外汇支出的项目，即凡是引起本国对外国的支付(亦称负号项目)，记入借方，记为“−”，如商品劳务进口、向外国居民的单方面转移支出、资本流出等，并有如下所示的等式。

借方项目＝负号项目＝本国居民向外国居民支付的交易＝外汇需求项目

由于每笔交易都要同时记入借方和贷方，国际收支平衡表的借方总额和贷方总额是相等的，其差额为零。但是，就平衡表的每个项目而言，借贷双方的金额并不一定相等，而有差额。当收入大于支出而有盈余时，称为顺差；反之则称为逆差。有人称逆差为赤字，而称顺差为黑字。

3）国际收支平衡表的内容

国际收支平衡表所包括的内容极为广泛，各国结合自身情况自行编制的国际收支平衡表详简不一，各具特点。《国际收支手册(第六版)》(2008.12)中标准格式平衡表分列下述五大项目。

(1) 经常账户。

经常账户又称经常项目，是国际收支平衡表中最基本、最重要的项目，反映居民与非居民们经常发生的经济交易内容，在一国国际收支中占有最基本、最重要的地位，是一国对外经济交往的基础和主体，其中包括4个具体项目。

① 贸易收支，又称有形贸易，它不仅是经常项目中而且也是整个国际收支中最重要的项目。因为它记录了一国全部的商品出口和进口，并最终直接反映一国的经济实力。商品出口记入贷方，商品进口记入借方，其差额称为贸易差额或有形贸易差额。根据IMF统计口径，商品进出口额均按FOB(Free On Board离岸价)价格计算。

② 服务，又称无形贸易，指为外国服务和利用外国的服务而引起的外汇收支。服务输出记入贷方，服务输入记入借方，登录运输、旅游、通信、建筑、保险、金融、邮电、计算机与信息服务、咨询设计、专利权使用等劳务所发生的外汇收支。

③ 收益，又称收入，记录因生产要素在国际间流动而发生的外汇收支，包括：职工报酬，其中本国雇佣外国工人记入借方，外国雇佣本国工人记入贷方；投资收入，指居民与非居民之间有关金融资产与负债的收入与支出，包括有关直接投资、证券投资和其他投资而产生的利息、利润、股利和红利等外汇收支。

④ 经常转移，又称无偿贸易，指商品、劳务、金融资产在居民与非居民之间转移后未得到补偿与回报，故称无偿(单方面)转移。主要包括：各级政府的无偿转移，如战争赔款，政府间的军援、经援和捐赠，政府与国际组织间定期交纳的费用，以及国际组织为执行某项政策而向各国政府提供的转移等；私人无偿转移，如侨汇、遗产继承、赡养费、年金、退休金、抚恤金和资助性汇款等。

相关链接

驻印度大使张炎向那烂陀大学转交捐款

2011年11月15日，驻印度大使张炎代表中国政府在印度国际中心向那烂陀大学转交了100万美元捐款。那烂陀大学副校长萨巴瓦尔博士代表校方接受了捐款。使馆王雪峰公使、印外交部那烂陀项目主管司长米什拉、东亚司司长班浩然及校方代表等出席了交接仪式。

张炎大使在致辞中表示，温家宝总理去年12月访印时宣布向那烂陀大学重建项目捐款100万美元，这是中国人民对印度人民的友好表示，体现了中国政府对那烂陀大学重建项目的具体支持。经友好协商，这笔款项将主要用于修建一个中国风格的图书馆。希望重建项目能增进中印人文交流，促进中印两国和两国人民的相互理解和友谊。

萨巴瓦尔表示，这是校方收到的第一笔正式捐款，十分感谢中国政府的支持，希望双方进一步加强交流与合作。萨还表示，交接仪式上首次正式对外公布那烂陀大学校徽，体现了校方对中方捐款的重视。

那烂陀大学古称那烂陀寺，中国唐代高僧玄奘等曾在那里学习，后该校毁于战乱。

人民日报、新华社、国际台等中国驻印媒体及印报托、亚洲国际新闻社、印度新闻等部分印度媒体参加现场采访报道。

(资料来源：中华人民共和国外交部.2011－11－17)

(2) 资本金融账户。

① 资本账户，反映资产在居民与非居民间转移。分列两个项目：其一是资本转移，包括投资捐赠和债务注销的外汇收支，投资捐赠可以现金形式，也可以实物形式来进行(如交通设备、机器和机场、码头、道路、桥梁、医院等建筑物)，债务注销即债权国放弃债权，而不要求债务国给予回报；其二是非生产、非金融资产的收买或出售，包括那些非生产就存在的资产(土地、地下矿藏)和某些无形资产(专利权、商标权、经销权等)收买或出售而发生的外汇收支。

② 金融账户，反映居民与非居民间投资与借贷的增减变化，分为3个项目：其一是直接投资，指投资者对在国外投资的企业拥有10%或10%以上的普通股或投票权，从而对该企业拥有有效的发言权，在直接投资项下又包括股本投资、其他资产投资及利润收益再投资等；其二是证券投资，也称间接投资，指居民与非居民之间投资于股票、债券、大额存单、商业票据以及各种衍生金融工具等；其三是其他资本，指上述两项投资未包括的其他金融交易，如贷款、预付款、融资租赁、货币、存款等。

相关链接

融资租赁(Financial Leasing)，又称设备租赁(Equipment Leasing)或现代租赁(Modern Leasing)，是指实质上转移与资产所有权有关的全部或绝大部分风险和报酬的租赁。资产的所有权最终可以转移，也可以不转移。

它的具体内容是指出租人根据承租人对租赁物件的特定要求和对供货人的选择，出资向供货人购买租赁物件，并租给承租人使用，承租人则分期向出租人支付租金，在租赁期内租赁物件的所有权属于出租人所有，承租人拥有租赁物件的使用权。租期届满，租金支付完毕并且承租人根据融资租赁合同的规定履行完全部义务后，租赁物件所有权即转归承租人所有。

比如建筑单位(甲)需用某种机械，但是又不愿意去购买时，可以和租赁公司(乙)达成协议，让该租赁公司按指定的型号、品种去某处(丙)买，然后再租赁。与一般租赁不同的是：一般租赁为租赁公司自有机械设备出租，一般为通用机械设备，租赁价格较低；而融资租赁为租赁公司所没有的设备，通常为较罕见的机械或外国设备，租赁价格较高，但承租方不用花大笔资金购买，同时必须按合同履行租赁义务，不能买而不租。

(3) 净差错与遗漏。

根据复式记账，每笔交易同时记入有关项目的借方与贷方，数额相等，国际收支各项目差额恰好正负相等，净额为零，但由于资料来源不一、不准确、不齐全，统计口径不一(官方、海关、民间、商务、交通等部门产生统计上的错误与遗漏)，还有故意隐瞒(如军费开支、企事业收入隐瞒)，统计数字估算、重复计算和漏算等使国际收支表产生不平衡。此项目是人为设立的，以轧平平衡表中借贷方总额，其具体金额为经常账户、资本账户与金融账户、储备与相关项目数额之间的差额，使其在形式上达到平衡。

(4) 总差额。

总差额等于经常账户差额加上资本账户差额和净差错与遗漏三大项目金额的总和。综合差额反映在一定时期(报告期)内，一国的国际收支状况对其储备的影响，即通过使用和取得储备，有时也包括那些视作储备替代物的其他金融账户(例如使用基金组织的贷款)，来弥补的国际收支不平衡的差额的多少。因此，当综合差额为顺差时，储备资产相应地增加(记为负)；当综合差额为逆差时，储备资产则相应地减少(记为正)。

(5) 储备与相关项目。

储备与相关项目是为平衡总差额而设立的项目。因此其记录的方向与总差额借贷记录的方向相反(数额相等，符号相反)，即总差额为顺差，则储备与相关项目记"—"；如果总差额为逆差，则储备与相关项目记“＋”，以求与总差额的最终平衡。

储备资产，又称官方储备或国际储备，是指一国国际收支出现顺差或逆差时，该国货币当局所拥有的、可用来平衡国际收支的储备资产。国际收支顺差表现为储备资产增加，逆差则为减少。

储备资产包括 4 个项目：货币性黄金、外汇、特别提款权(Special Drawing Right，SDR)和在 IMF 的储备头寸。其中，特别提款权是 IMF 为补充其他储备资产不足而创造的国际储备资产，是 IMF 按其会员国缴纳的份额分配给各会员国的一种记账单位，可作为储备资产用于平衡国际收支逆差，也可用于偿还 IMF 的贷款。

美国某年国际收支平衡表见表 1-1。

表 1-1　美国某年国际收支平衡表

单位：10 亿美元

项　　目	金　　额
经常账户净额	—338.92
货物：出口	685.34
货物：进口	—1 030.16
贸易差额	—344.82
服务：贷方	274.76
服务：借方	—197.49
货物与服务差额	—267.55
收益：贷方	273.88
收益：借方	—298.65
货物、服务与收益差额	—292.33
经常转移：贷方	8.27
经常转移：借方	—54.86
资本账户净额	—0.17
资本账户：贷方	0.52
资本账户：借方	—0.69
金融账户净额	369.49
本国在外国的直接投资	—152.16
外国在本国的直接投资	282.51
证券投资：资产	—97.88
证券投资：负债	335.31
其他投资：资产	—131.28
其他投资：负债	132.98

续表

项　目	金　额
储备与相关项目	8.72
储备资产	8.72
使用基金组织的信贷与贷款	—
净差错与遗漏	−39.12
总差额	−8.72

任务二　国际收支分析

『任务目标』

1. 掌握国际收支差额的类型
2. 理解国际收支失衡的成因
3. 理解国际收支失衡的影响

『任务引入』

中国国际收支贸易实现平衡　人民币汇率或接近均衡

国务院总理温家宝近日表示，目前中国国际收支贸易已经实现基本平衡，人民币汇改力度逐渐在加大，特别是较大幅度地实行双向的波动。

在记者会上，回答美国媒体记者关于中美贸易不平衡的提问时，温家宝指出，汇率是美国关注的。从2005年汇改以来，中国实际有效汇率已经提高30%。他请记者注意，从去年9月份开始，在香港市场无本金远期交割，也就是所谓NDF，开始双向波动。这意味着，中国的人民币汇率有可能已经接近均衡水平。中国将继续加大汇改的力度，特别是较大幅度地实行双向的波动。

温家宝还提到，在2011年中国经常性账户占GDP的比重已经达到2.8%，小于3%的国际公认标准。也就是说在国际收支和货物贸易上，中国已经实现了基本平衡。

作为相互的第二大贸易伙伴，针对中美未来的双边贸易发展，温家宝提到，要进一步发展中美之间的双向贸易，中国扩大美国产品的进口，美国要开放美国产品的出口，取消限制。其次，加强双向投资。两国应该为投资创造有利条件，并实行投资保护。

同时，温家宝还指出，要加强中美基础设施建设的合作，并使这种合作与金融合作相联系。中国将投资美国的基础设施建设，而扩大美国工人的就业，一举双得。

据悉，2011年，中美贸易额达到4 467亿美元，创历史新高。美对华出口突破1 000亿美元关口，达到1 222亿美元，同比上升20%。美国是中国第二大出口市场和第六大进口来源地。

（资料来源：亚洲外汇网．2012-03-15）

『知识内容』

一、国际收支差额

1. 贸易收支差额

贸易收支差额是商品进出口收支相抵后的净额。商品出口大于商品进口为贸易顺差，又叫出超；商品进口大于商品出口为贸易逆差，又叫入超。贸易差额反映了一个经济体与世界其余地方之间有形的实物资源的转移净额。由于国际贸易在各国国际收支中具有举足轻重的地位，而且数据易于统计，所以贸易差额常常是分析国际收支的重点。

2. 经常项目差额

经常项目差额又称经常账户差额，它等于贸易收支差额加上劳务收支净额、投资收益净额和无偿转移收支净额之和。它是一个经济体的对外金融账户变动的相对体现，反映了一个经济体同世界其余地方之间各种实际资源的转移。由于一国可利用的实际资源的多少及其变动对经济发展至关重要，所以经常项目差额常用来分析和预测一国国际收支的长期状况。

3. 基本差额

由经常项目差额与长期资本项目差额之和构成。它反映了一国在一定时期内的国际收支基本状况和长期趋势，被用作衡量一国国际收支的基本指标。

4. 总差额

总差额在前文的资本金融账户中进行了介绍。总差额以官方储备资产的增减作为国际收支的最终结果，反映了国际收支差额导致一国国际金融实力的变化。

二、国际收支平衡与失衡的判断

1. 两个相关的概念

(1) 自主性交易(Autonomous Transactions)，又称事前交易(ex - Ante transactions)，指基于商业动机，为追求利润或其他利益而独立发生的交易，如经常项目的各项交易与长期资本项目(合同规定偿还期超过 1 年的资本或像公司股本一样未定偿还期资本的有关收支)。自主性交易产生的货币收支不必然相等，导致外汇的超额需求或超额供给，引起价格(汇率)的变动。线上项目(Super - lying Items)指自主性交易项目。

(2) 补偿性交易(Compensatory Transactions)，又称调节性交易(Accommodating Transactions)或事后交易(Ex - Post Transactions)，指一国货币当局为弥补自主性交易差额而进行的融通性交易，如短期资本(即期付款的资本和合同规定借款期为 1 年和 1 年以下的资本)和官方储备项目种种收支。

2. 国际收支平衡与失衡

(1) 平衡，是自主性交易收支的平衡。所以自主性交易是否平衡便成为判断一国国际收支是否平衡的标准。

(2) 失衡，指一国国际收支中自主性交易所产生的借方金额与贷方金额不相等而引起的不平衡，表现为顺差与逆差。由于不易区分短期资本交易的性质，目前没有统一的衡量国际收支是否平衡的标准，一般采用经常项目差额、基本差额和总差额等。IMF 采用总差额。

三、国际收支失衡的一般成因

1. 周期性失衡

周期性失衡是指由于一国经济周期波动引起该国国民收入、价格水平、生产和就业发生变化而导致的国际收支失衡。资本主义的基本矛盾——生产的社会性与资本主义私有制的矛盾使西方市场经济周而复始地出现繁荣—衰退—萧条—复苏，即出现经济的周期性。

经济周期对国际收支的影响，首先表现在经济周期的各个阶段，各种资源利用程度的不同。经济繁荣时期生产上升，各种资源得到充分利用，导致进出口的增加；经济危机时期生产下降，各种资源得不到充分利用，导致进出口的减少。其次，经济周期的各个阶段，国民收入的增减不同。经济繁荣时期，国民收入增加，消费支出相应增加，对进口需求和劳务、旅游等的需求也增加；经济危机时期，国民收入减少，消费支出也相应减少，物价下跌有利于出口，不利于进口，引起进口减少，出口增加。第三，经济周期的各个阶段，资本移动的情况不同。经济繁荣时期，长期资本和短期资本流入增加，资本流出减少；经济危机时期，资本流出增加，而流入减少。

2. 收入性失衡

收入性失衡是指由于各种经济条件的变化而引起国民收入水平的较大变动而导致的国际收支失衡。国民收入变动的原因很多，一种是前面所述的经济周期波动所致；另一种则是由经济增长率的变化而产生的。一般来说，国民收入大幅增加，全社会消费水平就会提高，社会总需求也会扩大。而在开放型经济下，社会总需求的扩大，通常不一定会表现为价格上涨，而表现为增加进口，从而导致国际收支现逆差。当经济增长率较低时，国民收入减少，国内需求减弱，物价下跌，则有利出口，并使进口减少，也会逐步减少逆差，使国际收支恢复平衡，甚至出现顺差。

3. 结构性失衡

结构性失衡是指国内经济、产业结构不能适应世界市场的变化而发生的国际收支失衡。结构性失衡通常反映在贸易项目或经常项目上。世界各国由于地理环境、资源分布、技术水平、劳动生产率的差异等自然、经济、社会条件的不同，形成了各自的经济布局和产业结构，从而形成了各自的进出口商品结构。

当本国或国外对产品的需求结构发生变化时，该国就要及时调整经济结构的进出口商品结构，以适应这种需求的变化，否则其国际收支就可能发生不平衡。当本国需求结构发生变化，对某种进口商品需求减少，则应削减这种商品的进口；若对某种出口商品的国内需求增加，则应减少该商品的出口。若国外需求结构发生变化，国外对本国某种商品需求减少，则本国就减少该产品的出口，如国外对本国某种商品需求增加，则应增加该商品的出口。但是，一个国家经济结构的调整并不是短期内可以实现的。因此，国内和国外需求结构的变化，成为影响一个国家国际收支不平衡的重要原因。

4. 货币性失衡

货币性失衡是指由货币对内价值的高低所引致的国际收支失衡。在一定汇率水平下，一国物价和商品成本高于其他国家，必然不利其出口而利其进口，反之亦然。其机理是：通货膨胀——币值下降，货币购买力下降——出口下降。一国发生通货膨胀时本币币值下跌，物价上涨，其出口商品以本国货币计价的成本也会上升，这将削弱出口商品在国际市场上的竞争能力，使商品的出口减少，进口商品却因价格较低而有所增加，因此会使国际收支发生逆差。相反，一国若紧缩通货，则本国货币币值上升，物价下跌，而出口商品价格也下跌，这样，出口商品增加，进口商品却因价格较高而受到抑制，使进口减少，进而使国际收支得到改善。

5. 偶发性失衡

除以上各种经济因素外，政局动荡和自然灾害等偶发性因素也会导致贸易收支的不平衡和巨额资本的国际流动，从而使一国的国际收支失衡，如战争、灾荒、瘟疫等。若本国发生此类事件，则出口减少，进口增加；反之，国外发生此类事件，则本国出口增加，进口减少，从而影响到国际收支。

以上5个因素中，经济结构和经济增长率所引起的国际收支失衡，具有长期、持久的特点，称为持久性不平衡；而其他因素引起的失衡仅具有临时性，称为暂时性不平衡。

四、国际收支失衡的影响

1. 国际收支逆差失衡的影响

(1) 本国货币贬值。

国际收支大量逆差会使外汇供不应求，本国货币对外贬值，引起进口商品价格和国内物价上涨，加重通货膨胀。进而会引起资本大量外逃，国内资金紧缺，利率水平上升，影响国内投资建设和金融市场的稳定。

(2) 储备流失。

如果货币当局不愿承担本国货币贬值的后果，就不得不通过抛售黄金、外汇储备在外汇市场上进行干预，从而会使黄金、外汇储备大量流失，削弱本国的对外金融实力和在国际金融领域的地位。

（3）债务危机。

如果黄金、外汇储备不足，将不得不以借入大量外债来弥补逆差，又会使对外债务负担不断加重，甚至有可能引起国际债务危机，跌入债务陷阱。

（4）贸易摩擦。

如果既无国际储备支撑，又无外来资金援助，就不得不采取外汇和外贸管制措施，将会被迫缩减必需的进口，影响国内经济建设和消费利益，而且还会招致其他国家的贸易报复措施。

相关链接

从2004年年底开始，一直进展顺利的中日贸易关系出现了不和谐的音调。日本一些行业协会要求日本政府对中国出口到日本的农产品进行调查。2005年4月23号，日本政府宣布对中国的大葱、香菇、蔺草席实施紧急进口限制，期限到2005年11月8号。中国受波及的企业不得已把目光投向东南亚和欧洲，为其农产品寻找新的出路。此后，日本另一些行业协会又趁机提出限制进口保护，酝酿对从中国出口到日本的鳗鱼、自行车、筷子等产品进行限制。作为回应，中国政府于2005年6月23号宣布，对从日本进口到中国的汽车、手持电话、空气调节器加征100%的特别关税。据预计，加征关税后，日本汽车和电器制造业一年的损失将达到5.4亿美元以上。这使得日本政府不得不通过其在中国的大使馆，多次向中国政府提出通过谈判解决争端的建议。

（5）国民收入下降，失业增加。

如果国际收支逆差是由于贸易逆差所致，由于外贸乘数的作用，本国会出现国民收入下降，失业增加的现象。

（6）投资减少，国民收入下降，失业上升。

如果国际收支逆差是由于资本项目逆差所致，那么资本的大量外流会造成国内资金紧张，利率水平上升，使投资减少，国民收入下降，失业上升。

2. 国际收支顺差失衡的影响

（1）货币升值。

国际收支大量顺差会使外汇供过于求，迫使本国货币汇率上升，使出口处于不利的竞争地位，影响出口贸易的发展，从而加重国内失业问题。本币汇率上升还会影响国内建设必需的生产资料和消费品的进口。

（2）储备过量。

如果货币当局不愿本币升值，就不得不在外汇市场购入大量外汇进行干预。这不仅会使当局持有过多的储备资产而造成外汇资金的闲置浪费，不利于利用宝贵的国内外资源加快发展本国经济，还会使本国货币供应量大幅度增长，加重通货膨胀。而一旦外币汇率下跌，又会使外汇储备资产蒙受贬值的巨额损失。

（3）投机盛行。

顺差国货币汇率会变得过于坚挺，容易遭到外汇市场抢购冲击，引发大规模的套汇、套利和投机活动，破坏金融市场的稳定。

（4）贸易摩擦。

一国过大的顺差会引起国际社会的不满，导致贸易摩擦，甚至会发生贸易战。

总之，国际收支失衡的情况越严重，其不利的影响就越大。只是国际收支逆差较之顺差调节起来更难一些，因而成为国际收支调节的重点。

任务三　国际收支的政策调节

『任务目标』

掌握国际收支失衡的政策调节

『任务引入』

专家：人民币升值不能解决国际收支失衡

南开大学经济学院院长马君潞2011年10月29日表示，当下外汇储备和以美元为主的金融资产不断积累，国际收支严重失衡，国际收支已完全失去自我调节能力。中国虽然积攒了大量外汇储备，但这并不能说明人民币的升值就可以解决国际收支失衡。

马君潞是在当日参加第八届中国金融学年会上做如上表述的。“中国目前拥有大量外汇储备的盈余，严格来讲，这不能证明人民币汇率被低估，如果人民币真正升值，也无法解决国际货币收支失衡这一矛盾，只会让这些盈余从中国转移到其他国家去”，他认为，目前的国际货币体系仍然是以美元为主体的多元的货币体系，在可预见的将来，美元的主导地位将不会动摇。

对此，他还认为，在目前美元仍然坚固的条件下，美国的金融体系还是相对较安全的避风港，所以中国的外汇储备只能选择美元。中国的外汇储备投资美国国债，“实际上倒像是老百姓把钱存到银行里一样”。

美国加州大学圣克鲁斯分校教授张贤旺同样认为，判断人民币汇率的高低不能盲目地跟风专家，要考虑到贸易平衡、国际储备、通胀压力、中国经济的稳定等多方面的因素。

在谈到当下以欧元为主体的欧债危机这一问题时，马君潞称，从表面看，欧债危机是一个死结，但从动态的角度讲，欧元实际上一直在进步，除了具备货币联盟外，目前欧元也在朝着财政一体化的方向发展。考虑到欧共体的历史背景，马君潞认为，欧洲已经成为中国第二大贸易伙伴，中国应该在欧债危机问题上对欧洲提供适当的有偿援助，以此来获得国际货币的话语权。

马君潞还表示，对于目前中国面临的通货膨胀的严峻形势，采取过分的紧缩来抑制通胀，有可能会导致中国经济面临“硬着陆”的危险。当前除了正确处理人民币升值这一问题外，中国经济最重要的问题就是防止经济的“硬着陆”。

（资料来源：中国新闻网．2011－10－29）

『知识内容』

一、外汇缓冲政策

外汇缓冲政策是指各国政府为调节国际收支失衡，将持有的一定数量的黄金、外汇国际储备作为外汇平准基金，来抵消市场上的超量外汇供求，从而使国际收支失衡所产生的影响仅限于官方储备的增减，而不致汇率剧烈变动和进一步影响本国经济。

优点：简便易行。

局限性：不适于对付长期、巨额的国际收支赤字。

二、财政货币政策

1. 财政政策

财政政策是指政府通过调整财政收入，抑制或扩大公共支出和私人支出，控制改变总需求物价水平，从而调节国际收支。当国际收支逆差时采用紧缩性的财政政策，即增加税收，削减支出，物价下跌，进口受到抑制，刺激出口，同时也抑制了国内经济的增长；国际收支盈余时，采用扩张的财政政策，促使国内经济发展，同时也对出口有抑制作用。

2. 货币政策

货币政策是指一国金融当局通过调整贴现率、改变法定存款准备金率等手段来调节国内货币供应量、总需求和物价水平的变化，以实现对国际收支的调节。它以汇率和利率调整为主要内容。国际收支赤字时，采用紧缩的货币政策(抽紧银根、减少货币供应量)，目的在于抑制需求的增加，调高利率(存款准备金率、贴现率、公开市场业务)，会引起短期资本的流入改善国际收支；国际收支盈余时，采用扩张性的货币政策，会引起短期资本的流出改善国际收支。

相关链接

（1）贴现率是指持票人以没有到期的票据向商业银行要求兑现，银行将利息先行扣除所使用的利率。

（2）再贴现率是指商业银行将其贴现的未到期票据向中央银行申请再贴现时的预扣利率。再贴现意味着商业银行向中央银行贷款，从而增加了货币投放，直接增加货币供应量。

(3) 存款准备金是指金融机构为保证客户提取存款和资金清算需要而准备的在中央银行的存款。

(4) 存款准备金率是指中央银行要求的存款准备金占其存款总额的比例。准备金本来是为了保证支付的，但它却带来了一个意想不到的“副产品”，就是赋予了商业银行创造货币的职能，可以影响金融机构的信贷扩张能力，从而间接调控货币供应量，现已成为中央银行货币政策的重要工具，是传统的三大货币政策工具之一。

(5) 公开市场业务是指中央银行通过买进或卖出有价证券，吞吐基础货币，调节货币供应量的活动。与一般金融机构所从事的证券买卖不同，中央银行买卖证券的目的不是为了盈利，而是为了调节货币供应量。

3. 两者的配合使用

财政政策主要针对国内平衡，货币政策针对国际收支，两者配合达到内部与外部的双重平衡，见表1-2。

表1-2 财政与货币政策的配合使用

经济情况	财政政策	货币政策
衰退与逆差	扩张性	紧缩性
衰退与顺差	扩张性	扩张性
膨胀与逆差	紧缩性	紧缩性
膨胀与顺差	紧缩性	扩张性

相关链接

根据不同利率水平下货币的投机需求大小，可将LM曲线(一条用来描述在货币市场均衡状态下国民收入和利率之间相互关系的曲线)划分为凯恩斯区域、中间区域、古典区域3个区域。

凯恩斯区域(萧条区域)：LM曲线上斜率为0或与横轴平行的区域。在此区域，货币政策无效，财政政策有效。

中间区域：LM曲线上斜率为正的区域。在此区域，货币政策与财政政策都有效。

古典区域：LM曲线上斜率为无穷大的区域。在此区域，财政政策无效而货币政策有效。另外，在此区域货币的投机需求为0。由于古典学派认为，人们只有货币的交易需求而无投机需求，所以被称作古典区域。

三、汇率政策

汇率政策是指一国通过调整汇率来实现国际收支平衡的政策。在固定汇率制度下，当国际收支出现严重逆差时，实行货币法定贬值，以改善国际收支；当国际收支出现严重顺差时，则在他国的压力下实行货币法定升值，以减少和消除国际收支顺差。在浮动汇率制度下，西方国家仍利用汇率政策进行市场干预，通过汇率的高估和低估来调节国际收支。

四、直接管制

直接管制指政府通过发布行政命令，直接对国际经济交易进行行政干预(如外汇买卖和对外贸易的自由输出入)，以求国际收支平衡。它包括外汇管制和贸易管制，具体方法有：进口许可证、进口存款制、出口许可证(国内需求与价格)、奖励出口、退税、出口信贷等，从而增加出口竞争。直接管制通常能起到迅速改善国际收支的效果，但会引起国际效应，招致相应的报复，甚至会抵消预期的效果。

相关链接

兴业银行：2012 年国内经济将取决于汇率政策及美元走势

兴业银行 2011 年 12 月 26 日发布了“2012 年中国经济形势与政策展望”报告，认为 2012 年国内经济发展将取决于汇率政策和美元走势。

在人民币对一篮子货币的有效汇率保持稳定的前提下，从 GDP 同比增速来看，兴业银行预计直到 2012 年第一季度，经济增长仍将处于回调通道之中，并将跌破 9.0%，达到 8.5%左右。但是，预计从第二季度开始，中国经济将步入回升通道，最终到第四季度经济可能再度越过 9.0%。全年经济增速预计在 9.0%左右。在物价方面，预计 2012 年将是同比 CPI 探底并缓慢回升的一年，特别是在第一季度，全年 CPI 则为 2.8%左右。

兴业银行首席经济学家鲁政委表示，2012 年第二季度末之前，政策将总体平稳转松。法定存款准备金率将会出现 10 次左右的下调，预计 2012 年末法定存款准备金率将会由目前的 21.0%下调至 14.5%左右；利率政策的操作值得期待，2012 年很可能是利率市场化再度获得实质性推进的一年。

如果 2012 年央行选择人民币对美元汇率稳定，而美元强势（美元指数 78 以上）至少在第一季度末之前一直维持，那么，2012 年的出口增速将下降至 10.5%左右，全年 GDP 增速仅能勉强维持在 7.5%～8.5%，经济将为浓重的通缩阴影所笼罩。鲁政委表示，从 1978 年以来的经济发展历程来看，每当房地产入冬和盯住强势美元同时出现时，中国经济均无一例外地出现了不可控的大幅下跌，1998 年和 2008 年都是如此。如果 2012 年再度出现“双引擎同时熄火”的情况，央行将在第二季度前后不得不再次紧急出台新一轮财政刺激计划；除了信贷，发债届时将成为筹集财政投资配套资金的主要方式；准备金率也将多次调整，并且第二季度前后也将降息。中国经济结构的积极调整以及贸易平衡战略的加快推进，使得中国外部盈余已经大幅降低，国际收支失衡正在趋于改善。然而，一直被我们忽视的是，中美之间的金融失衡却正在变得越来越严重。

（资料来源：陈春林．扬子晚报．2011－12－27）

任务四　国际储备

『任务目标』

1. 掌握国际储备的构成
2. 了解中国国际储备的构成
3. 了解国际储备的来源

『任务引入』

日本积极运用巨额外储 努力提升经济影响力

日本政府正在想方设法运用它的1.2万亿美元外汇储备，以提升该国影响力，因2011年日本经济停滞不前，寄外汇来提升该国占全球产出比重。目前日本为全球第二大外汇储备国。

据悉，一位不愿具名的日本高级官员表示，日本现任首相野田佳彦(Yoshihiko Noda)周三(2011年12月28日)将在印度首都新德里与该国总理辛格签署一份协议，必要时日本将向印度拨付近100亿美元外汇储备。

此前，野田佳彦出访全球最大外汇储备国——中国，双方认为两国贸易可用日元和人民币直接交易。此外，日本将向中国申请购买中国国债，以减少对美元的依靠。同时，日本将祭出10万亿日元(1 280亿美元)基金，以协助日本企业进行海外并购。

摩根大通(JPMorgan Chase)驻日本首席经济学家、前日本央行首席外汇交易员菅野雅明(Masaaki Kanno)指出："自日本20世纪80年代资产泡沫破灭之后，日本在全球经济各重要领域影响力日渐式微，积极运作外汇储备可有效提升日本国际影响力和展现力。"

菅野雅明指出："目前而言，这还是一个遥远的概念，但日本近期动作频繁，被外界视为重要的一步，可以预见亚洲经济未来将更加紧密。"

日本分别与中国和印度敲定双边协定，协助两国解决目前的麻烦。中国目前急需推行使用人民币的国家，扩大人民币在商业贸易中的用途。印度则面临卢布持续贬值引发的金融危机。此外，日本还动用外汇储备向国际货币基金组织(International Monetary Found，IMF)(微博)注资，协助欧洲解决债务问题。

截至2011年11月底，日本外汇储备由2010年底的1.04万亿美元增至1.22万亿美元，位居全球第二大外汇储备国家。日本外储扩大部分原因可归于2010年9月时任财务大臣的野田佳彦重启日本汇市干预行动。在野田佳彦就任首相以来，2011年已连续3次入市干预日元汇率。

此外，日本政府还向日本国际协力银行(Japan Bank for International Cooperation，JBIC)提拨部分外汇储备，以协助出口企业，并鼓励日本企业收购海外资产，以此协助企业应对持续飙升的日元。

日本首相目前正在印度访问。印度身为亚洲第三大经济体，截至2011年12月中坐拥3 020亿美元外汇储备。印度存在经常账逆差问题，加上国内经济增速放缓，以及欧债危机影响，导致卢比兑美元汇价在2011年重摔16%，迫使印度央行抛售美元捍卫本币贬值。截至2011年11月25日，为期四周时间，印度外汇储备损失140亿美元。

驻孟买经济家Dharmaskirti Joshi在提及日本和印度换汇协议时表示："这就好比投保，在发生美元短缺时将大有帮助。"

据悉，日本对亚洲邻国的援助由来已久。1997—1998年亚洲爆发金融危机，时任财务大臣的宫泽喜一(Kiichi Miyazawa)成立"宫泽计划"，向亚洲各国提供300亿美元资金，以解燃眉之急。

(资料来源：环球外汇网.2011-12-28)

『知识内容』

一、国际储备概述

1. 国际储备的概念

1）国际储备的定义

马克思曾经指出："同国内流通一样，国际流通也需要一个经常变动的金银量。因此，每一个民族都有积累起来的储藏货币充当世界货币准备金，这笔准备金随着商品交换的波动而时满时枯。"

所谓国际储备，是指一国政府为了平衡国际收支、维持汇率稳定以及用于其他意外支付而集中持有的一切国际流动资产。

2）国际储备的基本性质

一是官方性；二是流动性；三是国际性；四是可得性。

2. 国际储备的构成

1）黄金储备

各国是否要储备黄金是由其黄金货币商品属性决定的。

黄金是最可靠的保值手段，本身具有价值，故购买力相对稳定，在通货膨胀的环境下，金价同步上涨。另一方面，在通货紧缩时，金价一般不会下跌，历史上每逢政治和金融局势的动荡就出现抢购黄金的浪潮。

黄金储备完全属于国家自主的权力之内，一国拥有黄金可以自主控制不受外来干预。

相关链接

黄金相对纸币，具有相对的内在稳定性，而纸币则受发行国家或金融机构的信用和偿付能力的影响，债权过处于被动地位，不如黄金可靠。2011 年 9 月，世界官方黄金储备见表 1-3。

黄金作为各国储备，作用不容忽视。当今各国黄金储备总量已达 3.2 万吨左右。

中国有句话叫"大炮一响，黄金万两"。

据路透社 2008 年 12 月 16 日报道，当地时间 2008 年 12 月 15 日，美国战略预算与评估中心发表最新研究报告称，截至目前，美军在伊拉克和阿富汗两场战争中总的花费已高达 9 040 亿美元。仅在伊拉克战争中，美军的各项战争花费就达到 6 870 亿美元，成为除第二次世界大战以外美军所进行的最昂贵的战争。

表 1-3 世界官方黄金储备一览表(2011 年 9 月)

序号	国家/地区/组织	数量(吨)	黄金占外汇储备(%)
1	美国	8 133.5	75.4
2	德国	3 401.0	72.7
3	国际货币基金组织	2 814.0	—

续表

序号	国家/地区/组织	数量(吨)	黄金占外汇储备(%)
4	意大利	2 451.8	72.4
5	法国	2 435.4	68.2
6	中国大陆	1 054.1	1.6
7	瑞士	1 404.1	17.3
8	俄罗斯	841.1	8.2
9	日本	765.2	3.5
10	荷兰	612.5	60.8
11	印度	557.7	8.5
12	欧洲央行	502.1	32.1
13	中国台湾	423.6	5.5

（资料来源：中国黄金网.）

2）外汇储备

外汇储备(Foreign Exchange Reserve)，又称为外汇存底，指一国政府所持有的国际储备资产中的外汇部分，即一国政府保有的以外币表示的债权，是一个国家货币当局持有并可以随时兑换外国货币的资产。狭义而言，外汇储备是指一个国家的外汇积累；广义而言，外汇储备是指以外汇计价的资产，包括现钞、国外银行存款、国外有价证券等。外汇储备是一个国家国际清偿力的重要组成部分，同时对于平衡国际收支、稳定汇率有重要的影响。

外汇储备的具体形式是：政府在国外的短期存款或其他可以在国外兑现的支付手段，如外国有价证券，外国银行的支票、期票、外币汇票等。外汇储备主要用于清偿国际收支逆差，以及干预外汇市场以维持本国货币的汇率。

3）特别提款权

特别提款权是国际货币基金组织为补充会员国储备资产而创设并分配给会员国的一种在基金组织的账面资产。其主要特点是：特别提款权是由基金组织提供信用保证的资产，既没有内在价值，也不是由主权国家提供信用保证，而是由主权国家集体创造并由基金组织提供信用保证的，各个参加国在协议中承诺接受特别提款权的使用。因此，特别提款权的储备资产地位实际上是由国际协定确立的。

4）储备头寸

储备头寸是成员国在IMF里的自动提款权，成员国可以无条件地提取以用于弥补国际收支逆差。一国若要使用其在IMF的储备头寸，只需向基金组织提出要求，IMF便会通过提供另一国的货币予以满足。

其数额的大小主要取决于该会员国在国际货币基金组织认缴的份额，会员国可使用的最高限额为份额的125%，最低为0。

二、国际储备的来源

（1）国际收支经常项目顺差。

国际储备首先来自国际收支经常项目的顺差。经常项目顺差增加的国际储备又称为债权性国际储备，它构成一国的自有储备，是一国国际储备的主要来源。这种国际储备增加是以商品和服务输出等实际资源的转移为代价的。

（2）国际收支资本项目顺差。

当一国政府通过备用信贷、借款总安排和互惠信贷等方式借入外汇资金时其国际储备会相应增加。这种来源所增加的储备又称为债务性国际储备，属于借入储备，到期必然因债务偿还而减少，因此是不稳定的国际储备来源。当然，由长期资本流入所增加的国际储备要比由短期资本流入所增加的储备更加稳定些。

（3）一国中央银行干预汇率。

一国央行干预汇率时在外汇市场抛售本币，购入外汇，也会增加国际储备。但这种情况通常发生在一国国际收支顺差较多，不需要增加更多的外汇储备时。而急需外汇的逆差国却不能通过这一渠道获得外汇储备，反而会为了维持汇率的稳定而不得不减少外汇储备。

（4）IMF 分配特别提款权。

IMF 分配的特别提款权，会使基金组织会员国获得额外的储备来源。但由于特别提款权的分配数额非常有限而且不均，对于许多发展中国家来说无济于事，不能解决国际收支逆差问题；而对于西方主要发达国家来说，其货币本身就可作为储备货币对外支付，因此特别提款权作为一种有偿使用的储备来源并不重要。

（5）IMF 向会员国借款。

IMF 扩大会员国的份额，会增加会员国在 IMF 的储备头寸。但这种储备头寸的增加要求会员国缴纳黄金外汇储备，因此不会增加国际储备总量，只是使国际储备结构得到调整。不过当基金组织向某个会员国借款时，则会增加该会员国的储备头寸。

（6）一国政府或中央银行从国内市场收购黄金。

一国政府或中央银行从国内市场收购黄金作为黄金储备，也可以增加国际储备总量。但如果是用外汇在国际市场上收购黄金，则不会增加该国的国际储备总量，而只是对国际储备结构的调整。

三、国际储备的作用

（1）保持对外支付能力，保障国际经济交易和国际结算的顺利进行。

国家持有的国际储备，就好像个人、家庭和企业保持的活期存款准备金一样，可以应付平时国际经济交易的对外支付，同时还能调节季节性的对外支付不平衡，以及防备国家出现意外紧急情况（如特大自然灾害和战争）时的对外紧急支付需要，从而保证国际经济交易和国际结算的顺利开展。

（2）调节国际收支，缓解外部冲击对本国经济的不良影响。

当一国国际收支发生短期逆差或顺差时，利用国际储备弥补逆差或增加储备积累，可使一国国内经济避免因采取调节政策而受到的冲击。国际储备就好像在国内经济和外部经济之间的缓冲器一样，能够缓解因调节国际收支而对国内经济产生的不良影响。

(3) 干预外汇市场，维持本国货币汇率的稳定。

一国货币当局持有足够的国际储备资产，可以在必要时对外汇市场进行干预，使汇率维持在政府所希望的对本国有利的水平上。但是，国际储备要发挥干预资产的作用，必须以本国货币的自由兑换和外汇市场的充分发达为前提条件，并且只能在短期内对汇率产生有限的影响。

(4) 维护国内外对本币的信心，增强国家对外借债的信用保证。

国际储备状况是反映一国的对外金融实力和评定一国偿债能力和资信的重要标志。一国拥有充足的国际储备，政府才有足够的实力采取灵活的汇率政策，争取国际竞争的优势；才有能力保持本国货币的价值稳定，维护本国货币在国际市场的信誉；才能够提高国家的信用级别，通过各种渠道借入国际资金并保证所借外债的到期偿还。

四、中国的外汇储备

中国外汇储备(若无特殊说明均不含港澳台地区)的主要组成部分是美元资产，其主要持有形式是美国国债和机构债券。2006 年 2 月底中国的外汇储备总额为 8 537 亿美元，首次超过日本，位居全球第一。中国外汇储备作为国家资产，由中国人民银行下属的中国国家外汇管理局管理，部分实际业务操作由中国银行进行。2010 年 12 月底中国外汇储备 28 473.38 亿美元，比 2009 年末增加 4 481 亿美元。

1. 币种构成

中国外汇储备的结构没有对外明确公布过，目前属于国家金融机密。依据来自于国际清算银行的报告和路透社的报道，据估计，在中国的外汇储备中，美元资产占 70%左右，日元约为 10%，欧元和英镑约为 20%。

2. 外汇储备结构形成的原因

之所以中国的外汇储备结构以美元资产为主，有以下历史和国际金融理论原因。

(1) 储备货币发行国的经济活动要以国内经济为主，虽然美国占国际贸易的比例很大，但是与美国庞大的国内生产总值相比仍然比例很低，远远低于日本、德国、瑞士的相应指标，后面 3 个国家的主要经济活动是外向型的，其货币价值容易受到国际资本流动的干扰而大幅波动，不利于保值。

(2) 除美国外，日本、德国、瑞士的中央银行拒绝其货币在国际金融市场上扮演更重要的作用。

(3) 美元是历史形成的国际支付手段、交易中介和价值储藏手段。

(4) 国际贸易中 2/3 以美元结算。

(5) 国际金融市场上的批发交易绝大多数以美元交易，各国央行的金融操作也是主要采用美元。

(6) 各大国的外汇储备主要是美元资产。

(7) 国际银团贷款和国际债券市场的绝大多数交易都是美元或美元债券。

3. 具体形式

具体形式包括政府在国外的短期存款或其他可以在国外兑现的支付手段，如外国有价证券，外国银行的支票、期票、外币汇票等。主要用于清偿国际收支逆差，以及干预外汇市场以维持本国货币的汇率。

项目小结

(1) 狭义的国际收支仅仅定于外汇收支，第二次世界大战后，国际收支包括的内容日趋扩展，逐渐衍生出国际收支的广义的概念，即指一个国家或地区和其他国家或地区之间由于贸易、非贸易和资本往来而引起国际间资金移动，从而发生的一种国际间资金收支行为。

(2) 世界各国对于其本国的国际收支平衡表均有不同的编制原则，但总体来说，国际收支平衡表的主要结构包括以下3项：①经常项目；②资本项目；③平衡项目。国际收支平衡表在编制过程中按照复式记账法编制，即“有借必有贷，借贷必相等”。因此，从理论上说，国际平衡表肯定是平衡的。

(3) 国际收支的失衡是指自主性失衡。其原因主要有周期性失衡、货币性失衡、结构性失衡、收入性失衡及偶发性失衡。国际收支失衡的调节除经济自身的自动调节机制外，还包括各国当局通过财政政策、货币信用政策及外贸政策的政策调节。

(4) 国际储备是一国综合国力、尤其是金融实力的重要表现之一，它是指 国政府为了平衡国际收支、维持汇率稳定以及用于其他意外支付而集中持有的一切国际流动资产。国际储备的构成一般有4部分：黄金储备、外汇储备、在IMF的储备头寸及特别提款权。国际储备的管理应遵循3项基本的管理原则，即实现储备资产的安全性、流动性和盈利性。具体要做总量管理与结构管理。

(5) 主要名词。

外汇、国际收支、国际储备、特别提款权、储备头寸。

项目练习

一、单项选择题

1. 一国的利息、股息和股利收支属国际收支平衡表中的(　　)。
   A. 储备账户　B. 投资收益　C. 单方面转移收支　D. 资本账户
2. 在一国的国际收支平衡表中，最基本、最重要的项目是(　　)。
   A. 经常账户　B. 资本账户　C. 错误与遗漏　D. 官方储备

3. 一国外汇储备最稳定和可靠的来源是(　　)。

A. 中央银行干预外汇市场收进的外汇 B. 政府或中央银行向国外借款
C. 资本金融项目收支顺差 D. 经常项目收支顺差

4. 一国政府对居民从国外购买经常项目的商品或劳务所需外汇的支付进行限制属于(　　)。

A. 外汇管制 B. 外汇限制 C. 贸易限制 D. 转移限制

5. 国际收支不平衡是指(　　)不平衡。

A. 自主性交易 B. 调节性交易 C. 经常账户交易 D. 资本金融账户交易

6. 一个国家的对外贸易条件越好、对外融资能力越强，则该国国际储备可以(　　)。

A. 适当减少 B. 适当增加 C. 保持不变

7. 所谓外汇管制就是对外汇交易实行一定的限制，目的是(　　)。

A. 防止资金外逃 B. 限制非法贸易
C. 奖出限入 D. 平衡国际收支、限制汇价

8. 持有一国国际储备的首要用途是(　　)。

A. 支持本国货币汇率 B. 维护本国的国际信誉
C. 保持国际支付能力 D. 赢得竞争利益

9. 当一个国家的国际收支出现结构性不平衡时，许多发展中国家一般倾向于采取一些(　　)措施。

A. 外汇缓冲政策 B. 直接管制 C. 财政和货币政策 D. 汇率政策

10. 居民是一个(　　)概念。

A. 法律学 B. 金融学 C. 经济学 D. 贸易学

11. 一国货币升值对其进出口收支产生(　　)影响。

A. 出口增加，进口减少 B. 出口减少，进口增加
C. 出口增加，进口增加 D. 出口减少，进口减少

12. SDR是(　　)。

A. 欧洲经济货币联盟创设的货币 B. 欧洲货币体系的中心货币
C. IMF创设的储备资产和记账单位 D. 世界银行创设的一种特别使用资金的权利

13. 当一国经济出现膨胀时，为了经济的平衡，根据财政货币政策配合理论，应采取的措施是(　　)。

A. 膨胀性的财政政策和膨胀性的货币政策
B. 紧缩性的财政政策和紧缩性的货币政策
C. 膨胀性的财政政策和紧缩性的货币政策
D. 紧缩性的财政政策和膨胀性的货币政策

14. 一国国际收支顺差会使(　　)。

A. 外国对该国货币需求增加，该国货币汇率上升
B. 外国对该国货币需求减少，该国货币汇率下跌
C. 外国对该国货币需求增加，该国货币汇率下跌
D. 外国对该国货币需求减少，该国货币汇率上升

15. 国际收支平衡表中的基本差额计算是根据(　　)。
A. 商品的进口和出口　　B. 经常项目
C. 经常项目和资本项目　　D. 经常项目和资本项目中的长期资本收支
16. 从长期讲，影响一国货币币值的因素是(　　)。
A. 国际收支状况　B. 经济实力　C. 通货膨胀　D. 利率高低

二、多项选择题

1. 如果某国某年的国际收支为逆差，则储备与相关项目(　　)。
A. 总差额增加了　B. 总差额减少了　C. 以“+”表示　D. 以“-”表示
2. 平衡表中贷方记录的内容有(　　)。
A. 对外资产的减少和对外负债的增加　　B. 对外资产的增加和对外负债的减少
C. 本国的商品服务进口支出　　D. 本国的商品服务出口收入
3. 国际收支平衡表中的金融账户包括该国的(　　)。
A. 投资捐赠　B. 专利买卖　C. 对外借贷的收支　D. 对外投资的收支
4. 属于美国居民的机构是(　　)。
A. 在美国的外商独资企业　　B. 美国的私人企业
C. 美国驻外使馆的工作人员　　D. IMF 等驻美机构
5. 下列哪种情况会使一国经常账户贷方余额增加?(　　)
A. 本国向外国捐赠粮食
B. 本国厂商以设备投入外国，兴办合资企业
C. 本国企业通过外国承销商在外国发行债券
6. 国际收支平衡表系统地表示一国的国际收支(　　)状况。
A. 债权　B. 债务　C. 总量
D. 结构　E. 差额
7. 国际收支平衡表借贷双方的总额有时不一致，以下哪些是对其原因的解释?(　　)
A. 国际经济交易的统计来源不一　　B. 有些数据来自估算，并不准确
C. 统计者工作不细心　　D. 走私等地下经济的存在
8. 以下几种国际收支不平衡的类型，哪些属于短期性质?(　　)
A. 周期性不平衡　B. 收入性不平衡　C. 结构性不平衡
D. 货币性不平衡　E. 偶发性不平衡
9. 以下哪些交易属于调节性交易?(　　)
A. 美国一公司从中国进口 100 万美元的纺织品
B. 德国的高利率吸引了欧洲许多国家的资本流入
C. 旅居美国的张先生向留在中国的双亲汇去一笔赡养费
D. 随着 A 国贸易顺差的不断增长，A 国货币当局大幅度增加外汇储备
10. 国际收支顺差所造成的不利影响包括(　　)。
A. 由国际收支顺差造成的本币升值会加大出口压力
B. 国际收支顺差时，政府为抑制本币升值采取的公开市场操作会引发国内物价上涨

C. 贸易项目大量顺差会引起贸易伙伴国的报复

D. 国际收支顺差会造成本币贬值的压力

11. 下列哪些收入是属于国际收支平衡表中的服务收入？(　　)

A. 保险费　B. 旅游收入　C. 战争赔款

D. 股息收入　E. 银行贷款

12. 自主性交易的内容实际是国际收支平衡表中的(　　)。

A. 经常项目　B. 长期资本项目　C. 金融项目

D. 储备和相关项目　E. 误差与净遗漏

13. 国际收支的调节政策有(　　)。

A. 财政政策　B. 货币政策　C. 国际合作政策

D. 外汇管制　E. 贸易管制

14. 调节一国国际收支顺差的手段有(　　)。

A. 提高利率　B. 增加国民收入　C. 降低利率

D. 货币法定升值　E. 利用国际贷款

15. 一国的国际收支出现逆差，一般会导致(　　)。

A. 本币外汇率下浮　B. 通货膨胀加剧　C. 利率水平下降

D. 外汇储备减少　E. 国内失业增加

三、简答题

1. 什么是国际收支？主要内容有哪些？
2. 国际收支的政策调节措施有哪些？
3. 国际收支失衡的原因有哪些？
4. 国际收支失衡对一国的经济有哪些影响？

四、填空题

1. 各国都有自己的货币。通常情况下，外国货币不能在本国流通，因而当需要清偿由国际经济交易引起的对外债权债务时，交易主体便需要把本国货币兑换成外国货币，或把外国货币兑换成本国货币。外汇的最初含义是________，指人们通过特定的金融机构(外汇银行)将一种货币兑换成另一种货币，借助于各种金融工具对________的行为，这是外汇的动态含义。

2. 狭义的静态外汇指________。不是所有外国货币都是外汇，一国货币要成为外汇须具备三个必要条件：________________。

五、判断题

(　　) 1. 根据国际收支平衡表的登录规则，资产减少，负债增加的项目应记入贷方。

(　　) 2. 国际收支的自动调节机制可存在任何经济条件下。

(　　) 3. 在间接标价法下，当外国货币数量减少时，称外国货币汇率上浮或升值。

(　　) 4. 外汇管制就是限制外汇流出。

（ ）5. 只要实现了经常项目下的货币兑换，该国货币可被称为自由兑换货币。

（ ）6. 特别提款权的分配同国际信贷一样，是有代价的。

（ ）7. 套汇交易是银行的一种正常业务，它不属于外汇投机。

（ ）8. IMF 采用的是狭义的国际收支概念。

（ ）9. 抵补套利主要是为了套期保值，而外汇投机主要是为了盈利。

（ ）10. 无论何种标价法，外汇买入价均低于卖出价。

六、实训题

1. 查找 1985—2011 年中国国际收支平衡表经常项目差额数据，完成表 1-4 并做简单分析。

表 1-4 1985—2011 年经常项目差额

单位：千美元

项目 年份	经常项目
1985	

注意：以 1996 年为界，1996 年前(含 1996)表中数据单位是"百万美元"，1996 年后表中数据单位是"千美元"。请注意单位的统一。第 2 题也一并注意。

2. 查找 1985—2011 年中国国际收支平衡表资本和金融项目差额数据，完成表 1-5 并做简单分析。

表 1-5 1985—2011 年资本和金融项目差额

单位：千美元

项目 年份	资本和金融项目
1985	

3. 登录人民银行网站，回答下列问题：人民币汇率体制改革的主要内容；列出汇改以来人民币对美元、日元、英镑、港元、欧元、澳元、加元、林吉特、俄罗斯卢布的中间价图表。

要求上交纸质文档，写清楚班级姓名。

项目二　汇率及汇率制度

项目导读

东欧汇率机制陷崩溃边缘　恐酿欧洲新一轮金融危机

为保持欧洲汇率机制中的联系汇率，东欧各国纷纷大幅加息，希望能稳定其货币汇率。但有分析指出，东欧的联系汇率还是有可能崩溃，危及欧洲陷入更危险的货币危机。

据《每日电讯报》报道，东欧市场正面临货币危机，更可能拖欠西欧银行的庞大借贷，酿成欧洲新一轮的金融危机，欧元货币供应会缩减，触发全欧洲陷入全面经济衰退。

此前匈牙利宣布加息至11.5厘，另外，罗马尼亚将隔夜借贷提升至900厘，俄罗斯也不能幸免，以信用掉期违约(CDS)为外债担保的成本上周已升至1 200点，但有分析师表示，这些东欧国家的基础经济根本不足以支援这么高的利息，估计不可能维持多久，反而会吸引对冲基金对其货币虎视眈眈，形势堪忧。

匈牙利和保加利亚等东欧国家的货币均有与欧元挂钩，法国巴黎银行的首席货币经济师雷德克说，如果欧盟无法理解危机有多迫切，东欧国家的联系汇款制度势将崩溃，甚至导致欧洲货币联盟陷入危机。

俄罗斯资本流入为零。据外媒报道，俄罗斯总理普京在近期的政府外资咨询委员会会议上说，2008年1月至9月，俄罗斯资本净流入下降到零，2008年全年可能出现资本净流出。根据俄罗斯央行资料，2008年1月至9月俄罗斯资本净流入为8亿美元，而该国第三季度的资本净流出则为167亿美元。

而乌克兰的危机似乎更为可怕，近期该国发生大面积银行挤兑事件，一周内居民恐慌性地从各大银行取走30亿美元的存款，甚至抢劫银行取现者手中现金的刑事案件也屡屡发生。

西欧银行也受到威胁。另外有数据显示，目前西欧银行差不多全面暴露于新兴市场的泡沫之中。东欧、拉美和亚洲新兴市场的4.7万亿美元跨国银行借贷中，西欧银行占了75%。

例如奥地利银行业就曾经积极向新兴市场借贷，总额占奥地利GDP 85%，其他西欧国家也不能独善其身，新兴市场借贷占瑞士GDP 50%、瑞典25%、英国24%和西班牙23%，反观美国只占4%。东欧国家欠下美元、欧元和瑞士法郎的巨债，总债务为1.6万亿美元。

（资料来源：星岛日报加东版.2008－10－29）

任务一　汇率的识读和计算

『任务目标』

1. 掌握汇率标价方法的区分
2. 掌握汇率的分类

『任务引入』

留学案例分析：汇率为我“省”出学费生活费

金融危机给各行各业带来的巨大冲击不言而喻，但留学市场似乎是个例外。汇率大跌、人民币迅速升值、出国门槛降低、签证比以往更容易、他国政策鼓励留学……“万恶”的金融危机对留学市场而言却成了难得的好机会。

最让国内学子心动的莫过于“实惠”的学费，与2008年7月份相比，2008年年底，欧洲、澳大利亚留学的学费和生活费一年可省3～8万元人民币，此外留学所需担保金也普遍下降了5～15万元。金融危机下，学子也可以“捡便宜”实现自己的留学梦了。

小刘2009年即将大学毕业，金融专业的他已经明显感觉到了一阵阵寒意，“工作真是不好找!”看报纸上说2008年的竞争已经激烈到几千人争夺几个职位，小刘实在有点心虚。想到父母一直希望他继续深造，小刘觉得与其眼下找一份不太满意的工作，还不如再念一个文凭对未来更有帮助。

对于小刘的想法，父母非常赞同，甚至拿出了40万元的积蓄，表示支持儿子出国留学。一家人盘算着小刘出国后的各项生活开销，两年40万元似乎有些捉襟见肘。可随着美元、欧元、澳元等外币的大幅贬值，小刘的选择范围被一点点缩小了，目标也更加明晰了。

“留学澳大利亚是眼下最好的选择!”小刘发现留学澳大利亚每人每年平均总花费17万元左右，按现在汇率，留学花费每年可以节约出整整5万元人民币。澳元下跌使得澳大利亚留学所需的担保金普遍下降了8～15万元人民币。与2008年7月相比，赴澳留学的学费和生活费，一年可省6～8万元人民币。这样算来，小刘觉得自己出国留学的梦想并不遥远。

专家认为外币汇率变化很快，不排除会在不久的将来迅速升值的可能性，这可能会导致留学目的国的物价波动，如果按照流行的“哪国的钱贬值快就去哪国”的单纯想法，或许会得不偿失，留学不仅要考虑费用，还要考虑兴趣和志向。

在权衡利弊之后，小刘最终决定主攻澳大利亚。他认为，虽然有更多更好的学校和选择，但是按照目前自己和家庭的经济状况，选择澳大利亚依然是性价比最高的一个。

（资料来源：东方早报．2008－11－17）

『知识内容』

一、汇率的概念

汇率(Exchange Rate)是指一个国家的货币兑换成为另外一个国家货币的比率，即在两国货币之间，一国货币单位所表示的另一国货币单位的价格，也称为汇价或外汇行市。

二、汇率的标价方法

在表示汇率时，先要确定以哪个国家的货币作为标准。由于确定的标准不同，汇率的标价方法也不同。当前，国际上主要有 3 种标价方法，它们分别是直接标价法、间接标价法和美元标价法。

1. 直接标价法

直接标价法(Direct Quotation)是用一定单位(1 个或 100 个、10 000 个单位等)的外国货币作为标准，折算成若干单位的本国货币的表示方法。或者说，是以外国货币为标准，来计算应付多少本国货币。因此，这种标价法又被称作应付标价法(Giving Quotation)。

基准货币：外国货币

标价货币：本国货币

目前除英国、美国等国家外，我国和世界绝大多数国家都采用直接标价法。例如，2012 年 5 月 18 日中国银行公布的汇率见表 2 - 1。

表 2 - 1　人民币/100 外币

货币名称	现汇买入价	现钞买入价	现汇卖出价	现钞卖出价	人民币汇率中间价	中行折算价	发布日期
英镑	995.37	964.64	1 003.36	1 003.36	997.34	997.34	2012 - 05 - 18
港币	81.31	80.66	81.62	61.62	81.34	81.34	2012 - 05 - 18
美元	631.48	626.42	634.02	634.03	632.09	632.09	2012 - 05 - 18
瑞士法郎	665.37	645.11	671.01	671.01		667.73	2012 - 05 - 18
新加坡元	494.76	479.48	498.73	498.73		495.98	2012 - 05 - 18
瑞典克朗	87.58	84.88	88.29	88.29		87.77	2012 - 05 - 18
丹麦克朗	107.57	104.25	108.43	108.43		107.89	2012 - 05 - 18
挪威克朗	105.16	101.91	106	106		105.48	2012 - 05 - 18
日元	7.946 8	7.701 4	8.010 6	8.010 6	7.961 3	7.961 3	2012 - 05 - 18
加拿大元	619.05	599.93	624.02	624.02	620.12	620.12	2012 - 05 - 18
澳大利亚元	620.55	601.39	625.53	625.53	623.78	623.78	2012 - 05 - 18
欧元	799.56	774.87	805.98	805.98	802.6	802.6	2012 - 05 - 18

2. 间接标价法

间接标价法(Indirect Quotation)是指用一定单位的本国货币作为标准，折算成若干单位的外国货币的表示方法。或者说，是以本国货币为标准，来计算应收多少外国货币。因此，间接标价法又被称作应收标价法(Receiving Quotation)。

基准货币：本币

标价货币：外国货币

3. 美元标价法

美元标价法(US Dollar Quotation)是以一定单位的美元为标准，折算若干的各国货币来表示的汇率。

基准货币：美元

标价货币：各国货币

例如：当外汇市场报道，美元对瑞士法郎汇率水平为 1.815 0 时，即表明 1 美元＝1.815 0 瑞士法郎。

4. 非美元标价法

非美元标价法下，非美元货币作为基准货币，美元是标价货币。

如：外汇市场报道英镑对美元汇率水平为 1.568 0 时，即表明 1 英镑＝1.568 0 美元。

三、汇率的种类

汇率的种类可以在实际业务中，从不同的角度进行划分。

1. 根据银行买卖外汇的价格不同分类

根据银行买卖的价格不同可划分为买入汇率、卖出汇率、中间汇率和现钞汇率。

在实际的外汇买卖业务中，经营外汇业务的银行通常标出的汇率有两个并列的数字，其中一个为买入汇率，另一个为卖出汇率。在直接标价法下，前一个汇率是买入汇率，后一个是卖出汇率，即买入汇率小，卖出汇率大；而在间接标价法下，前一个是卖出汇率，后一个是买入汇率，即卖出汇率小，买入汇率大。买入汇率与卖出汇率的差额一般在 1%～5% 之间，不同的银行和不同的货币买入价和卖出价的差额可能有所不同。买入汇率与卖出汇率的差额正是银行买卖外汇的利润。

(1) 买入汇率(Buying Rate)又称买入价，亦称外汇买入价或买价，是指银行买入外汇时所依据的汇率。在直接标价法下，买入汇率是本币数额较少的那个汇率，它表示银行买入一定数额外汇时所付出的本币数额。在间接标价法下，买入汇率是本币折合为较多外币的那个汇率，它表示银行买人多少外汇需付一定数额的本币。

(2) 卖出汇率(Selling Rate)又称为卖出价，亦称外汇卖出价或卖价，是指银行卖出外汇时所依据的汇率。在直接标价法下，卖出汇率是本币数额较多的那个汇率，它表示银行卖出一定数额外汇时所收进的本币数额。在间接标价法下，卖出汇率是本币折合为较少外币的那个汇率，它表示银行卖出多少外汇应收回一定数额的本币。

(3) 中间汇率(Middle Rate)又称中间价，是买卖汇率的算术平均数。

(4) 现钞汇率(Cash Rate)又称现钞价，是指银行买卖外币现钞的价格。

2. 根据外汇管制情况的不同分类

根据外汇管制情况的不同分为官方汇率和市场汇率。

(1) 官方汇率(Official Rate)又称为法定汇率，是指一国外汇管理当局规定并予以公布的汇率。在外汇管制严格的国家，一切外汇收入必须按官方汇率结售给银行，所需外汇必须向国家指定的银行申请购买。官方汇率一般来说比较稳定，但普遍具有高估本币的情况。

(2) 市场汇率(Market Rate)是指由外汇市场供求关系决定的汇率。它随市场上的外汇供求关系而自由浮动。市场汇率的高低取决于外汇的实际供求状况。

3. 根据外汇资金性质和用途的不同分类

根据外汇率资金性质和用途的不同分为贸易汇率和金融汇率。

(1) 贸易汇率(Commercial Rate)是指用于进出口贸易及其从属费用收支、结算的汇率。

(2) 金融汇率(Financial Rate)是指用于资本往来、旅游等非贸易方面支付、结算的汇率。

4. 根据制定汇率的方法不同分类

根据制定汇率的方法不同可分为基本汇率和套算汇率。

(1) 基本汇率。

各国在制定汇率时必须选择某一国货币作为主要对比对象，通常选择一种国际经济交易中最常使用、在外汇储备中所占的比重最大的可自由兑换的关键货币作为主要对象，这种货币称之为关键货币。根据本国货币与关键货币实际价值的对比，制定出对它的汇率，这个汇率就是基本汇率。一般美元是国际支付中使用较多的货币，各国都把美元当做制定汇率的主要货币，常把对美元的汇率作为基本汇率。

人民币基本汇率是由中国人民银行根据前一日银行间外汇市场上形成的美元对人民币的加权平均价，公布当日主要交易货币(美元、日元和港币)对人民币交易的基本汇率，即市场交易中间价。

(2) 套算汇率。

套算汇率(Cross Rate)，又称介率或交叉汇率。

制定出基本汇率后，本币对其他外国货币的汇率就可以通过基本汇率加以套算，这样得出的汇率就是套算汇率。

如：某一时期，美元对我国人民币的汇率为1美元=8.277 3元人民币，伦敦外汇市场上1英镑=1.880 0美元，则英镑对人民币的汇率可通过套算得出。

1美元=8.277 3元人民币

1英镑=1.880 0美元

所以： 1 英镑＝8.277 3×1.880 0（元人民币）＝15.561 3 元人民币

5. 根据外汇买卖的交割时间不同分类

根据外汇买卖的交割时间不同可分为即期汇率和远期汇率。

所谓“交割”是指买卖双方履行交易契约，进行钱货两清的授受行为。

(1) 即期汇率(Spot Rate)指外汇买卖成交后，立即或在两个工作日内实行交割的汇率。

(2) 远期汇率(Forward Rate)是指外汇买卖双方事先签订外汇买卖合同，按约定的时间再办理交割手续的汇率。远期汇率是一种预约性汇率，预约交割的期限一般为 1 个月到 1 年，也有超过 1 年的，最常见的是 1、3、6 个月。交割期不同，远期汇率也不相同。

6. 根据国际结算业务中的汇款方式分类

根据国际结算业务中的汇费方式不同可分为电汇汇率、信汇汇率和票汇汇率。

(1) 电汇汇率(Telegraphic Transfer Rate，T/T Rate)是以电汇方式进行国际结算时买卖外汇的汇率。

电汇汇率是一种由经营外汇业务的本国银行在卖出外汇后，立即以电报委托的方式，通知其国外分支机构或者代理机构付款给受款人所使用的汇率。电汇汇率是外汇市场基准汇率，一般外汇市场公布的都是电汇汇率。

(2) 信汇汇率(Mail Transfer Rate，M/T Rate)是以信汇方式进行国际结算时买卖外汇的汇率。

信汇是用银行开具付款委托书，用信函方式通过邮局寄到付款地银行转付收款人的一种汇款方式。由于银行可获取邮程利息，因此信汇汇率略低于电汇汇率。

(3) 票汇汇率(Demand Draft Rate，D/D Rate)是以票汇方式买卖外汇时使用的汇率。

票汇是银行在卖出外汇时开具一张由其国外的分支机构或者代理机构付款的汇票直接交给汇款人，由汇款人自行带往或寄到国外付款地银行取款。票汇又有长期票汇和短期票汇之分，汇率也不一样。长期票汇是因为银行可以有更长时间占用客户资金而比短期票汇汇率低。

7. 根据货币比价的变动情况分类

根据货币比价的变动情况，汇率可分为固定汇率和浮动汇率。

(1) 固定汇率(Fixed Exchange Rate)是指汇率保持基本固定，汇率的波动限制在一定幅度内。

(2) 浮动汇率(Floating Exchange Rate)是指一个国家或地区不规定本币与外币的固定比价，也没有任何汇率波动幅度的上下限，而是听任汇率随外汇市场的供求关系自由波动。

相关链接

朱镕基：我一再讲，不要批判香港的联系汇率制度

《朱镕基讲话实录》出版后，不少网站开始摘编图书内容。其中包括 1997 年 12 月 12 日，时任国务院副总理的朱镕基接见中国银行、中国人民保险(集团)公司海外总经理会议代表，发表主题为“认真吸取亚洲金融危机的教训”讲话。他直言，对于香港的联系汇率制度“不能批判，只有支持”。

朱镕基谈及 1997 年金融危机的教训称，“国家要有储备，如果没有这么多外汇储备，不但中国内地危险，连香港地区也危险”。香港靠自己成功维持联系汇率制度，但若没有中央政府这一强大后盾，要应对这个局面就很困难。

“我一再讲，不要批判香港的联系汇率制度”，朱镕基指出，全香港有 3 000 亿美元的港币存款，如果联系汇率制度不能保住，人们一听说港币要贬值，都取出港币换美元，香港外汇储备将无法承担。“所以，我们只有支持香港特区政府所采取的一切措施，在这紧急的时候，大敌当前的时候，不能批判人家，只有支持，为他们鼓劲。”

朱镕基还强调，香港地区与其他东南亚国家和地区相比有根本区别。香港金融制度比较健全，甚至比日本要好。另外，香港房地产不像泰国等国家是供过于求的问题，而是地价过高，导致房地产价格过高。所以，香港的泡沫经济较少，我们对香港前途充满信心。

2002 年 11 月 19 日，也就是朱镕基卸任国务院总理前几个月的日子，他赴港出席第 16 届世界会计师大会，并在特区政府欢迎晚宴上发表讲话。

“香港具有十分开放的经济体制、比较完善的法律制度、效率比较高的政府公务员，特别是有一大批优秀的企业管理人员”，朱镕基高度肯定香港是“世界金融中心、贸易中心、服务中心”，香港的优势并没有丧失，它的竞争力、它的实力依然存在。

“香港的前途是光明的，我们总是以有香港而自豪”，朱镕基引述《狮子山下》歌词“同舟在狮子山下且共济……理想一起去追，同舟人誓相随，无畏更无惧，同处海角天边，携手踏平崎岖，我们大家用艰辛努力，写下那不朽香江名句”表明内地与香港同舟共济之情，并以“我爱香港，谢谢”为演讲的结尾。这次演讲的镜头曾被媒体无数次重播，迄今仍被人们铭记。

（资料来源：中国评论新闻网．2011 - 09 - 09）

任务二　汇率的决定与变动

『任务目标』

1. 理解影响汇率变动的主要因素
2. 理解汇率变动对经济的影响

『任务引入』

如何驾驭人民币汇率变动

1. 经济竞争力构成一国货币价值基础

从根本上讲，决定一国货币价值的基础，是这个国家的经济竞争力。一国货币背后，是这个国家政治、经济、军事、科技、文化和资源等竞争力的一种反映。

尽管经过30多年的快速发展，我国经济总量已经上升到全球第四位，对世界经济的影响越来越大，但经济质量和国际竞争力仍较差。我国国际竞争力不高主要表现在哪些方面呢?

第一，经济结构不合理。我国的经济增长过度依赖投资和出口拉动，消费率过低的矛盾依然突出。这主要体现为：第一、第二和第三产业比例不合理、工业大而不强和第三产业发展滞后；而且，中国在全球产业分工链中处于中低端，我国的劳动密集型产品仍占最大比例。

第二，资源环境代价大。经济增长方式粗放，主要表现为高投入、高消耗、高排放、低效率。我国外向型经济的快速发展是建立在资源产品的价格低估基础上的。如果要素价格合理化，人民币的购买力必将下降。有学者认为，一旦人民币实行自由兑换，很可能在国际市场上贬值。

第三，科技创新不足。总的来看，科技创新不足造成我国产业结构技术含量低下，产品的国际竞争力不强。产业技术含量低下，使我们在国际贸易和竞争中处于劣势，“赔本换汇”型的出口格局越来越受到发达国家“反倾销”政策的抵制。

2. 两大外部因素影响汇率变动

影响人民币汇率的两大外因，分别是国际货币体系和变幻莫测、无孔不入的国际游资。

外因之一：1971年，布雷顿森林体系崩溃后，建立了以美元为基础的全球经济霸权。美元在取得了这个霸主地位之后越发越多，且不断贬值。美元在贬值过程中有个特点，即谁经济增长快，谁的竞争力提升得快，它就对谁定向贬值。

人民币升值压力，从表象上看是人民币被“低估”，实质上却是国际货币体系形成以来美元发行过多，国际货币基金组织对此又监管不力。美元多发行就体现为对全世界贬值。美元贬值，导致众多国家的财富大幅缩水。

外因之二：以外汇、股票及其衍生产品投资为主的“国际热钱”无孔不入，肆无忌惮，给许多国家和地区造成了金融动荡。例如，国际间资金流动可以借助远期协议、期货、期权等金融衍生工具发挥影响，1997年爆发的亚洲金融风暴就是一个典型的案例。

因此，在推进金融开放的同时，我们还要把握好汇率这个工具，既不能屈服于压力，让人民币快速升值，同时也要做好应对国际热钱冲击的准备，做到有备无患。

（资料来源：上海证券报 .2008－07－30）

『知识内容』

一国或地区外汇供给和需求的波动要受到许多因素的影响，这些因素既有经济的，也有非经济的；有客观的，也有主观的。而各个因素之间又有相互联系、相互制约，错综复杂，归纳起来有如下几个方面。

一、影响汇率变动的主要因素

1. 国际收支状况

一国的国际收支可反映该国对外汇的供求关系，它对汇率变动有着直接的影响。若一国国际收支经常项目发生逆差，本币对外币需求增长，从而引起逆差国汇率下降；反之，顺差国货币汇率上升。

例如，20 世纪 80 年代中期，美国长期国际收支巨额逆差，日本持续出现国际收支顺差，美元汇率下跌，日元汇率上升。

2. 经济增长率的高低

一国的经济增长状况是决定该国汇率高低的根本因素。因为，当一国的经济发展速度增加，其生产经营状况和财政收入就都会有所改善，就业率也会提高，物价稳定，该国货币所代表的价值量就高，该国的货币对外就升值；反之该国货币就会贬值。

但是，经济增长率提高后，国民收入也会增加，可能对进口商品和劳务的需求增加，从而使其对外汇的需求增加，本币汇率会下跌。

对于是否对进口商品和劳务的需求增加就会导致本币汇率下跌，还要作进一步的分析：

一是对于出口导向型国家来说，经济增长是由于出口贸易增加推动的，这又意味着出口贸易增加高于进口贸易增加，使其汇率不跌反而上升。

二是如果国内外投资者看好该国经济增长，就有可能增加该国的投资，用资本项目的顺差抵消经常项目的逆差。此时，本币汇率可能不是下跌而是上升。

3. 利率的变化

一国的利率变化，会影响国内外资本的流动，从而影响资本项目的收支，并间接影响贸易项目的收支。近年来，国际金融市场存在大量的游资，如果一国的利率提高，会使该国的金融资产有吸引力，导致游资为追求利息收入将手中的闲置资金投向该国，造成资本内流，外汇供大于求，本币汇率就上升；如果一国利率提高低于他国利率水平，相对来说本国利率低，其结果恰好相反。

4. 通货膨胀率的差异

通货膨胀意味着货币贬值，物价上升，购买力水平下降；反之，购买力水平上升。因此，国内外通货膨胀率是影响汇率波动趋势的主要因素。

例如：在通货膨胀之前，假定我国某一进出口公司以每台 800 元人民币的价格在国内购进彩电出口某国，出口价格为 100 美元(此时美元对人民币的价格为 1 美元=827 元人民币)，交易完成后，该公司每台销售收入 100 美元，折合人民币 827 元，盈利 27 元人民币(其他成本忽略不计)；若发生通货膨胀，在国内购进彩电价格由 800 元人民币/台上升为 900 元人民币/台，这时出口价格还是 100 美元/台，该企业就要亏损 73 元人民币。若使每台仍然盈利27元人民币，国际市场价格就必须高于100美元，从而影响了该产品的国际市场竞争能力。

其次，一国发生通货膨胀，必然是该国实际利息率(名义利息率减去通货膨胀率)降低。如果一国通货膨胀率长期高于他国，会引起资本的外流，从而影响到其对外收支的资本项目。

5. 国际上重大经济、政治、军事事件的突然发生

重大的国际性政治、经济或军事性突发事件对汇率也会产生冲击。

相关链接

1999年3月4日，北约在对南联盟长达78天的狂轰滥炸中，出动2.6万多架次的飞机，在南联盟10万多平方公里的土地上投下了2.1万多吨炸弹，击毁了包括学校、工厂、企业、桥梁、医院、电站、新闻机构等民用设施在内的许多目标。南联盟在这场战争中共有上千平民死亡，6 000多人受伤。1999年5月8日，美国飞机悍然袭击中国驻南使馆，造成中国3名新闻工作者牺牲，20余名外交官受伤，馆舍严重毁坏。

欧元对美元的汇率从1999年1月4日的1欧元=1.178 9美元跌到1999年4月30日的1欧元=1.055 0美元，跌幅接近11%；2003年3月11日，美国总统布什公开表示，希望和平解决以巴问题，使得2003年3月13日的欧元对美元的汇率比2003年3月11日上涨了1%多。

6. 政府的干预

政府干预汇率的直接形式是通过中央银行在外汇市场上买卖外汇，改变外汇供求关系，从而影响外汇汇率或本币汇率。政府采取汇率政策的目的一般是为了稳定本币汇率，避免汇率波动加大国际贸易和国际金融活动中的风险，抑制外汇投机行为；它也可能是为了使汇率有利于本国的经济发展或有助于实现政府的某项战略目标。另外，还可以通过调整国内货币和财政政策来影响外汇市场汇率的走势，通过政府官员发表言论以影响外汇市场交易商的心理，通过与其他国家联合直接或间接地对外汇市场进行干预。

7. 心理预期

心理预期是指人们对某种货币升值贬值的预期。这种预期会对汇率的变动产生较大的影响，如果人们预期某种货币不久将会贬值，会大量抛售这种货币，使其汇率下降；反之，预期某种货币不久要升值，就会大量地抢购这种货币，使其汇率上涨。

8. 外汇投机者的恶性炒作

在当代国际金融市场上，存在着规模庞大的国际游资。其中，一部分国际游资隶属于国际垄断资本集团。它们在外汇市场上，并非是单纯的市场价格信号接受者，而往往充当价格制定者的角色。例如，1997年7月爆发的泰国货币危机固然有多种原因，外汇投机者的恶性炒作无疑起到推波助澜的作用。

二、汇率变动对经济的影响

1. 对进出口贸易的影响

汇率的变化会直接影响本国的对外贸易。当外汇汇率上涨，本币汇率下跌时，用同等数额的外汇能兑换比原来更多的本币，会刺激本国商品的出口。同时，该国货币只能兑换更少的外汇，从而只能购买更少的外国商品，该国的进口量会下降。

2. 对物价的影响

一国汇率下浮对该国的物价也有很大的影响。

(1) 汇率下浮会提高进口商品的国内价格。

例如，假设我国某一企业进口某种商品，国际市场价格为 100 美元/每吨，当时市场汇率为 USD 1＝CNY 8.270 0，若汇率不发生变化，该企业可以用 827 元人民币购买一吨该产品；但是，当本币汇率由 USD 1＝CNY 8.270 0 下跌至 USD 1＝CNY 8.500 0 时，同样进口一吨国际市场价格没变的该商品就需要 850 元人民币了。这样引起进口成本的提高，迫使国内该种商品的价格提高。

(2) 本币汇率下浮也会降低出口产品的国际市场价格。

例如，我国某出口企业销售价值 5.7 元某产品到美国。当 USD 1＝CNY 5.700 0，售价则 1 美元；当汇率变到 USD 1＝CNY 8.700 0 时，则国际市场价格就会变成 0.654 4 美元。

本币升值后产生的作用正相反，会使进、出口商品的国内价格(折合本币的价格) 下降，出口受到限制，进口相应扩大。

3. 对资本流动的影响

(1) 对短期资本流动的影响。

外汇市场各种汇率的变动对短期资本流动有很大影响，当一国货币汇率下跌，该国国内资金持有者和外国投资者为回避汇率变动所蒙受的损失，就会把该国货币兑换成汇率较高的货币进行资本逃避，导致资本外流；同时，将使外国投资者因持有以该国货币计值的资产价值下降而调走在该国的资金，这不仅将使其国内投资规模缩减，影响国民经济的发展，而且会恶化该国的国际收支。一国货币升值对短期资本流动的影响与上述相反。

(2) 对长期资本流动的影响。

一国货币贬值将有利于国外企业到该国进行投资。因为在该国货币贬值以后，外国投资者可以更廉价地投资进行生产；反之，一国货币升值将会刺激该国到国外去投资。

4. 对就业率的影响

当外汇汇率上升，本币汇率下降时，有利于出口，不利于进口，因而促进商品生产规模的扩大和进口替代产品的生产，在此过程中就业机会就会增加；另外，一国货币贬值，外国投资者就可以更少的资金获得相同的生产资料，若贬值国是一个人口过剩的发展中国家，那么，该国就会给外国投资者创造更大的市场，进一步发挥在劳动密集型产品生产上的优势，使得该国就业率上升。

5. 对进口替代产业的影响

一国货币贬值，进口商品的本币价格就会上升，进口国的同类商品就会涨价，从而有利于进口替代产业的发展。例如，对一个发展中国家来说，若进口农产品价格提高，国内同类农产品的价格就会提升，这对农业原料的供应、农业劳动生产率的提高以及缩小城乡收入差距都有着非常现实的意义。

6. 对世界经济的影响

一国货币汇率的变动不仅会影响本国的国内经济，而且还会对其他国家的经济产生不同的影响。其影响的范围和程度取决于该国的经济发展状况、外汇管制以及该国的市场情况等。

任务三 汇率制度

『任务目标』

1. 了解汇率制度的类型
2. 了解人民币汇率制度的特点

『任务引入』

香港金管局重申无意改变联系汇率制度

中新社香港2011年8月15日电 香港金融管理局总裁陈德霖2011年8月15日重申，现时并没有一个更适合香港的汇率制度，特区政府无意改变香港自1983年以来行之有效的联系汇率制度。

陈德霖当天在金管局网页上撰文，回应有论者提出要放弃联系汇率和让港元自由浮动，令香港有自主的利率政策。

陈德霖指出，根据《基本法》第112条，香港不会实行外汇管制，浮动汇率制度的代价是港元可能会变成大上大落。在市场好景时一路炒上，引致更多国际热钱流入港元套利，大大削弱香港的竞争力，但同时通货膨胀未必会变得温和。到香港经济和资产市场过热时，经济周期逆转，到时港元便会被大幅炒低，资金流出，造成信贷紧缩，甚至信心危机。

陈德霖认为，即使港元在经济周期中有机会跟随美元汇率下跌，亦不一定会令香港通货膨胀急升，原因是通货膨胀涉及多个外来及内在因素，当中食品价格上升是国际性问题，而租金上升就与物业价格有关。有论者认为港元跟美元挂钩令利率低企，刺激楼价上升。陈德霖认为，就算港元跟一篮子货币挂钩，港元利率亦不会有多高，而在楼价升完可以再升的心理预期形成后，除非加息力度极强，否则很难把这个预期扭转。

对于有论者提议港元应与一篮子货币挂钩，取代现时的联系汇率，陈德霖表示，这样做香港仍然没有自主的利率政策，因为香港利率会跟随一篮子货币的加权平均利率而变动，并会失去联汇制度高透明度、运作简单和高效率的优点。

（资料来源：中国新闻网．2011－08－15）

『知识内容』

一、汇率制度的类型

汇率制度是指世界各国对于确定、维持、调整和管理汇率的原则、方法、方式和机构等所做出的系统安排和规定。

1. 固定汇率制度

固定汇率制度(Fixed Rate System)是指两国货币比价基本固定，其波动的界限规定在一定幅度内的汇率制度。

固定汇率制度经历了两个时期，即金本位时期和1944年至1973年的不兑现纸币本位时期。

（1）金币本位制。

在金币本位制度下，金币是用一定数量和成色的黄金铸造的，金币所含有的一定重量和成色的黄金叫做含金量。

两个实行金本位制国家货币单位的含金量之比，叫做铸币平价。所以两种金币的含金量是决定它们汇率的物质基础，铸币平价则是它们的汇率标准。

例如：在实行金币本位制度时，英国货币1英镑的含金量为113.001 6格令，美国货币1美元含金量为23.22格令，所以，英镑与美元的铸币平价（两国本位币的含金量之比）为113.001 6/ 23.22＝4.866 5，即GBP1＝USD 4.866 5。

GBP与USD的汇率的波动以此为基础，波动的范围就是两国之间运送1英镑黄金的费用，为0.03美元，计算公式为

$$GBP1 = USD\ 4.866\ 5 \pm 0.03$$

（2）纸币制度下的外汇汇率。

1944年，在美国的布雷顿森林召开了国际金融会议，在会议上根据国际货币基金组织的建议，确立了以美元为中心，以固定汇率制为基础的国际货币体系，强调美元与黄金挂钩，其他国家货币与美元挂钩，从而形成了典型的纸币流通制度下的固定汇率制。

这种制度规定，1美元含金量为0.888 671格令，以及1盎司黄金为35美元的官价，其他国家货币与美元保持固定比价，其波动幅度维持在货币平价±1%范围内。

2. 浮动汇率制度

浮动汇率制度(Floating Rate System)是指一国货币对外国货币汇率不固定，随着外汇

市场的供求变化而自由波动的一种汇率制度。浮动汇率制度可以分为如下几种类型。

(1) 按管理当局是否干预外汇市场，可分为自由浮动和管理浮动。

① 自由浮动(Free Floating)也称为清洁浮动(Clean Floating)，是指汇率根据外汇市场上外汇供求情况变化而自行调整，货币管理当局对汇率的浮动完全放弃管理，不采取任何干预措施。

② 管理浮动(Managed Floating)也称为肮脏浮动(Dirty Floating)，是指一国货币当局为使本国货币汇率的变动幅度不致过大，或者朝着有利于本国的方向变动，通过各种方式，不时地对外汇市场进行干预，使汇率稳定在一定的水平上。

(2) 按浮动方式，可分为单独浮动、联合浮动、钉住浮动。

① 单独浮动(Single Floating)是指一国货币没有与其他国际货币保持固定联系，其汇率根据外汇市场的供求变化而单独浮动。如美元、日元等货币均属于单独浮动。

② 联合浮动(Joint Floating)也称为共同浮动，是指国家集团在成员国之间实行固定汇率制，同时对非成员国货币则实行同升同降的浮动汇率。例如，从 1999 年 1 月 1 日到 2002 年 2 月 28 日期间，欧元区国家原有货币之间的汇率实行固定汇率，而对非欧元区国家的货币采取的是浮动汇率。

③ 钉住浮动(Pegging Floating)是指一国货币与某一种或某一篮子货币相挂钩，实行相对的固定汇率，随其汇率浮动。目前绝大多数发展中国家都实行钉住型汇率制度，钉住美元的居多，也有的国家是钉住一篮子货币。

二、人民币汇率制度

人民币汇率制度的特点如下所述。

(1) 人民币汇率制度是单一的有管理的浮动汇率制度。

根据 IMF 和世界贸易组织对成员国的汇率要求，我国实行单一的汇率制度，即中国人民银行每日公布的人民币市场汇价，适用于一切外汇与人民币之间的交易，既包括中资企业与外资企业的外汇收支往来，也包括居民与非居民的资金往来。中国人民银行每日公布的人民币市场汇率是浮动的，而且各外汇指定银行对外挂牌买卖外汇的汇率，可以在中国人民银行规定的上下 2.5%幅度内自由浮动。所以，人民币汇率是浮动汇率制度。同时，人民币又是有管理的浮动汇率，这主要体现在：当市场汇率出现较大的波动时，中央银行可以通过外汇买卖干预外汇市场，使之保持稳定。

(2) 人民币汇率是以市场供求为基础的汇率。

中国人民银行每日公布的基准汇率是由银行间外汇市场前一个交易日交易生成的美元、日元、欧元、港元加权平均价。基准汇率是由市场决定的、以市场供求为基础的，这是 1994 年以来我国汇率制度改革的重要内容。

(3) 人民币汇率采用直接标价法，外汇买卖采用双价。

直接标价是以 1 个或者 100 个单位的外国货币作为标准，折算成相应数额的人民币来表示。各经营外汇业务的银行对外公布的牌价分为外汇买入价、外汇卖出价和现钞买入价，现钞卖出价与现汇卖出价一致。

相关链接

人民币对美元汇率升破6.58 再创汇改以来新高

来自中国外汇交易中心的最新数据显示，2011年2月18日人民币对美元汇率中间价报为6.578 1，升破6.58关口，再创汇改以来新高。

2011年2月17日，银行间外汇市场人民币对美元汇率中间价报为6.580 0。数据显示，截至2011年2月18日，2011年以来人民币兑美元汇率已15次改写汇改以来的新高。外汇交易员表示，2011年以来人民币汇率的整体升值态势在很大程度上要高于此前市场预期，预计2011年全年人民币升值幅度有望达到5%以上。

20国集团(G20)财长和央行官员会议本周在巴黎召开，在此之前印度和巴西加入美国的阵营，对人民币缓慢的升值步伐表示忧虑，称这正在损害其出口。

周小川近期表示，外部压力从来就不是考虑的重要因素，对此我们从未特别关注。我们主要依靠自己的判断，来自主调整人民币估值，并未过多留意外部压力大小与否。在我们自己看来，为了发展金融市场，我们需要改革汇率体系并令人民币更富弹性。

（资料来源：人民网.2011-02-19）

项 目 小 结

（1）汇率的基本概念。

汇率是买卖外汇的价格，实质是两种货币或两国货币所具有或所代表的价值相交换。从不同角度划分，汇率可以有许多种类，应当重点掌握基本汇率与套算汇率、买入汇率与卖出汇率及中间汇率、电汇汇率与票汇汇率、即期汇率与远期汇率、固定汇率与浮动汇率。

（2）汇率的标价方法。

目前国际外汇市场上的汇率标价有3种方法，即直接标价法、间接标价法及美元标价法。汇率的不同标价只是方法上的不同，并没有本质上的区别。但是，在不同的标价法下汇率的涨跌含义就不同了。

（3）汇率发生变动的原因。

在纸币制度下决定汇率的基础是纸币实际代表的价值量，纸币制度下的汇率变动相对是频繁的、剧烈的。影响汇率变动的因素是多方面的、复杂的，综合分析可以把经济因素、政策因素及其他偶然因素等作以归纳，具体分析则要视不同市场、不同国家、不同情况作细致探讨。

（4）汇率变动对经济的影响。

汇率变动对国内经济的影响，主要表现为对国民收入、价格、就业以及利率水平等方面的影响；汇率变动对涉外经济的影响，集中体现在对国际收支的影响，它包括贸易项目、非贸易项目、资本项目和官方储备项目等。

(5) 汇率对进出口的影响。

当一国货币汇率下降时，由于外汇能够兑换更多的该国货币，从而能够购买更多的该国商品，所以该国的出口量会增加；同时，该国货币只能兑换更少的外汇，从而只能购买更少的外国商品，该国的进口量会下降。

(6) 汇率变动对资本国际流动的影响。

汇率变动对资本国际流动的影响在很大程度上取决于人们对于汇率的心理预期。如果人们认为汇率变动是一次性的，那么一国货币贬值会吸引资本流入。因为本币贬值使外资能够兑换更多的本国货币，从而可以支配更多的实际资源。本国的土地、劳力、设备、原材料和各种金融资产对外资来说都更加便宜了。因此，外资会增加对该国的直接投资和间接投资。

(7) 主要名词。

汇率、直接标价法、套算汇率、金融汇率、现钞汇率、间接标价法、固定汇率、浮动汇率、即期汇率和远期汇率。

项目练习

一、单项选择题

1. 2002年1月1日英镑/美元汇率为1.449 4，2002年11月8日汇率为1.562 9，这段时间美元对英镑的汇率变动幅度为(　　)。

A. 7.2%　　B. 7.8%　　C. −7.2%　　D. −7.8%

2. 人民币现在已经实现了(　　)。

A. 经常项目下有条件可兑换　　B. 经常项目自由兑换
C. 资本项目下有条件可兑换　　D. 资本项目自由兑换

3. 影响汇率变动的政策因素有(　　)。

A. 通货膨胀　　B. 资本流动　　C. 外汇干预　　D. 心理预期

4. 目前，我国实行的人民币汇率制度是(　　)。

A. 有管理的浮动汇率制度　　B. 联合浮动汇率制度
C. 固定汇率制度　　D. 单独浮动汇率制度

5. 在金本位制下，汇率决定于(　　)。

A. 黄金输送点　　B. 铸币平价　　C. 金平价　　D. 汇价

6. 广义外汇与狭义外汇的根本区别在于(　　)。

A. 是否可用于清偿对外债务　　B. 是否包括一切有价证券
C. 是否可以以本币表示　　D. 是否可以在国际上自由流通

7. 在间接标价法下，如果一定单位的本国货币折成的外国货币数额减少，则说明(　　)。
A. 外币币值上升，本币币值下降，外汇汇率上升
B. 外币币值下降，本币币值上升，外汇汇率下降
C. 本币币值下降，外币币值上升，外汇汇率上升
D. 本币币值上升，外币币值下降，外汇汇率上升

8. 在银行外汇牌价中，现汇买入价(　　)现钞买入价。
A. 高于　　B. 等于　　C. 低于　　D. 无法判定

9. 外汇汇率最贵的是(　　)。
A. 电汇汇率　　B. 信汇汇率　　C. 票汇汇率　　D. 现钞汇率

10. 当前西方国家实行的浮动汇率制度通常是(　　)。
A. 管理浮动　　B. 自由活动　　C. 联合浮动　　D. 有限弹性浮动

11. 外汇管制的对象包括的两个方面是(　　)。
A. 对人和对物　　B. 对法人和自然人　　C. 对居民和非居民　　D. 对人和其所在国

12. 下列(　　)属于调节性交易。
A. 资本转移项目　　B. 证券投资项目
C. 储备与相关项目　　D. 私人的无偿转移项目

13. 国际收支平衡表中的基本差额计算是根据(　　)计算出的。
A. 商品的进口和出口　　B. 经常项目
C. 经常项目和资本项目　　D. 经常项目和资本项目中的长期资本收支

14. 在采用直接标价的前提下，如果需要比原来更少的本币就能兑换一定数量的外国货币，这表明(　　)。
A. 本币币值上升，外币币值下降，通常称为外汇汇率上升
B. 本币币值下降，外币币值上升，通常称为外汇汇率上升
C. 本币币值上升，外币币值下降，通常称为外汇汇率下降
D. 本币币值下降，外币币值上升，通常称为外汇汇率下降

15. 布雷顿森林体系规定会员国汇率波动幅度(　　)。
A. ±10%　　B. ±2.25%　　C. ±1%　　D. ±10%～±20%

16. 若一国货币汇率高估，往往会出现(　　)。
A. 外汇供给增加，外汇需求减少，国际收支顺差
B. 外汇供给减少，外汇需求增加，国际收支逆差
C. 外汇供给增加，外汇需求减少，国际收支逆差
D. 外汇供给减少，外汇需求增加，国际收支顺差

17. 仅适用于调节因临时性因素造成的国际收支不平衡的政策是(　　)。
A. 财政政策　　B. 货币政策　　C. 外汇缓冲政策　　D. 汇率政策

18. 以两国货币的铸币平价为汇率决定基础的是(　　)。
A. 金币本位制　　B. 金块本位制　　C. 金汇兑本位　　D. 纸币流通制度

19. 目前各国的国际储备管理，主要是对(　　)的管理。
A. 黄金储备　　B. 外汇储备　　C. 普通提款权　　D. 特别提款权

20. 按照 IMF 的标准格式，经常账户中的“货物”在计价时应依据货物的(　　)。

A. FOB 价　　B. CIF 价　　C. CFR 价　　D. FAS 价

21. 20 世纪 20 年代以后，国际资本流动在国际经济中越来越重要，此时的国际收支是指(　　)。

A. 贸易收支　　B. 外汇收支　　C. 广义国际收支　　D. 经常账户收支

22. 如果一国通货膨胀严重，由此本国出口商品成本上升，国际收支出现逆差，这属于(　　)。

A. 结构性不平衡　　B. 货币性不平衡　　C. 收入性不平衡　　D. 周期性不平衡

23. 外汇储备过多的负面影响可能有(　　)。

A. 本币升值　　B. 通货膨胀　　C. 外汇闲置

D. 外币升值　　E. 通货紧缩

24. 当处于通货膨胀和国际收支逆差的经济状况时，应采用下列什么政策搭配(　　)。

A. 紧缩国内支出，本币升值　　B. 扩张国内支出，本币贬值

C. 扩张国内支出，本币升值　　D. 紧缩国内支出，本币贬值

25. 一国出现持续性的国际收支顺差，则可能会导致或加剧(　　)。

A. 通胀　　B. 失业　　C. 经济危机　　D. 货币贬值

26. 一般来讲，一国的国际收支顺差会使其(　　)。

A. 本币升值　　B. 物价上升　　C. 通货紧缩　　D. 货币疲软

27. 下面哪一个子账户不属于经常账户？(　　)

A. 商品　　B. 服务　　C. 收益　　D. 直接投资

28. 一国货币对外大幅度贬值，则(　　)。

A. 对该国物价无影响　　B. 会引起该国物价下降

C. 会引起该国物价上　　D. 该国物价上升或下降难以判断

29. 严格地说，以下(　　)是外汇。

A. 有价证券　　B. 外币现钞　　C. 黄金　　D. 国外银行存款

30. 德国某公司购买了美国的一套机械设备，此项交易应记入美国国际收支平衡表的(　　)。

A. 贸易收支的贷方　B. 经常项目借方　　C. 投资收益的贷方　D. 短期资本的借方

31. 在一定时期内(如 1 年)，决定汇率基本走势的主导因素是(　　)。

A. 国际收支　　B. 通货膨胀

C. 预期与投机因素　　D. 利率水平与汇率政策

32. 国际收支平衡表的资本与金融账户记录(　　)。

A. 债务注销　　B. 服务　　C. 投资收入　　D. 经常转移

33. 汇率政策的直接目标是(　　)。

A. 促进经济增长　　B. 维持本币汇率稳定

C. 维持物价稳定　　D. 增加就业

34. 根据国际收支理论，影响外汇供求的决定性因素是(　　)。

A. 贸易收支　　B. 经常项目收支　　C. 国际储备　　D. 资本项目收支

35. 汇率按外汇资金性质和用途划分为(　　)。
A. 商业汇率与银行间汇率　　B. 复汇率与单汇率
C. 市场汇率与官定汇率　　D. 金融汇率与贸易汇率

二、多项选择题

1. 广义外汇的范畴包括(　　)。
A. 外钞　　B. 外币有价证券　　C. 特别提款权　　D. 普通提款权
2. 外汇的作用有(　　)。
A. 国际购买手段　　B. 国际支付手段　　C. 弥补国际收支逆差
D. 防范汇率风险　　E. 调剂国际间资金余缺
3. 汇率变动会影响一国的(　　)。
A. 国际收支　　B. 通货膨胀　　C. 工资收入
D. 旅游收入　　E. 外汇储备
4. 银行挂牌的卖出汇率是(　　)的价格。
A. 银行买入顾客外汇　　B. 顾客卖出外汇
C. 银行卖出外汇　　D. 顾客买入外汇
5. 有关直接标价法，下列说法中正确的是(　　)。
A. 本国货币数额固定不变　　B. 外国货币数额固定不变
C. 汇率涨跌都以本国货币表示　　D. 汇率涨跌都以外国货币表示
E. 直接标价法又叫应付标价法
6. 关于特别提款权的正确陈述是(　　)。
A. 国际货币基金组织发行的一种现金货币
B. 一种国际储备资产
C. 可用于偿还基金组织的贷款
D. 可直接用于国际贸易结算
E. 可用来弥补国际收支差额
7. 布雷顿森林体系的内容有(　　)。
A. 各国货币与黄金挂钩　　B. 各国货币与美元挂钩
C. 特别提款权与黄金挂钩　　D. 美元与黄金挂钩
E. 特别提款权取代黄金成为主要储备资产
8. 在其他条件不变的情况下，一国货币汇率下跌，将(　　)。
A. 有利于该国的出口　　B. 有利于该国增加进口
C. 有利于该国增加旅游收入　　D. 有利于该国增加侨汇收入
E. 有利于该国减少进口
9. 下列国家中，(　　)已经加入欧洲货币联盟。
A. 英国　　B. 法国　　C. 德国
D. 荷兰　　E. 意大利
10. 影响汇率变动的主要经济因素有(　　)。
A. 国际收支状况　　B. 通货膨胀程度的差异

C. 相对利率水平差异
D. 经济增长率差异
E. 市场预期心理变化

11. 国际储备的主要作用是( )。
A. 弥补国际收支赤字，维持对外支付能力
B. 干预外汇市场、维持本币汇率水平稳定
C. 用于对外投资
D. 充当政府对外举债保证
E. 用于对外援助

12. 资本流动对于资本净输出国的消极作用是( )。
A. 可能妨碍国内经济的发展，如出现“产业空心化”，不利于国际收支平衡
B. 面临较大的海外投资风险
C. 妨碍产品出口
D. 培养潜在的竞争对手

13. 一国国际收支出现顺差时，可能会引起( )。
A. 外汇储备增加
B. 官方短期债务减少
C. 外汇储备减少
D. 官方短期债权增加

14. 一般而言，汇率不稳对国际经济的影响表现为( )。
A. 阻碍国际贸易的正常发展
B. 加剧国际金融市场的动荡
C. 促进国际储备货币的统一
D. 增加投机机会
E. 促进国际金融业务的不断创新

15. 在国际收支方面实行外汇管制一般要达到的目的是( )。
A. 控制资本的国际流动
B. 加强黄金外汇储备
C. 稳定汇率
D. 增加财政收入

三、简答题

1. 广义的外汇包括哪些内容?
2. 论述汇率变动对经济的影响内容?
3. 浮动汇率制度下影响汇率变动的因素有哪些？它们是如何作用于汇率变动的?

四、判断题

( ) 1. 一国货币贬值，有利于出口，不利于进口，一定会导致国际收支改善。

( ) 2. 升水表示远期外汇比即期外汇贵，贴水表示远期外汇比即期外汇便宜，这一说法只适用于直接标价法。

( ) 3. 一般而言，一国通货膨胀率越高，外汇汇率就越走强。

( ) 4. 固定汇率制是指汇率固定不变。

( ) 5. 1994 我国汇率并轨使官方汇率与市场汇率合二为一。

( ) 6. 由于信汇汇率比较便宜，目前已经成为确定和计算其他各种汇率的基础。

( ) 7. 现钞价是银行买入外币现钞的汇率，通常高于现汇买入价。

五、填空题

1. 纽约外汇市场上某日的欧元报价为：即期：1美元＝0.913 0－0.917 5欧元，三个月远期30/40。某商人买入三个月远期欧元，汇率应为________。

2. 如果客户要求我方将本币报价改成外币报价，应该用外汇市场上的________。

3. 浮动汇率制度可以从不同角度分类，从政府是否干预角度，目前我国的人民币汇率制度属于________。

六、连线题：(找出每个词的正确含义)

词　汇	含　义
1. 买入汇率(Bidding Rate)	A. 一种货币用另一种货币表示的价格
2. 实际汇率(Real Exchange Rate)	B. 以一定单位(1个或100、10 000个单位)的外国货币作为标准计算应付多少本国货币的表示方法
3. 浮动汇率(Floating Rate)	C. 本币与对外经济交往中最常用的主要货币之间的汇率
4. 即期汇率(Spot Rate)	D. 银行售出外汇(售汇)时所使用的汇率
5. 直接标价法(Direct Quotation)	E. 银行买进外汇(结汇)时所使用的汇率
6. 汇率	F. 买卖双方成交后，在两个营业日内办理交割时所使用的汇率
7. 基准汇率(Benchmark Exchange Rate)	G. 远期汇率高于即期汇率
8. 官方汇率(Official Rate)	H. 银行卖出外汇后，以电传方式通知国外行或代理行付款时所使用的一种汇率
9. 升水	I. 指剔除了价格因素的汇率，等于名义汇率减去通货膨胀率
10. 电汇汇率(Telegraphic Transfer Rate)	J. 国家外汇管理当局制定并公布实行的汇率
11. 卖出汇率(Offering Rate)	K. 外汇银行在一个营业日开始时进行首批外汇买卖时使用的汇率
12. 开盘汇率(Open Rate)	L. 不规定汇率波动的上下限，随外汇市场的供求关系自由波动的汇率

项目三　外汇市场业务

项目导读

新加坡取代东京成亚洲最大外汇市场

据海外媒体报道，新加坡取代日本东京成为亚洲地区最繁忙的外汇交易市场，原因是该地区新兴市场经济的增长促使外汇交易商将更多高级员工转移至新加坡。

新加坡外汇交易市场委员会(Singapore Foreign Exchange Market Committee)公布的调查数据显示，新加坡4月日均外汇成交额为3 615亿美元，相比去年10月高出14%。

调查详细数据显示，外汇现货、未结算远期和外汇掉期交易额为3 142亿美元，去年10月为2 784亿美元，总体成交金额增长32%；而包括外汇掉期和期权在内的日内衍生品交易额为472亿美元，高出去年10月水平20%。

而东京外汇交易市场委员会的数据则显示，日本4月日均外汇成交额为2 779亿美元。

新加坡海峡时报指数自2006年3月31日以来上涨了28%，日经225指数则下跌41%。另外，包括坡元、马来西亚林吉特和印尼盾在内的多个亚洲国家的货币兑美元汇率接近多年高点。

追踪日元以外十种主要亚洲国家货币的彭博—摩根大通亚元指数(Asia Dollar Index) 22日上涨至119.77，创出1997年8月以来的最高位。

新加坡2011年1季度GDP相比去年同期增长9.3%，2010年全年经济猛增14.5%。花旗集团(Citigroup)驻新加坡亚洲区外汇与本土市场策略部负责人Patrick Perret-Green表示："新加坡具备众多地方资产，其环境更适宜各银行发展亚洲业务。亚洲外汇交易的增长某种程度上是该地区GDP与贸易持续强劲增长的自然反应。"

(资料来源：新浪财经.2011-07-26)

任务一　外汇市场概述

『任务目标』

1. 了解外汇市场的概念和构成
2. 了解世界主要的外汇市场
3. 掌握外汇市场的交易惯例

『任务引入』

危机四伏　2011 外汇市场避险成主流

2011 年的外汇市场可以说危机四伏，影响市场的风险事件层出不穷，如日本大地震、欧债危机、美国“扭转操作”等，避险因素成为外汇市场的主流。不过，2011 年外汇市场上的主要币种趋势却非常明显，如欧元、美元在2011 年上半年和下半年的表现截然相反，美元对日元全年持续走低，如果踏准趋势，相信也会有不菲的收益。

1. 主要币种趋势明显

盘点外汇市场主要币种2011 年全年的表现，美元自然首当其冲。先以美元指数来衡量一下 2011 年的外汇波动情况。美元指数 2011 年几乎走出一个标准的 V 字形，截至 2011 年 12 月 27 日，美元指数最高点出现在 2011 年 1 月份，为 81.360，最低点出现在 2011 年 5 月份，为 72.696，整个的波动幅度大概在 10%左右。2011 年下半年一路反转，从 72.696 再涨到最近的高点 80.69，几乎将 2011 年上半年下跌的失地悉数收回。对于外汇市场来说，今年可算是比较大的行情。

从几个主要币种的表现来看，欧元兑美元几乎是美元指数的镜像。欧元兑美元 2011 年全年的高点在 5 月份的 1.493 9，年初和年尾的低点也差不多，一个是 1 月份的 1.287 3，另一个低点是 12 月份的 1.294 5。如果 2011 年上半年持续做多欧元对美元，下半年持续做空欧元对美元，相信今年的炒汇一定比较成功。

由于 2011 年风险事件不断，如日本大地震、欧债危机恶化等，以日元为代表的避险货币成为今年的大赢家。

2. 影响外汇市场重要事件

1）“3·11”日本大地震

2011 年 3 月 11 日，日本发生 9.0 级大地震。突然发生的风险事件不但没有打击日元，反而导致日元大幅升值。日元升值主要还是因为日元避险货币的身份，投机资金利用日本海外资金汇回的预期，偷袭外汇市场，做多日元。

日本大地震随后带来的就是 G7 联合救市。为了稳定金融市场，避免日元飙升给地震后的日本经济带来更大的创伤，2011 年 3 月 19 日，日本中央银行与其他 G7(美国、日本、德国、英国、法国、加拿大、意大利)成员国一致行动，干预外汇市场。这是 10 年来 G7 首次联手干预国际外汇市场，日元一度暴跌。

2）欧债危机升级

欧债危机升级几乎是贯穿全年的重要事件，先是评级机构给希腊等国评级下调，再是欧美主要银行的评级被下调，最后欧盟成员国不断开会解决问题，但每次会后都让市场失望，无法达成有效的解决办法。尤其是 2011 年 12 月 8 日至 9 日的欧盟领导人峰会。在欧债危机持续发展、欧洲银行业风险加剧、欧洲经济重陷衰退的情况下，该会议被认为是决定欧元区及欧元命运的重要会议而备受关注。在此次会议上欧盟 26 国领导人同意缔结新的政府间协议，强化财政纪律，但就如何解决欧元区债务问题依然未能采取实质性措施。最终结果仍然无法让市场重拾信心，欧元几乎是“熊”得抬不起头来。

3）美国主权评级遭降

美国当地时间2011年8月5日晚，国际评级机构标准普尔公司宣布将美国“AAA”级长期主权信用评级下调一级至“AA+”标普，其还决定把美国主权信用评级前景展望维持在“负面”。这是美国历史上第一次丧失3A主权信用评级。但其他两家主要评级机构穆迪和惠誉均保持美国“AAA”评级。

美国主权评级遭降一度引发全球金融市场巨大动荡，但美元却因为避险情绪的上升而受益走高。

（资料来源：刘志飞．新闻晨报．2011-12-28）

『知识内容』

一、外汇市场的概念

外汇市场顾名思义是买卖外汇的场所，持有外汇的人可以在这个市场兑换本币，持有本币的人可以在这个市场兑换外汇，所以，它是一个货币兑换的市场。对于市场来说，人们日常接触最多的应该是商品市场，认为它是一个有形的市场。对外汇市场来说，认为它一般是在证券交易所的建筑物内或交易大厅内，所以也应该是有形的市场。但是，外汇的交易、兑换可以通过连接银行及其他经营外汇业务机构的电话、网络等通信工具来进行，交易者不一定到固定的场所去完成交易，从这个意义上说外汇市场又是一个无形的市场。所以，外汇市场的概念可以归纳为：外汇市场是指从事货币交换和外汇买卖的组织系统、场所或网络。

二、外汇市场的构成

1. 外汇银行

外汇银行又称为外汇指定银行，是指有权经营外汇业务的商业银行、设在本国的外国银行分支机构以及兼营外汇业务的其他金融机构。

外汇银行是外汇市场的中心，充当外汇买卖、资金调拨及资金融通的媒介，其业务有两个方面：一是外汇零售业务；二是外汇批发业务。在零售业务中，外汇银行为客户提供服务，进行外汇买卖，以赚取买卖汇率的差价为主，原则上不承担风险。

弊端：若客户出售外汇，银行的外汇余额就会增加，形成“外汇多头头寸”，使银行面临外汇贬值的风险；相反，若客户购买外汇，银行的外汇余额就会减少，形成“外汇空头头寸”，使银行面临外汇升值的风险。

风险回避的方法：银行进入同业市场，通过抛售或补进某种货币的头寸，“轧平”外汇头寸敞口，从而消除汇率风险。

2. 外汇经纪人

外汇经纪人是指在外汇银行之间或者在外汇银行与客户之间进行牵线搭桥、为买卖双方接洽外汇交易的汇兑商人。

在外汇市场上，银行同业之间的交易占外汇交易总额的90%以上，出于保密和提高效率的目的，银行之间的外汇买卖往往需要既了解世界外汇供求情况，又能严格为客户保密且收取佣金不高的中间人来撮合，而外汇经纪人正是符合了这一特点，所以能够成为买卖外汇的双方乐意接受的中介人。

3. 中央银行

中央银行成为外汇市场的参与者，主要目的是对外汇市场进行干预。当市场出现大量外汇短缺时，中央银行就大量抛售外汇；相反，在外汇过多时，则大量吸进外汇。中央银行干预外汇市场是为了保证本国汇率的稳定，或者通过干预将本币汇率调整到符合本国宏观经济政策或国际协议所需要的水平上。

此外，为了调节本国外汇储备结构、减少和避免储备货币汇率下跌所造成的损失，中央银行也要参与外汇市场的交易活动。

4. 一般客户

一般客户是指那些出于交易、保值或投机需要而参与外汇买卖的个人或公司，也是指那些在外汇市场上除银行之外的客户。

一般客户包括进出口商、跨国公司、国际投资者、筹资者、旅游者等。他们是外汇的最初供给者和最终需求者，但是他们之间并不直接进行外汇买卖，而是通过外汇银行等中介机构进行外汇交易。

三、世界主要外汇市场

目前，世界上大约有30多个主要的外汇市场，它们遍布于世界各大洲的不同国家和地区。根据传统的地域划分，可分为亚洲、欧洲、北美洲三大部分，其中最重要的有伦敦、法兰克福、苏黎世、巴黎、阿姆斯特丹、纽约、洛杉矶、悉尼、巴林、东京、新加坡和中国的香港等。在时间上它们首尾相接，彼此连成一片，形成了横跨全球的统一的外汇市场。但是，由于各地区、各国家的经济制度和历史条件不同，其外汇市场也表现出不同的特色。

1. 伦敦外汇市场

伦敦外汇市场是目前规模最大、历史最悠久、最负盛名的外汇市场，它经营一切可兑换货币的现货交易和相应货币的期货交易，其交易额占世界外汇交易总额的30%，交易币种多达80多种。

它是一个典型的无形市场，没有固定的交易场所，主要依靠世界上最先进的技术设备来完成交易，拥有一批训练有素的专门人才，有着独特的地理位置，连接着亚洲和北美洲市场。

伦敦外汇市场汇率报价采用间接标价法，市场运作速度快、效率高。

目前有600多家外汇银行参与伦敦外汇市场的运作，这些银行主要包括本国的清算银行、商人银行、其他商业银行、贴现公司和外国银行。约有数百家外汇经济公司专门在伦敦汇市上充当外汇交易的经纪人。

作为国际金融中心，伦敦的优势不仅在于其理想的地理位置、稳定的政治局势、发达的市场环境以及众多的专业人才，更主要的是英国一直推行宽松的金融政策，使伦敦外汇市场在全球外汇市场中占有重要的地位。

2. 纽约外汇市场

纽约外汇市场是在第二次世界大战后发展起来的，比伦敦外汇市场的历史短，是重要的国际外汇市场之一，其日交易量仅次于伦敦。纽约外汇市场也是一个无形市场。外汇交易通过现代化通信网络与电子计算机进行，其货币结算都可通过纽约地区银行同业清算系统和联邦储备银行支付系统进行。

由于美国没有外汇管制，对经营外汇业务没有限制，政府也不指定专门的外汇银行，所以几乎所有的美国银行和金融机构都可以经营外汇业务。但纽约外汇市场的参加者以商业银行为主，包括50余家美国银行和200多家外国银行在纽约的分支机构、代理行及代表处。银行的交易活动仍然要受到美国联邦储备委员会和各州银行业务署的银行监理官的监督。

其外汇交易的层次包括：银行与客户间的外汇交易；本国银行间的外汇交易；本国银行与外国银行间的交易。其特点是市场活跃，但和进出口贸易相关的外汇交易量较小。其汇率报价对英镑采用直接报价法，对欧洲各国和其他国际货币采用间接报价法。

3. 东京外汇市场

东京是国际金融中心之一，也是亚洲最大的外汇交易中心。东京外汇市场形成的比较晚，20世纪60年代之前，日本实行严格的外汇管制和金融管制。1964年日本加入国际货币基金组织，日元才被允许自由兑换，东京外汇市场才开始逐步形成。1980年日本《新外汇法》公布实施，从根本上取消了外汇管制，此后东京外汇市场迅猛发展。目前，东京外汇市场已成为仅次于伦敦外汇市场和纽约外汇市场的世界第三大外汇市场。

东京外汇市场是一个无形市场，交易者通过现代化通信设施联网进行交易，这种交易被称为“电话万能系统”，交易的货币90%以上是美元。目前，其外汇交易量已超过世界外汇交易总量的1/10。

其汇率分为：挂牌汇率，包括买价、卖价、中间价；市场连动汇率，即以银行间市场的实际汇率为基准标价。

4. 新加坡外汇市场

新加坡外汇市场是在20世纪70年代初亚洲美元市场成立后，才成为国际外汇市场的。

新加坡地处欧、亚、非三洲交通要道，时区优越，上午可与香港、东京、悉尼外汇市场进行交易，下午可与伦敦、苏黎世、法兰克福等欧洲外汇市场进行交易，中午还可同中东的巴林、晚上同纽约进行交易。

新加坡外汇市场的参加者由经营外汇业务的本国银行、经批准可经营外汇业务的外国银行和外汇经纪商组成，其中外资银行的资产、存放款业务和净收益都远远超过本国银行。新加坡外汇市场大部分交易由外汇经纪人办理；交易的货币不受限制，主要以美元为主(占85%)；均以美元报价。

5. 苏黎世外汇市场

瑞士苏黎世外汇市场是一个有历史传统、在国际上比较有影响的市场，这一方面是由于瑞士法郎是自由兑换货币；另一方面是由于第二次世界大战期间瑞士是中立国，外汇市场未受战争影响，一直坚持对外开放。其交易量原先居世界第四位，但近年来被新加坡外汇市场超过。

苏黎世是世界著名的国际金融中心，瑞士法郎是世界上最稳定的货币之一。

在欧洲支付同盟时期，瑞士法郎是当时唯一可以将货币自由兑换成美元的货币，这就使苏黎世外汇市场在国际外汇交易中一直处于比较重要的地位。

其外汇交易是由银行自己通过电话或电传进行的，并不依靠经纪人或中间商；外汇交易的大部分是由于资金流动而产生的，只有小部分出自对外贸易的需求；其汇率为直接标价法。

6. 巴黎外汇市场

巴黎外汇市场是巴黎国际金融市场的重要组成部分。巴黎成为世界较大的国际金融中心之一，是法国的对外贸易、资本输出和旅游业比较发达的结果。

巴黎外汇市场由有形市场和无形市场两部分组成。其有形市场主要是指在巴黎交易所内进行的外汇交易，其交易方式和证券市场买卖一样，每天公布官方外汇牌价，但大量的外汇交易是在交易所外进行的。

巴黎外汇市场上，大部分银行都可以以中间人的身份为其本身或客户进行外汇买卖。外汇交易可以在银行之间通过电话直接进行，也可以通过经纪人进行。经常参加外汇交易的银行大约有100家左右，有外汇经纪人约20名，参与大部分远期外汇交易和交易所外的即期交易。进行交易的主要货币有美元、英镑、欧元、瑞士法郎等10多种货币，其中美元、英镑、欧元及瑞士法郎的交易量最大。

法国是实行外汇管制的国家。由于西方货币汇率动荡不定，法国法郎采用双重汇率制。一是官方外汇市场，指按法定汇率进行外汇买卖，办理进出口贸易等；二是金融法郎外汇市场，汇率由供求情况而定，进行其他外汇交易。

7. 香港外汇市场

香港处于自由港地位，从1973年起取消外汇管制，与中国大陆和东南亚保持着紧密的联系，所以，它是亚太地区的一个重要的外汇市场；加之它的地理位置填补了欧洲和北美之间的时差距离，与世界各地有着良好的业务往来，所以，它又是一个国际性外汇市场。20世纪70年代以来亚洲美元市场的兴起，使香港金融业务获得了新的发展。1973年以后，随着外汇管制的取消，国际资本大量流入，各种金融机构不断增加，金融业务的规模不断扩大，外汇市场也开始活跃起来，从而使它在国际中的地位越来越高。

香港没有中央银行，香港政府对外汇市场基本采取不干预政策，如果港币汇价波动太大，则采取运用外汇基金并通过发钞银行进行干预，使其保持一定水平的汇价。因此，香港外汇市场基本能真实反映市场对外汇供求的变化情况。

市场交易以港币、英镑为主。20 世纪 70 年代以后，美元成为主要的交易货币(占70%以上)。交易分为两类，一是港币与外币的兑换；二是美元兑换其他外币的交易。交易汇率以港元对美元的汇率为主，采用美元标价法。

四、外汇市场交易惯例

1. 外汇市场交易时间

在某一个外汇市场，人们会经常提到“开市”和“收市”的概念，其实这是针对某一个市场而言的。例如，香港外汇市场每天上午 10 点开市，17 点收市，这只是针对香港市场而言的。对于全球外汇市场而言，几乎没有开市和收市的概念，因为全世界外汇市场的交易是顺承衔接、相互交错的，一天 24 小时可以不间断地进行，见表 3-1。

表 3-1　国际重要汇市交易时间(北京时间)

外汇市场	交易时间
惠灵顿	04：00—13：00
悉尼	06：00—15：00
东京	08：00—15：30
香港	10：00—17：00
法兰克福	14：30—23：00
伦敦	15：30—00：30
纽约	21：00—04：00

应特别关注：星期一早上悉尼市场的开盘对外汇行情起着承上启下的作用；星期五晚上纽约外汇行情，因为美国的许多经济数据公布，所以星期五纽约市场的收盘决定下周的走势；交易量最大、最活跃、最繁忙的时候当属欧洲当地时间下午 1 点至 3 点，此时，世界几大交易中心，如伦敦、纽约、法兰克福、芝加哥等同时开市，是顺利成交巨额交易的时间段。

相关链接

全球各市场外汇交易时间的规律和特性

尽管外汇市场是 24 小时交易，但每个外汇市场的活跃时间段是不一样的，投资技巧也是不一样的，一般波动越频繁的，投机赚钱的机会就越大。下面来看一下全球几大外汇市场的一些交易经验。

1. 伦敦市场

各国银行一般都习惯在伦敦外汇市场开盘后，才开始进行大宗交易。因此，全球外汇市场一天的波动也就随着它的开盘而开始，欧洲央行利率决议、德国 IFO 景气指数、欧元区国家 GDP (Gross Demestic Product)、欧元区国家消费者价格指数等因素也起到了一定的助推作用。

2. 纽约市场

纽约外汇市场是全球最活跃的外汇交易市场，其高度的活跃性给投资者带来了更多的盈利机会。美国 GDP 数据、利率变化、生产价格指数、消费价格指数、失业率以及美联储公开言论等一系列因素都会影响该市场，把握纽约市场外汇交易时间是许多人的共识。

3. 东京市场

这是亚洲最大的外汇交易市场，在其交易时段内，仅有日元出现波动的概率会大一些。因此，适合做日元交易的投机者交易。

北京时间 20：30—24：00 是英国伦敦市场和美国纽约市场的重叠交易时段，市场波动最为频繁。在中国的外汇交易者拥有别国不能比拟的时间优势，因为大部分投资者都不是专门的外汇职业者，下午 5 点到凌晨这段时间是下班时间，正好可以用来做外汇投资，可以免去上班炒外汇影响工作的困扰，真正实现上下班赚钱两不误。

（资料来源：外汇网 . 2011 - 12 - 27）

2. 外汇市场交易规则

在外汇交易中，有一些约定俗成的做法，逐渐被人们认可，被认定为规则，这些规则主要有以下几个方面。

（1）简化报价。

报价就是交易双方兑换货币所报出的价格。通常银行在报价时对每一种货币要报双价，即同时报出买价和卖价。汇价由大数和小数两个部分组成。一般情况下小数点后第二位以前的数据为大数，其后的数据为小数。

例如：2004 年 8 月 11 日，14 点 47 分，外汇市场报道 GBP1/EUR＝1. 490 9/1. 496 5，其中 1. 49 是大数，09/65 是小数。

但有少数几个汇价，其整数部分为大数，小数部分为小数。

例如：USD 1/JPY＝120. 35/45，其中 120 为大数，35/45 为小数。

（2）采用统一的标价方法。

在外汇市场上虽然有直接标价法和间接标价法之分，但为使交易快速顺利地进行，交易各方使用统一的标价方法，即除英镑、澳大利亚元、欧元等采用间接标价法以外，其他交易货币一律采用直接标价法。

（3）确定的交易单位。

交易额通常以 100 万美元为单位进行买卖。例如，交易中 One Dollar 表示 100 万美元，Five Dollar 表示 500 万美元。如果交易额低于 100 万美元，应预先说明是小额零星交易。

（4）恪守信用。

交易双方要共同遵守“一言为定”的原则，报价行一旦报价，如果没有明显的口误或书误，双方就必须满足对方的要求。

（5）交易术语要规范。

为了能在汇率频繁波动中快速而又无误地成交，必须熟练地掌握交易术语，并且使用交易术语要规范。

例如：

A:Hi,BANK OF CHINA SHANGHAI,Calling for Spot JPY For USD PLS.

B:MP.124.20/30.

A:Taking USD 10.

B:Ok.Done.I Sell USD 10 Mio Against JPY At 124.30 Value July 20,JPY PLS To ABC BANK TOKYO For A/C NO:123456.

3. 外汇交易的一般程序

当今的外汇市场大多是无形市场，交易各方普遍通过电话、电传等现代化的通信工具进行各类外汇交易，为保证交易“快而不乱、简而不漏”，各方必须要遵循一定的程序进行。

（1）选择交易对手。

银行在询价之前应正确选择交易对手，这对能否取得成功有着重要的作用。所以，银行应根据自身的需要，选择那些资信良好、作风正派、报价买卖差价较小、报价还价快、服务水平高的银行作为交易对手。

（2）自报家门。

在选择好交易对手以后，银行就可以通过电话、电传等设备与对方联系，要说明自己银行的名称。

（3）询价。

在自我介绍以后，银行要向对方询问价格。询价时要报出拟交易的货币名称、交割日期。

（4）报价。

对方根据询价方的要求报出欲交易的汇价。

（5）成交。

询价方报出欲交易货币的数量、买卖方向、交易价格，报价方承诺。

（6）确认。

报价方承诺以后，交易双方要把所交易货币的价格、数量、交易金额、起息日期、开户银行及结算方式等相互确认一遍。

（7）交割。

交易双方按着对方的要求，将卖出的货币及时准确地输入到对方指定的银行账户中。

上述外汇交易的一般程序如下所示。

询价方:What's your spot GBP/EUR,pls?
报价方:1.490 9/1.496 5.
询价方:Mine GBP 1.
报价方:OK done.
报价方:Sell GBP 1 Spot At 1.496 5,Value11/8/04.
询价方:GBP 1To Paris BK,A/C N0:5986234.
报价方:EUR pls to bakelai BK A/C N0:6667809.

任务二　即期外汇交易

『任务目标』

1. 理解即期外汇交易的含义、作用、分类及报价
2. 学会即期汇率的套算
3. 掌握即期外汇交易的计算及应用

『任务引入』

外汇市场打破“独角戏”　人民币汇率形成更完善

中新网1月5日电　据中国财经报报道，按照国家外汇管理局2005年11月发布的文件，从2006年1月4日起，询价交易方式将被引入银行间即期外汇市场。按照这一交易模式，中央银行下属的中国外汇交易中心不再是诸多交易主体们唯一的交易对手。各位买主和卖主可以直接就币种、价格、金额等要素进行协商。而同步推出的做市商制度表明，央行不再承担外汇市场唯一买盘的角色，更多大的机构将承担做市职能。

询价交易与过去采用的撮合交易方式的不同点在于：前者由交易双方协商确定价格，而后者通过计算机撮合成交形成交易价格。在后者的情形下，市场上多个交易主体之间，同时通过一个交易平台，按时间优先、价格优先的竞价规则进行外汇交易。各交易主体均以中国外汇交易中心为交易对手方，交易中心集中承担了市场交易者的信用风险。

询价模式的推出对于外汇市场的完善具有重要意义，因其方式灵活性强，能够适应外汇市场主体多元、需求多样的特点，有利于鼓励金融机构进行金融创新，满足企业和居民的避险需要。事实上，全球即期外汇市场的绝大部分交易量都集中在询价交易市场。以美国为例，询价交易方式的交易量占全部外汇交易量的比例超过90%。

相应地，人民币兑美元汇率中间价的形成方式也将发生改变。中国外汇交易中心于每日银行间外汇市场开盘前向所有银行间外汇市场做市商询价，并将全部做市商报价作为人民币兑美元汇率中间价的计算样本，去掉最高和最低报价后，将剩余做市商报价加权平均，得到当日人民币兑美元汇率中间价，权重由中国外汇交易中心根据报价方在银行间外汇市场的交易量及报价情况等指标综合确定。

（资料来源：李琼．中新网．2006-01-05）

『知识内容』

一、即期外汇交易概述

1. 即期外汇交易的含义

即期外汇交易又称为现汇交易(Spot Exchange Transaction)，是指外汇买卖双方在达成交易的当天或两个营业日内完成交割的外汇买卖业务。

这里所说的“交割”是指买卖成交后“钱货两清”或货币两讫的行为。“营业日”是指两个清算国银行全都开门营业的日期。

交割日为达到交易当天的，称为当日交割，如小额交易；交割日为成交后第一个营业日的，称为明日交割，如东京市场；交割日为成交后第二个营业日的，称为即期交割，如欧美外汇市场。例如：10 月 26 日达成的即期外汇交易，10 月 27 日、10 月 28 日都是营业日，10 月 28 日是交割付款的一天；如果 10 月 27 日、10 月 28 日都是休息日，则 10 月 30 日为交割付款的一天。

2. 即期外汇交易的作用

即期外汇业务是外汇交易中最基本的交易，市场规模也最大，占整个外汇市场的 60%～70%，银行同业间的即期外汇交易又占了其中的 95%。通过即期外汇业务，可以建立各种货币头寸，满足对不同货币的需要。例如，某进出口公司持有美元，但要对外支付商务合同的货币是日元，可以通过即期外汇买卖，卖出美元，买进日元，满足对外支付日元的需要。即期外汇业务还可以起到保值和投机、用于调整现有外汇头寸的不同货币比例的作用。

3. 即期外汇业务的种类

即期外汇业务分为电汇(Telegraphic Transfer，T/T)、信汇(Mail Transfer，M/T)和票汇(Demand Draft，D/D)。

1) 电汇

电汇即以电信方式买卖外汇的业务，银行卖出外汇时用电报通知国外分支行或代理行付款。电汇是当今的外汇交易中使用最普通的一种方式，因为它调拨资金的速度快，在浮动汇率制下可以最大限度地避免外汇汇率波动所带来的风险，因此无论是银行同业间的外汇买卖或资金划拨，还是国际贸易中进出口商的交收货款，以及投机者在进行外汇投机时，都乐于采用电汇的方式。但由于电汇付款快，银行无法占用客户的资金头寸，所以电汇汇率高。

2) 信汇

信汇是银行开具付款委托书，用航邮方式通过邮局寄给付款地银行，办理外汇付出的方式。由于邮寄需要一定的时间，银行可以在这段时间内占用客户的资金头寸用以周转，故信汇汇率比电汇汇率低。

3）票汇

票汇是指汇出行在卖出外汇时，开立以国外汇入行为付款人的汇票，由汇款人自带或寄往国外取款的方式。与信汇类似，由于票汇从卖出外汇到支付外汇有一段间隔时间，银行在这段时间占用客户的资金头寸，因此票汇汇率也比电汇汇率低。

4. 即期外汇交易的报价

一笔完整的即期外汇买卖应包括询价(Asking)、报价(Quotation)、成交(Done)及确认(Confirmation)4 个步骤。其中报价环节有一些约定俗成的惯例，是国际外汇市场不成文的条例和规定，其主要的内容包括：

(1) 在即期外汇交易中，除非特别标明，否则所有货币的汇价都是针对美元的，即采用“单位元”标价法(1 美元等于其他货币若干)。但英镑、澳大利亚元、欧元则采用“单位镑”法，即每 1 英镑、1 澳大利亚元、1 欧元兑换多少美元的标价方法。

例如：

USD/JPY(1 美元兑日元)	126.10/20
USD/CHF(1 美元兑瑞士法郎)	1.253 0/50
GBP/USD(1 英镑兑美元)	1.760 0/10
AUD/USD(1 澳元兑美元)	0.820 0/10
EUR/USD(1 欧元对美元)	1.295 5/57

(2) 银行的外汇汇率报价通常采用双向报价制，即同时报出买入价和卖出价。

例如：

USD 1＝CAD 1.583 2/1.584 0

GBP 1＝USD 1.451 8/1.452 4

习惯上，汇率报价只写出前一个汇率和后一个汇率的最后两位数，如上面的牌价可以写成：

USD 1＝CAD 1.583 2/40

GBP 1＝USD 1.451 8/24

(3) 在通过电讯设备(电话、电传等)报价时，报价银行只报汇价的最后两位数。

例如：德国欧元对美元的汇价如果是 EUR 1＝USD 0.757 9/82，则报价银行的交易员只报为 79/82。

(4) 询价行既不能强迫报价行按询价行的“参考价”成交，也不能强迫报价行按其在 10 分钟或更长时间内的报价进行成交。

二、即期汇率的套算

在即期外汇市场的各种各样的汇率报价中，不一定恰好有自己所需要的汇率。那么如何根据市场提供的汇率，求出自己所需要的汇率呢？可以分为如下几种情况来讨论。

1. 外币兑本币折算成本币兑外币

在国际贸易中，出口商经常需要按进口商的要求既报出本币价格，又报出外币价格。

所以出口商不仅要知道以本币来表示的外币价格，同时也要知道以外币表示的本币价格。外币与本币是按外汇市场所在的国家为判别标准的。

例3-1： 某日纽约外汇市场即期汇率为1英镑＝1.513 1美元(此时英镑即为外币，美元即为本币)；如果想知道以英镑表示的美元价格，即1美元兑换多少英镑，可以通过求倒数的方法来求得，即1美元＝1/1.513 1英镑。

2. 外币兑本币的买入价和卖出价折算成本币兑外币的买入价和卖出价

在实际的外汇业务中，一种货币对另一种货币的买入价和卖出价是同时出现的。这时，要把外币对本币的买入价和卖出价折算成本币对外币的买入价和卖出价就不能简单的求倒数，而是先将已知汇率中的两个价格求倒数，再颠倒前后位置，即为所求。

例3-2： 纽约外汇市场某日即期汇率为GBP 1＝USD 1.513 3/1.514 3，那么，USD 1＝GBP $\frac{1}{1.5143}\Big/\frac{1}{1.5133}$，即USD 1＝GBP 0.660 4/0.660 8。

3. 不同外币之间的套算

(1) 基准货币相同，标价货币不同，求标价货币之间的比价，则应采取交叉相除的方法。

例3-3： 已知某日即期汇率为USD/JPY＝130.30/90，USD/CNY＝8.265 1/99。求①JPY/CNY；②CNY/JPY。

解：两个已知即期汇率都是以USD作为单位货币，所以应采用交叉相除的方法。

① JPY/CNY＝(USD/CNY)÷(USD/JPY)

则日元买入价(银行买入日元的价格)＝(USD/CNY)÷(USD/JPY)＝8.265 1÷130.90＝0.063 1

日元卖出价(银行卖出日元的价格)＝(USD/CNY)÷(USD/JPY)＝8.269 9÷130.30＝0.063 5

即：JPY/CNY＝0.063 1/35

② 同理可求得CNY/JPY＝15.755 9/15.837 7

(2) 基准货币不同，标价货币不同，求基准货币之间的比价，则也应采取交叉相除的方法。

例3-4： 已知某日即期汇率GBP/USD＝1.577 0/80，AUD/USD＝0.696 5/75，求GBP/AUD。

解：两个已知即期汇率都以USD为计价货币，所以应采取交叉相除的方法。

GBP/AUD＝(GBP/USD)÷(AUD/USD)

则英镑买入价(银行买入英镑的价格)=(GBP/USD)÷(AUD/USD)

=1.577 0÷0.697 5=2.260 9

英镑的卖出价(银行卖出英镑的价格)=(GBP/USD)÷(AUD/USD)

=1.578 0÷0.696 5=2.265 6

即：GBP/AUD=2.260 9/56

(3) 非美元标价与美元标价法下，求某一基准货币与另一标价货币的比价，则应采取同边相乘的方法。

例 3-5：已知某日即期汇率 USD/CHF=1.648 7/594，EUR/USD=0.879 2/817。求①EUR/CHF；②CHF/EUR。

解：两个已知即期汇率，一个以 USD 作为单位货币，另一个以 USD 作为计价货币，所以应采用同边相乘的方法。

① EUR/CHF=(USD/CHF)×(EUR/USD)

则欧元买入价(银行买入欧元的价格)=(USD/CHF)×(EUR/USD)

=1.648 7×0.879 2=1.449 5

欧元卖出价(银行卖出欧元的价格)=(USD/CHF)×(EUR/USD)

=1.659 4×0.881 7=1.463 1

即：EUR/CHF=1.449 5/631

② 同理可得 CHF/EUR=0.683 5/99

三、即期外汇交易的应用

例 3-6：境内某居民出境旅游，需要用人民币兑换美元，假如该人在 2012 年 5 月 11 日在中国工商银行按当日人民币即期外汇牌价兑换 1 000 美元，其需要支付多少人民币？若该人 2012 年 5 月 18 日旅游回来后剩余 200 美元，他在中国工商银行又可以换回多少人民币？(外汇牌价见表 3-2 和表 3-3)

表 3-2　2012 年 5 月 11 日中国工商银行即期外汇牌价

币种	汇买、汇卖中间价	现汇买入价	现钞买入价	卖出价
美元(USD)	631.42	630.03	624.98	632.56
港币(HKD)	81.33	81.15	80.5	81.48
日元(JPY)	7.897 7	7.864 5	7.611 8	7.927 7
欧元(EUR)	815.79	812.36	786.26	818.89
英镑(GBP)	1 018.54	1 014.26	981.67	1 022.41
瑞士法郎(CHF)	679.17	676.32	654.58	681.75
加拿大元(CAD)	629.09	626.45	606.32	631.48

续表

币种	汇买、汇卖中间价	现汇买入价	现钞买入价	卖出价
澳大利亚元(AUD)	635.52	632.85	612.51	637.93
新加坡元(SGD)	504.05	501.93	485.8	505.97
丹麦克朗(DKK)	109.75	109.29	105.78	110.17
挪威克朗(NOK)	107.62	107.17	103.72	108.03
瑞典克朗(SEK)	90.82	90.44	87.53	91.17

表 3-3　2012 年 5 月 18 日中国工商银行即期外汇牌价

货币名称	交易单位	现汇买入价	现汇卖出价	现钞买入价	中间价
澳大利亚元(AUD/CNY)	100	621.46	626.45	601.62	624.08
加拿大元(CAD/CNY)	100	619.07	624.04	599.30	621.68
瑞士法郎(CHF/CNY)	100	665.79	671.13	644.53	668.59
欧元(EUR/CNY)	100	799.65	806.07	774.12	803.02
英镑(GBP/CNY)	100	991.99	1 002.97	963.21	999.18
港币(HKD/CNY)	100	81.31	81.62	80.67	81.48
日元(JPY/CNY)	100 000	7 936.67	7 999.42	7 682.26	7 969.41
澳门元(MOP/CNY)	100	79.08	79.39	78.46	79.25
新加坡元(SGD/CNY)	100	494.70	498.66	478.90	496.78
美元(USD/CNY)	100	631.36	633.88	626.43	632.75

解：(1) 若该人要兑换 1 000 美元，则应按照当日的外汇牌价所支付的人民币为：

1 000×632.56÷100=6 325.6 元

(2) 若该人要把剩余的美元换回人民币，按当天的外汇牌价兑换的人民币为：

200×626.43÷100=1 252.86 元

相关链接

CFTC 报告显示投资者仍在大规模做空欧元

美国商品期货交易委员会上周五发布的最新报告显示，上周投资者做空欧元的头寸仅从纪录高点小幅回落。

据委员会发布的每周交易员持仓报告显示，截至 2011 年 12 月 20 日当周，市场内做空欧元兑美元的净头寸总计 186 亿美元，仅较之前一周下降 2%；之前一周投资者做空欧元的净头寸至少达到 4 年来的最高水平。

交易员仍在担忧欧洲主权债务危机。欧洲官员尚未拿出长期解决方案，投资者猜测，危机持续的时间越长，欧元下跌的可能性越大。

就短线而言，市场人士表示，法国等欧元区评级最高的国家可能会面临主权评级下调，这可能会引发欧元下跌。标准普尔公司 2011 年 12 月早些时候已将欧元区 15 个成员国的评级列入负面观察名单。穆迪投资者服务公司则表示，计划于 2012 年第一季度审查欧元区所有成员国评级。

除了押注欧元下跌，年底前投资者似乎也在轧平头寸。做多日元兑美元的净头寸规模降至 2011 年 7 月初以来的最低水平。

由于欧洲债务危机持续不断，同时市场也在担忧美国及全球经济增长形势，日元一直被视作最佳避险货币之一。截至 2011 年 12 月 20 日的一周，做多日元的净头寸总计 39 亿美元，较之前一周减少 31%。

随着投资者在元旦节前轧平头寸，做空瑞士法郎的净头寸也大幅下降 70%，至 4.21 亿美元。

投机人士做多美元的净头寸总计 176 亿美元。

（资料来源：中国经济网 . 2011 - 12 - 26）

四、套汇

套汇交易有广义和狭义之分，广义的套汇交易是指利用不同的外汇市场、不同的货币、不同的交割期限在汇率上的差异而进行的外汇交易。狭义的套汇交易可分为地点套汇、时间套汇(掉期交易)、利息套汇(套利交易)。在本节要研究的是狭义的套汇交易——地点套汇。地点套汇是利用不同市场的汇率差异，在汇率低的市场大量买进，同时在汇率高的市场卖出，利用贱买贵卖，套取投机利润的外汇业务。地点套汇包括直接套汇和间接套汇。

1. 直接套汇

直接套汇(Direct Arbitrage)又称为两角套汇或两地套汇。直接套汇是利用两个外汇市场之间货币汇率的差异，在一个市场上高价卖出货币，同时又在另一个市场低价买进同样货币的交易行为。通过这种买卖可以进行投机和规避风险。

例 3 - 7：假定某日纽约外汇市场汇率为 1 美元＝128.40/128.50 日元，东京外汇市场汇率为 1 美元＝128.70/128.90 日元，若套汇者以 100 万美元套汇，问套汇是否有利可图？所得是多少？

解：美元在东京市场的银行买价高于纽约市场的银行卖价，所以套汇可以盈利。共有两种方法可以实现盈利。

第一种方法：在东京市场上以 1 美元＝128.70 日元的价格卖出 100 万美元，得到 12 870 万日元；同时在纽约市场以 1 美元＝128.50 日元的价格买入 100 万美元，支付 12 850 万日元，可得 20 万日元的差价收益。

第二种方法：在东京市场将1美元换成日元，得到128.70日元，同时在纽约市场将日元换成美元，得到128.70/128.50＝1.001 6美元。

所以每进行1美元的交易，套汇者将获取1.001 6－1＝0.001 6美元的收益。

2. 间接套汇

间接套汇(Indirect Arbitrage)又称三角套汇或三地套汇。间接套汇是银行利用3个或3个以上外汇市场之间货币汇率差异，在多个市场间调拨资金，贱买贵卖，从中赚取差价的一种外汇买卖业务。

三地套汇是否有利可图，首先要进行判断，最简单的判断方法是采用“积数法”。积数法是把三地外汇市场的汇率变成同一种标价方法，然后将其相乘，如果连乘积等于1或几乎等于1时，说明三地市场的汇率平衡，没有汇差，或有很小的汇差，扣除套汇成本就无利可图了；如果连乘积不等于1，则说明存在汇差，有套汇的机会，而且连乘积与1的差额越大，越有利可图。

例3-8：某日伦敦外汇市场1英镑＝1.41美元，纽约外汇市场1美元＝133.40日元，东京外汇市场1英镑＝189.50日元。如果投资者持有的是100万英镑，试问其有套汇机会吗？如有，则如何进行操作？

解：首先判断是否有利可图。

采用积数法把三地外汇市场的汇率标价法全部变成直接标价法(也可以变成间接标价法)。

在伦敦外汇市场：1美元＝$\frac{1}{1.41}$＝0.709 2英镑

在纽约外汇市场：1日元＝$\frac{1}{133.40}$＝0.007 5美元

在东京外汇市场：1英镑＝189.50日元

把三地外汇市场的价格连乘(如果以上给出的价格同时有买入价和卖出价，可以把三地的买入价连乘起来)得到0.709 2×0.007 5×189.50＝1.008 0≠1，所以有套汇的机会。

套汇操作可以采用如下方法。

将3个汇率上下排列，使其首尾货币相同并衔接。

在东京外汇市场：　　1英镑＝189.50日元

在纽约外汇市场：　　1日元＝$\frac{1}{133.40}$＝0.007 5美元

在伦敦外汇市场：　　1美元＝$\frac{1}{1.41}$＝0.709 2英镑

套汇路线有两种情况，一种：英镑→日元→美元→英镑。另一种：英镑→美元→日元→英镑。

因为等式左边3个数的乘积(1×1×1=1)小于等式右边3个数的乘积(0.709 2×0.007 5×189.50=1.008 0)，所以套汇路线就是从左上角出发向下走进行套汇，即采用英镑→日元→美元→英镑的套汇路线。如果等式右边3个数的连乘积小于等式左边3个数的乘积，套汇路线可以从右下角出发向上走进行套汇。

这样，套汇者在东京外汇市场首先要卖出100万英镑，买进18 950万日元；同时在纽约外汇市场卖出18 950万日元，买进142.125万美元；又在伦敦外汇市场卖出142.125万美元，买进100.795万英镑。这样，套汇者便获得了0.795万英镑的收益。

练习：在某一时点，各外汇市场银行报价如下所示。

伦敦：GBP 1=CHF 1.643 5/85

苏黎世：SGD 1=CHF 0.282 7/56

新加坡：GBP 1=SGD 5.664 0/80

问：在3个市场有无套汇机会？以100万英镑套汇，如何套汇？套汇毛利是多少？

相关链接

阿根廷央行加紧购买美元

据新华社布宜诺斯艾利斯电：阿根廷中央银行日前在外汇市场上购买了4.13亿美元以充实外汇储备。这是近9年来阿根廷央行在外汇市场上单日购买金额最大的外汇交易。根据阿央行公布的数据，2011年12月28日当天阿根廷的外汇交易额为7亿美元，其中中央银行购买的美元占外汇交易总量的60%左右。虽然中央银行大手笔购入外汇，但是汇率保持稳定，和上一个交易日(2011年12月27日)相比没有变化。2011年12月以来，阿根廷央行加紧收购美元，以确保外汇储备水平。据悉，阿根廷中央银行购入了2.78亿美元外汇。根据阿根廷央行的数据显示，2011年12月以来央行已购买约20亿美元外汇，以扭转了外汇储备持续下降的趋势。

(资料来源：经济日报.2011-12-28)

任务三　远期外汇交易

『任务目标』

1. 了解远期外汇交易的概念
2. 能进行远期汇率的识读与计算
3. 能站在进出口商的角度运用远期外汇交易规避外汇风险

『任务引入』

假设某日本进口商从美国进口一批商品，按合同规定日本进口商3个月后需向美国出口商支付100万美元货款。签约时，美元兑日元的即期汇率为118.20/50，付款日的市场即期汇率为120.10/30，假定日本进口商在签约时未采取任何保值措施，而是等到付款日时在即期市场上买入美元支付货款。

思考：这将会给日本进口商带来多少损失？为什么？

『知识内容』

一、远期外汇交易的含义

1. 远期外汇交易的定义

远期外汇交易(Forward Exchange Transaction)，又称期汇交易，是指外汇买卖成交的两个营业日后，按合同规定的汇率于未来特定日期进行交割的一种外汇交易。

2. 远期外汇交易的期限

远期外汇交易的期限有长有短，通常有1个月、2个月、3个月、6个月和1年，但也有20天的短期。

3. 远期外汇交易的交割日

远期外汇交易的交割日的确定，有两种方法：

(1) 固定的交割日，即合约签订的日期加上对应的期限，如3月10日签约的2个月远期合约，则交割日是5月10日到期。

(2) 择期外汇交易，即远期外汇交易的交割日是非固定的。这种交易的原因是进出口贸易的双方有时不能确定其具体用汇结算的日期，只能知道大致的时间，所以，就可以和银行签订择期外汇交易。交易的具体方式由客户和银行签订一个远期外汇合同确定，并事先就规定好交割期限，在交割期限到期前的任何一天，客户都有权选择进行交割。

二、远期汇率的识读与计算

1. 远期汇率的概念

远期汇率(Forward Exchange Rate)是指买卖远期外汇时所使用的汇率。

2. 远期汇率的报价

1）直接报价法

例3-9：纽约外汇市场，某日的USD/CHF外汇牌价见表3-4。

表3-4 纽约外汇市场某日USD/CHF外汇牌价

期限	USD/CHF
即期	1.876 1～1.877 9
1个月	1.856 3～1.857 3
2个月	1.855 3～1.856 3
3个月	1.834 2～1.838 4
6个月	1.791 0～1.793 0
12个月	1.732 6～1.741 4

从表3-4可见，美元对瑞士法郎的远期汇率是直接给出的，不需要根据即期汇率和升贴水数来折算远期汇率。

2）间接报价法

(1) 差额表示法。

由于汇率的标价方法不同，计算远期汇率的原则也不相同。

① 直接标价法表示如下。

升水：远期＝即期＋升水数字

贴水：远期＝即期－贴水数字

② 间接标价法表示如下。

升水：远期＝即期－升水数字

贴水：远期＝即期＋贴水数字

例如，2003年10月的某日纽约外汇市场EUR/USD＝1.131 9/801 0，银行报出3个月欧元远期升水0.7～0.8美分，则3个月EUR/USD的远期汇率是1.138 9/809 0。

(2) 点数报价法。

点数报价法是指以即期汇率和升水、贴水的点数报出远期汇率的方法。点数报价法需直接报出远期汇水的点数。

远期汇水(Forward Margin)是指远期汇率与即期汇率的差额。若远期汇率大于即期汇率，那么这一差额称为升水(Premium)，表示远期外汇比即期外汇贵。

若远期汇率小于即期汇率，那么这一差额称为贴水(Discount)，表示远期外汇比即期外汇便宜。若远期汇率与即期汇率相等，那么就称为平价(At Par)。这种报价方法是银行间外汇报价法，通过即期汇率加减升水、贴水，就可算出远期汇率。

点数报价法除了要显示即期汇率之外，还要表明升水或贴水的点数。一般以汇价的万分之一为1点。例如，外汇升水30点只说明其远期汇率比即期汇率高0.003 0。点数报价和即期汇率报价一样，要同时报出买入价和卖出价。

在采用点数报价法时，如何判断某一种货币相对于另一种货币是升水还是贴水，这关系到远期外汇交易者能否读懂远期汇率。所以，在进行学习远期汇率的套算之前，首先要读懂升水、贴水数。

例 3-10：某银行某时的远期外汇报价见表 3-5。

表 3-5 远期外汇报价

	EUR/USD	USD/HKD	USD/JPY
即期汇率	1.098 8/96	7.800 1/22	126.42/76
1 个月	20/35	16/11	24/37
3 个月	41/63	41/31	55/86
6 个月	87/109	62/48	121/165

在表 3-5 可以看到 EUR/USD 和 USD/JPY 的 1 个月、3 个月、6 个月的点数都是由小到大排列的，这表示单位货币相对于报价货币升水，报价货币相对于单位货币贴水；在表 3-5 中还可以看到 USD/HKD 的 1 个月、3 个月、6 个月的点数是由大到小排列的，这表示单位货币相对于报价货币贴水，报价货币相对于单位货币升水。

3. 远期汇率的计算

在不考虑标价方法的情况下，可以按如下公式来计算远期汇率。

单位货币的远期汇率＝即期汇率＋单位货币相对于报价货币升水(小→大)

单位货币的远期汇率＝即期汇率－单位货币相对于报价货币贴水(大→小)

我们根据这个公式可以计算出表 3-5 中欧元对美元、美元对港元、美元对日元的不同时期的远期汇价。假如要知道欧元对美元 1 个月期、美元对港元的 3 个月期，就可以通过以上的公式求得。

EUR/USD＝(1.098 8＋0.002 0)/(1.099 6＋0.003 5)＝1.100 8/1.103 1

USD/HKD＝(7.800 1－0.004 1)/(7.802 2－0.003 1)＝7.796 0/7.799 1

4. 远期汇率的决定

造成远期汇率升水、贴水的原因很多，例如货币汇率的法定升值或贬值，市场投机力量的强弱，国际政治、经济局势的变化以及各国采取的财政金融政策等。但在正常的市场条件下，远期汇率升水、贴水主要取决于两种货币的短期市场利率。一般来说，利率较高的货币远期汇率表现为贴水，利率较低的货币远期表现为升水。

在其他条件不变时，利率低的国家的货币远期汇率会升水，利率高的国家的货币远期汇率会贴水。因为，银行在进行外汇买卖时必须遵守买卖平衡原则，即银行卖出多少外汇，同时要补给相同数额的外汇。

假设英国某银行卖出远期美元外汇较多，买进远期美元外汇较少，二者之间不能平衡，则该银行必须拿出一定的英镑现汇购买相当于上述差额的美元外汇，并将其存放于美国有关银行，以备已卖出的美元远期外汇到期时办理交割。如果纽约利率低于伦敦，则该英国银行将在利息上受到损失。因此，银行要把由于经营该项远期外汇业务所引起的利息损失，转嫁给远期外汇的购买者，即客户买进远期美元的汇率应高于即期美元的汇率，从而发生升水。

例 3-11：利息率(年利)，英国伦敦为 9.5%，美国纽约为 7%，即期汇率为 GBP 1=USD 1.96，某英国银行卖出即期美元外汇 19 600 美元，向顾客索要 10 000 英镑；如果它出卖 3 个月期的美元远期外汇 19 600 美元，而未能同时补进 3 个月期的美元远期外汇，则它不能只向顾客索要 10 000 英镑，而应要 10 062.5 英镑。

因为该行未能补进 3 个月远期美元外汇，它必须动用自己的资金 10 000 英镑，按英镑对美元 1∶1.96 的比价购买 19 600 美元即期外汇，存放在美国纽约的银行，以备 3 个月后向顾客交割，这样，该英国银行要有一定的利息损失，因为英镑资金存在英国有 9.5%的利息收入，而存在美国只有 7%的利息收入，利差损失 2.5%。

3 个月存款的利息损失金额是 10 000×(9.5%－7%)×3/12=62.5 英镑。

这时，该英国银行理所当然地要将 62.5 英镑的利息损失转嫁给购买 3 个月远期美元外汇的顾客，即顾客只有支付 10 062.5 英镑才能买到 3 个月远期美元 19 600 美元。那么，该英国银行向顾客出卖 3 个月远期美元的具体价格是多少呢?

每 1 英镑能买到 3 个月远期美元的具体数字是 19 600÷10 062.5=1.947 8，所以在伦敦市场远期汇率升水 1.22 美分。

升水(或贴水)的具体数字=即期汇率×两地利率差×月数/12

升水(或贴水)具体数字折年率=升水或贴水的具体数字×12/(即期汇率×月数)

例 3-12：在伦敦外汇市场上的即期汇率是 GBP 1=USD 1.822 6，英镑的年利率为 9.2%，美元的年利率为 7.1%。一客户卖给英国银行 3 个月远期英镑 10 000，买远期美元，求 3 个月美元的远期升水数。

解：美元的升水数为

[1.822 6×(9.2%－7.1%)×(3/12)] 美元=0.009 5 美元

所以，伦敦外汇市场 3 个月远期美元的实际价格应为

GBP 1=USD 1.822 6－USD 0.009 5=USD 1.813 1

三、远期汇率折算与进出口报价

(1) 已知美元标价方法与非美元标价方法下即期汇率与远期汇率的差价，求某一基准货币与另一标价货币的远期汇率(可采用同边相乘的方法)。

例 3－13：

	即期汇率	1 个月远期汇率的差价
USD/CHF	1.486 0/1.487 0	37/28
GBP/USD	1.640 0/1.641 0	8/16

求：英镑对瑞士法郎的 1 个月远期汇率是多少？

解：分别求出 1 个月后的远期汇率。

USD/CHF＝(1.486 0－0.003 7)/(1.487 0－0.002 8)＝1.482 3/42

GBP/USD＝(1.640 0＋0.000 8)/(1.641 0＋0.001 6)＝1.640 8/26

所以 1 个月后英镑对瑞士法郎的远期汇率为

GBP/CHF＝(USD/CHF)×(GBP/USD)

＝(1.482 3×1.640 8)/(1.484 2×1.642 6)＝2.432 2/79

(2) 基准货币相同，标价货币不同，求标价货币间的远期汇率(可采用交叉相除的方法)。

例 3－14：

	即期汇率	3 个月远期汇率的差价
USD/CHF	1.486 0/1.487 0	55/44
USD/ JPY	114.00/114.10	218/208(注：1 日元＝100 点)

求：瑞士法郎对日元 3 个月远期汇率是多少？

解：分别求出 3 个月后的远期汇率。

USD/CHF＝(1.486 0－0.005 5)/(1.487 0－0.004 4)＝1.481 0/1.482 6

USD/JPY＝(114.00－2.18)/(114.10－2.08)＝111.82/112.02

所以 3 个月后瑞士法郎对日元的远期汇率为

CHF/JPY＝(USD/JPY)/(USD/CHF)

＝(111.82/1.482 6)/(112.02/1.481 0)＝75.42/75.64

四、合理运用汇率的买入价和卖出价

汇率的买入价和卖出价之间一般相差 1‰～3‰，进出口商如果在货价折算对外报价与履行支付义务时考虑不周，计算不精，合同条款订得不明确，就会遭受损失。在运用汇率的买价和卖价时，应注意下列问题。

(1) 本币折算外币时，应该用买入价。如出口商的商品底价原为本币，但客户要求改用外币报价，则应按本币与该外币的买入价来折算。

例 3－15：某年某月某日，香港外汇市场 USD 1＝HKD 7.789 0/7.791 0，假设某港商出口机床的底价为 10 万港元，现外国进口商要求其以美元报价，则出口商应用哪一个价格？

原理：出口商原来收取本币，现改收外币，则需将所收外币卖给银行，换回本币。出口商卖则为银行的买，故按买入价折算。

（2）外币折算本币时，应该用卖出价。

例 3－16：某年某月某日，香港外汇市场 USD 1＝HKD 7.789 0/7.791 0，假设某港商出口机床的底价为 1 万美元，现外国进口商要求其以港币报价，则出口商应用哪一个价格?

原理：出口商原来收取外币，现改收本币，则需将所收本币卖给银行，换回外币。出口商买则为银行的卖，故按卖出价折算。

（3）以一种外币折算另一种外币，按国际外汇市场牌价折算。无论是用直接标价市场的牌价还是用间接标价市场的牌价，外汇市场所在的国家的货币均视为本币。如将外币折算为本币，均用卖出价；如将本币折算为外币，均用买入价。

例 3－17：某年某月某日，香港外汇市场 USD 1＝HKD 7.780 0/7.782 0，同日纽约外汇市场 USD 1＝HKD 7.785 0/7.788 0。则美元与港元相互折算的方法如下：

① 根据香港市场的牌价计算。

1 美元折港元＝1×7.782 0＝7.782 0

1 港币折美元＝1÷7.780 0＝0.128 5

② 根据纽约市场的牌价计算。

1 港币折美元＝1÷7.785 0＝0.128 4

1 美元折港元＝1×7.788 0＝7.788 0

例 3－18：某日纽约外汇市场牌价如下所示。

	即期汇率	3 个月远期汇率的差价
USD/CHF	1.603 0/1.604 0	贴水 1.4/1.35 生丁

某公司向美国出口机床，如即期付款每台报价 2 000 美元，现美国进口商要求该公司以瑞士法郎报价，并于货物发运后 3 个月付款，问该公司应报多少瑞士法郎?

解：①先求出 3 个月瑞士法郎对美元的远期汇率。

因为即期汇率为 USD 1＝CHF 1.603 0/1.604 0，瑞士法郎 3 个月贴水 1.4/1.35 生丁，所以 3 个月瑞士法郎对美元的远期汇率为 USD 1＝CHF(1.603 0＋0.014 0)/(1.604 0＋0.013 5)，即 USD 1＝CHF1.617 0/1.617 5。

② 将 2 000 美元折算成瑞士法郎，可报 2 000×1.617 5＝3 235 瑞士法郎。

例 3－19：某食品公司冻猪肉原报价为每吨 1 150 英镑，该笔业务从成交到收汇需 6 个月，某日该公司应客户要求，改报丹麦克朗，当日伦敦市场汇率如下所示。

	即期汇率	贴水合年率
英镑/丹麦克朗	9.454 5/75	3.17

问：该公司应报多少丹麦克朗?

解：① 先将年率折为 6 个月的贴水率。

3.17％×6/12＝0.0158 5

② 将英镑改报丹麦克朗可得 9.457 5×(1＋0.015 85)×1 150＝11 048.512 0

五、远期外汇交易的作用

（1）进出口商与国际投资者利用远期外汇交易规避外汇风险。

在国际贸易、国际投资等国际经济交往中，由于从合同的签订到实际结算之间存在一段时差，在这段时间内，汇率有可能朝着不利的方向变化，从而使持有外汇的一方蒙受损失。为了避免这种风险，进出口商和国际投资者会在签订合同时，就向银行买入或卖出远期外汇，当合同到期时，即按协定的远期利率买卖所需的外汇。

例 3－20： 某年 3 月 2 日，德国 B 公司向美国 A 公司出口价值 10 万美元的商品，预计 3 个月后能收进这笔货款。签订出口合同时即期汇率为 EUR/USD＝1.080 0/10，按此汇价，10 万美元的货款应收 92 506.93 欧元（100 000÷1.081 0）。但 3 个月后，汇率可能发生波动，假定 6 月 2 日欧元汇率上升至 EUR/USD＝1.092 0/30，则德国 B 公司就会增加换汇成本 1 015.62 欧元[（100 000÷1.081 0）－（100 000÷1.093 0）]。为避免美元汇率下降，该德国 B 公司在签订出口合同时，应该按照当时外汇市场上 3 个月美元远期汇率，卖出美元买进欧元。等 3 个月合同到期时，德国 B 公司就可以避免或减轻因外汇汇率的下降而造成的损失。

（2）外汇银行轧平远期外汇头寸。

当面临外汇风险的客户与外汇银行进行外汇交易时，实际是把汇率变化的风险转嫁给了外汇银行。而银行在它所做的同种货币、同种期限的所有远期外汇交易不能买卖相抵时，就会出现期汇和现汇的超买或超卖，这样，银行就处在汇率变动的风险之中了。为了避免外汇风险，外汇银行需要保持外汇头寸的平衡，即将多头抛出、空头补进，轧平各种外汇的各个期限的头寸。

例 3－21： 某银行在某月的远期交易中，共买入 11 万英镑，卖出 6 万英镑，这家银行持有 5 万英镑的期汇多头，若英镑在一个月内跌价，这家银行持有多头就会蒙受损失。因此，该家外汇银行就应该在外汇市场中卖出 5 万英镑的期汇。银行的这种交易被称之为头寸调整。

（3）投机者利用外汇市场进行外汇投机。

外汇投机与银行的轧平风险头寸是不同的，外汇投机是指投机者根据对外汇变动的预期以赚取利润为目标的外汇交易。投机者能否盈利主要取决于自己对外汇走势的预测，预测正确则可以获利，预测错误则遭受损失。

投机者预测外汇汇率将上涨，先买进期货，等到汇率上涨后再卖出现汇的投机活动，称为买空，也称为做多头。在远期合同签订时，投机者并没有得到外汇，只是得到对方在规定的时间按规定的汇率卖给投资者一定数量外汇的保证。投机者若预测某种外汇将会升值，便会进行买空交易。如果交割时外汇果然升值，那么投资者用外汇所能兑换的本国货币便超出合同规定需要支付的本国货币，该差额构成买空的收益。该收益扣除成本，便是投机利润。如果外汇并没有升值，而是贬值，买空的投机者便会受到损失。

任务四　套利和掉期交易

『任务目标』

1. 熟知套利的原理和过程
2. 熟悉掉期交易原理和过程

『任务引入』

某公司向美国出口产品，收到货款100万美元。公司需将货款兑换为人民币用于国内支出。同时，需从美国进口原材料，将于3个月后支付100万美元的货款。此时，这家贸易公司持有美元，短缺人民币，若当时的美元兑人民币汇率为8.10，该公司以8.10的价格将100万美元换成了810万人民币，3个月后需要美元时，还要去售汇。这样在做两笔结售汇交易的同时，承担着汇率风险。如果3个月后，人民币贬值为8.15，该公司就必须用815万人民币换回100万美元，产生了5万人民币的损失。

该公司可以续做一笔3个月美元兑人民币掉期交易：即期卖出100万美元，买入相应的人民币，同时约定3个月后卖出人民币买入100万美元。根据中国银行的报价，该公司换回美元的成本就固定为8.055。如此，该公司解决了流动资金短缺的问题，还达到了固定换汇成本和规避汇率风险的目的。

『知识内容』

一、套利

套利(Interest Arbitrage)是指投资者在两国短期利率出现差异时，将资金从利率低的国家调往利率高的国家，以赚取利差的外汇交易。

按照投资者在做套利的同时是否做远期外汇交易进行保值，套利交易可分为无抛补套利和抛补套利。

1. 无抛补套利

无抛补套利(Uncovered Interest Arbitrage)是指在有关的货币汇率比较稳定的情况下，资金持有者利用两个不同市场上的短期利率差异，把资金从利率低的国家调往利率高的国家，以赚取利率差额的一种外汇交易。

假设英国短期市场的存款利率为年息9%，美国短期存款利率为年息11%，英国一套利者有10万英镑，存入伦敦的银行6个月，到期利息为4 500英镑(100 000×9%×6/12)，本息和为104 500英镑。如果外汇市场的汇率是GBP/USD=1.665 1/81，把10万英镑兑换成166 510美元存在美国6个月，到期利息为9 158.05美元(166 510×11%×6/12)，本息和为175 668.05美元。假定6个月到期时，汇率仍没有变化，那么175 668.05美元再换回英镑就可得 105 310.26 英镑(175 668.05÷1.668 1)。比存在英国产生的利息多 810.26 英镑(105 310.26－104 500)。

在浮动汇率制度下，进行这种无抛补套利交易要冒汇率波动的风险。假设如上 6 个月到期时，英镑汇率升至 GBP 1＝USD 1.800 1，那么在美国的存款本息 175 668.05 美元换回英镑就仅有 97 587.94 英镑了(175 668.05÷1.800 1)，比存在英国少 6 912.06 英镑(97 587.94－104 500)，套利者实际是遭到了损失。所以在进行套利活动中，往往要考虑汇率的因素，通常的做法是套利活动要和掉期交易结合在一起，才能避免汇率的风险。

2. 抛补套利

抛补套利(Covered Interest Arbitrage)是指套利者在套利时，为避免汇率变动抵消了套利收益，同时做一笔远期外汇交易进行保值的套利交易。

例 3-22：某年 5 月 12 日，美国 6 个月存款年利率为 4%，英国 6 个月存款年利率为 6%；假定当日即期汇率 GBP/USD＝1.613 4/44，6 个月的汇水为 95/72，美国套利者拥有套利资本 200 万美元，预测 6 个月后英镑兑美元的汇率可能大幅下跌，因此在进行套利交易的同时，与银行签订远期外汇买卖合同，做抛补套利。

该套利者抛补套利的收益是多少？假定在当年 11 月 12 日的即期汇率为 GBP/USD＝1.5 211/21，做抛补套利与不做抛补套利，哪一种对套利者更有利？

解：6 个月远期外汇汇率为

GBP/USD＝(1.613 4－0.009 5)/(1.614 4－0.007 2)＝1.603 9/1.607 2

6 个月美元存款的本息和为

2 000 000×(1＋4%×6/12)－2 040 000(美元)

6 个月英镑存款的本息和为

$$\left(\frac{2\ 000\ 000}{1.614\ 4}\right)+\left(\frac{2\ 000\ 000}{1.614\ 4}\times 6\%\times\frac{6}{12}\right)=1\ 276\ 015.86\text{(英镑)}$$

所以，抛补套利的收益为

1 276 015.86×1.603 9－2 040 000＝6 601.84(美元)

如果不做抛补套利，其收益为

1 276 015.86×1.521 1－2 040 000＝－99 052.28(美元)

由此可以看出，做抛补套利对投资者更有利。

相关链接

理财指导：套利——稳健的投资方式

套利又称价差交易，是指同时买进一种期货合约，卖出另一种相关期货合约，并在某个时间同时将两种合约平仓的交易方式。

与利用单一合约价格波动赚取利润的普通投机交易相比，套利交易着眼于不同期货合约间的价格差异即两合约的相对价格，而不是绝对价格水平。套利交易的特点是风险较小，成本较低。由于我国期货市场正处于不断发展完善的过程中，所以国内商品期货存在的套利机会与回报要远远高于国外现有已经成熟的期货市场，这也是广大投资者面对的更多低风险投资机会。

套利者一般是利用不同的交割月份、不同商品和不同期货市场之间的差价进行套利，可相应地分跨期套利、跨商品套利和跨市场套利。

跨市场套利是指利用同一商品在不同市场之间的价差进行套利交易。一般说来，期货品种在各交易所之间的价格会有一个稳定的价差，当两市商品价差超过了将商品从一个交易所的交割仓库运送到另一个交易所的交割仓库的费用时，交易者就可以在两个市场之间进行套利交易。跨市套利交易的基本入市点的确定是依据现货进口的成本计算的，计算公式为(国际价格＋运杂费)×(1＋进口关税)×(1＋增值税)×汇率＋杂费＝进口成本。基本上，当国内期货市场某商品价格高于同期国际市场同种商品进口至国内的成本价格时，就可以开始进行跨市套利了。

既然是投资，就必然有风险，套利也不例外，因此，在操作过程中同样要注意风险的控制。

(资料来源：南方日报.2011-12-28)

二、掉期交易

1. 掉期交易的定义

掉期交易(Swap Transaction)是指在买入某种外汇时，同时卖出金额相等但交割日期不同的同种货币的交易行为。进行掉期交易的目的主要是为了轧平各种货币因到期日不同所造成的资金缺口。

2. 掉期交易与一般的套期保值的不同

(1) 掉期交易改变的不是交易者手中持有的外汇数额，只是交易者所持货币的期限。
(2) 掉期交易强调买入和卖出同时性。
(3) 掉期交易绝大部分是针对同一对手进行的。

3. 掉期交易的类型

掉期交易按交割日的不同主要分为即期对远期的掉期交易和远期对远期的掉期交易。

1) 即期对远期的掉期交易

即期对远期的掉期交易(Spot-Forward Swaps)是指买进或卖出一笔现汇的同时，卖出或买进一笔期汇的掉期交易。这是在国际市场上最常见的掉期交易。

例3-23： 一家美国投资公司需要100万英镑现汇进行投资，已知即期汇率为GBP/USD=1.677 0/80，两个月的远期汇水为20/10，预计两个月后收回投资，问公司应该如何利用掉期交易防范汇率风险？

解：两个月的远期汇率为

GBP/USD=(1.677 0−0.002 0)/(1.678 0−0.001 0)=1.675 0/1.677 0

该公司可以这样操作，即在即期市场上买进 100 万英镑，买进 100 万英镑需付出 1 678 000 美元；同时在期汇市场上卖出 100 万英镑两个月的期汇，可收回 1 675 000 美元。

在这笔掉期交易中投资者承担了与交易金额相比的 3 000 美元差额，但这样做可以固定成本，可以用最小的代价保证预计的投资收益不再因汇率的变化而遭到损失。

2）远期对远期的掉期交易

远期对远期的掉期交易(Forward Against Forward)是指两笔货币金额相同、方向相反、交割期限不同的远期外汇交易。

例 3-24：2005 年 3 月 16 日 美国一公司 1 个月后有一笔 100 万欧元的应收款，6 个月后又有一笔 100 万欧元的应付款；若该公司想通过掉期交易来固定成本，应如何操作？

假设当时的即期汇率为 EUR/USD=1.332 5/1.340 0，1 个月远期汇水为 30/40，6 个月的远期汇水为 110/160，其掉期成本是多少？

解：该公司应该做卖出 1 个月期 100 万欧元、买进 6 个月期 100 万欧元的掉期交易。

1 个月的远期汇率是

EUR/USD=(1.332 5+0.003 0)/(1.340 0+0.004 0)=1.335 5/ 1.344 0

6 个月的远期汇率是

EUR/USD=(1.332 5+0.011 0)/(1.340 0+0.016 0)=1.343 5/ 1.356 0

所以，掉期成本为

1 000 000×(1.356 0−1.335 5)=1 000 000×0.020 5=20 500(美元)

项 目 小 结

(1) 外汇市场是指外汇买卖主体从事外汇交易的交易系统。这里的交易包括两种类型：一类是本币与外币之间的相互买卖；另一类是不同币种的外汇之间的相互买卖。

国际外汇市场是一个高度一体化的市场，即各地的外汇市场有很大的同质性，并且价格均等化。国际外汇市场具有不间歇性，即外汇市场昼夜不停地运转。从全球范围看，它是一个在时间和空间上都连续不断的市场。

国际外汇市场一般分布于世界各主要金融中心。例如世界上最主要的外汇市场有：伦敦外汇市场、纽约外汇市场、东京外汇市场、法兰克福外汇市场、新加坡外汇市场和香港外汇市场等。它们各具特色并分别位于不同的国家和地区，但彼此连成一片，形成了横跨全球的统一的外汇市场。

外汇市场的需求：一个国家的经济单位用本国货币兑换外国货币，就形成对外汇的需求。

外汇市场的供给：用外国货币兑换本国货币，形成了外汇的供给。

(2) 外汇交易包括即期外汇交易、远期外汇交易、保值性交易、投机性交易、套汇交易等。

(3) 即期外汇交易是在外汇交易成交后立即交割或在极其短的时间内完成交割的外汇交易，一般称之为在两个营业日内进行交割的交易。

不同外币之间的套算汇率规则是：

① 如果两个即期汇率都是以A种货币为单位货币，则套算汇率为交叉相除。

② 如果两个即期汇率都是以A种货币为计价货币，则套算汇率为交叉相除。

③ 如果两个即期汇率一个是以A种货币为计价货币，另一个是以A种货币为单位货币，则套算汇率为同边相乘。

(4) 远期外汇交易是以约定的币种、汇率和交割期限，将一种货币兑换成另一种货币的交易。其货币交易指在未来某一约定日交割，通常的约定期限有1个月、3个月或6个月等。国际上大部分的货币交易都是在远期市场成交。这种外汇交易的主要目的是为了避免汇率风险而进行的一种交易。

远期汇率的报价方法有两种，即直接报价法和点数报价法。点数报价法需直接报出远期汇水的点数，通过加减远期汇水数，即可算出远期汇率。

(5) 保值交易是指卖出(或买入)金额相等于所持有(或承担)的一笔暴露性外币资产(或负债)的外汇，二者的期限相匹配，使其免遭汇率变动的影响，从而达到保值目的的外汇交易。保值交易包括进口付汇的套期保值、出口收汇的套期保值、外汇借款和外汇投资的套期保值等。

(6) 外汇投机交易是投机者根据对有关货币汇率变动的预测，通过买卖现汇或期汇，有意保持某种外汇的多头或空头，以期在汇率实际发生变动之后获取风险利润的一种外汇交易。外汇投机一般通过买空和卖空方式进行。

(7) 套汇交易是利用同一时刻不同外汇市场上的汇率差异，通过买进和卖出外汇而赚取利润的外汇交易。

(8) 抛补套利是指拥有短期资金者把资金从甲国调往乙国，以取得较高利息的同时，往往(同时)还通过在外汇市场卖出远期的乙国货币，买进远期的甲国货币，以避免投资期间汇率风险的一种外汇交易。

(9) 主要名词。

外汇市场、即期外汇交易、远期外汇交易、升水、贴水、直接套汇、间接套汇、无抛补套利、抛补套利、掉期交易和套利交易。

项目练习

一、单项选择题

1. 某年6月10日，A银行从B银行买入即期英镑500万，同时A银行又卖给B银行

1 个月远期英镑 500 万，这是一笔(　　)。

A. 套汇交易　B. 套利交易　C. 掉期交易　D. 择期交易

2. 中央银行既是外汇市场的管理者，也是外汇交易的参加者。其参加外汇市场交易的目的是(　　)。

A. 贯彻执行汇率政策，干预汇率　B. 外汇投机

C. 调整储备货币的结构　D. 套期保值

3. 被公认为全球一天外汇交易开始的外汇市场是(　　)。

A. 纽约　B. 东京　C. 惠灵顿　D. 伦敦

4. 下列不属于外汇市场的参与者有(　　)。

A. 中国银行　B. 索罗斯基金

C. 国家外汇管理局浙江省分局　D. 无涉外业务的国内公司

5. 在有形市场中，规模最大外汇交易市场的是(　　)。

A. 伦敦　B. 纽约　C. 新加坡　D. 法兰克福

6. 对于经营外汇实务的银行来说，贱买贵卖是其经营原则，买卖之间的差额一般为1‰～5‰，是银行经营经营外汇实务的利润。那么下列哪些因素使得买卖差价的幅度越小？(　　)

A. 外汇市场越稳定　B. 交易额越小

C. 越不常用的货币　D. 外汇市场位置相对于货币发行国越远

7. 外汇成交后，在未来约定的某一天进行交割所采用的汇率是(　　)。

A. 浮动汇率　B. 远期汇率　C. 市场汇率　D. 买入汇率

8. 若要将出口商品的人民币报价折算为外币报价，应用(　　)。

A. 买入价　B. 卖出价　C. 现钞买入价　D. 现钞卖出价

9. 外汇市场上，银行的报价均以各种货币对(　　)的汇率为基础。

A. 直接标价法　B. 间接标价法　C. 应收标价法　D. 美元标价法

10. 银行间外汇交易额通常以(　　)的整数倍。

A. 100 万美元　B. 50 万美元　C. 1 000 万美元　D. 10 万美元

11. 以点数表示的远期汇率差价，每点代表每个标准货币所折合货币单位的(　　)。

A. 1/10 000　B. 1/10　C. 1/100　D. 1/1 000

12. 商业银行经营外汇业务时，如果卖出多于买进，则称为(　　)。

A. 多头　B. 空头　C. 升水　D. 贴水

13. 下列货币名称与英文简写对应错误的是(　　)。

A. 欧元——EUR　B. 澳元——CAD

C. 新加坡元——SGD　D. 日元——JPY

14. 在伦敦外汇市场上用美元购买日元这样一笔外汇，结算国是(　　)。

A. 美国和日本，交易国是英国　B. 美国和日本，交易国是美国

C. 美国和日本，交易国是日本　D. 美国和日本，交易国是美国和日本

15. 一般来讲，一国的国际收支顺差会使其(　　)。

A. 本币升值　　B. 物价上升　　C. 通货紧缩　　D. 货币疲软

16. 以下是两银行交易的过程，根据其交易过程，下列答案错误的是(　　)。

银行 1:Hi! Bank of China,Shanghai Branch calling,spot CHF for 6 USD pls?

银行 2:30/40.

银行 1:6 yours.

银行 2:Ok,done. At 2.013 0 we buy USD 6 million against CHF,value July 10,2009. USD to CITIBANK New York for our account 53692136.

银行 1:CHF to Deutsche Bank Frankfurt for our account 86719832.

Thanks for deal.

A. 银行 1 为中国银行上海分行　　B. 银行 1 卖美元，买瑞郎

C. 交易金额为 600 万瑞郎　　D. 交割日为 2009 年 7 月 10 日

17. 以下不属于通过经纪人达成交易的优点的是(　　)。

A. 可以使交易双方得到最好的成交价格　B. 双方银行可以保持匿名状态

C. 节省了银行询价比较的时间　　D. 双方银行可以保持透明状态

18. 在法兰克福外汇市场上，A 银行急于买入美元，当时外汇市场的汇率报价为 USD/CHF=1.303 0/39，那么该银行可以选择以下哪些报价？(　　)

A. 1.303 2/42　　B. 1.302 8/39　　C. 1.303 0/39　　D. 1.302 9/38

19. 某日市场上的昨日收盘价为 USD/SGD=1.582 0，若今日开盘报价货币上涨 50PIPS，则其汇率为(　　)。

A. 1.577 0　　B. 1.587 0　　C. 1.582 0　　D. 1.585 0

20. 甲、乙、丙 3 家银行的报价分别为 USD/SGD=1.615 0/57、1.615 2/58、1.615 1/56，若询价者要购买美元，(　　)银行的报价最好、最具竞争性。

A. 甲、乙　　B. 乙、丙　　C. 甲、丙　　D. 丙、丙

21. 若今天是某年 6 月 23 日星期四，那么 T+2 即期交易日期是(　　)。

A. 6 月 23 日　　B. 6 月 24 日　　C. 6 月 25 日　　D. 6 月 27 日

22. 报价行对询价行 USD/JPY 的即期报价是 129.90/00，询价行说“I take 5”，意思是(　　)。

A. 询价行以 129.90 的汇率买入 500 万美元

B. 询价行以 129.90 的汇率买入 500 万日元

C. 询价行以 130.00 的汇率买入 500 万美元

D. 询价行以 130.00 的汇率买入 500 万日元

23. 即期外汇交易中，下列交易用语表述错误的是(　　)。

A. One dollar——100 万美元　　B. six yours——我卖给您 600 万美元

C. three mine——我买入 300 万美元　D. My risk——成交

24. 择期外汇交易交割期越长，买卖差价(　　)。

A. 越小　　B. 越大　　C. 没有区别　　D. 不确定

25. 在其他条件不变的情况下，远期汇率的升(贴)水率与(　　)趋于一致。

A. 两种货币的利率差　　B. 国际利率水平

C. 两国政府债券利率差　　D. 两国国际收支状况

26. 如果两个外汇市场存在明显的汇率差异，套利者就会进行(　　)。

A. 直接套汇　B. 间接套汇　C. 时间套汇　D. 地点套汇

27. 把低利率货币转换为高利率货币并且存在高利率货币国，同时对将要转换回来的高利率货币进行保值的交易叫(　　)。

A. 远期外汇交易　B. 掉期交易　C. 补偿套利交易　D. 非补偿套利交易

28. 抛补套利实际是(　　)相结合的一种交易。

A. 远期与掉期　　B. 无抛补套利与即期

C. 无抛补套利与远期　　D. 无抛补套利与掉期

二、多项选择题

1. 外汇市场上的参与者有(　　)。

A. 外汇银行　B. 进出口商　C. 外汇经纪人　D. 中央银行

2. 根据外汇买卖后资金交割的时间，汇率可以分(　　)。

A. 浮动汇率　B. 远期汇率　C. 掉期汇率　D. 即期汇率

3. 下列属于外汇零售市场的有(　　)。

A. 雅戈尔公司向中国银行购买美元用于进口西服面料

B. 宋雨到哈佛大学留学，向中国银行购买 20 000 美元的外汇

C. 海尔公司到美国投资设立彩电生产线，向花旗银行购买 5 000 万美元外汇

D. 中国银行上海分行由于美元头寸太多，出售 1 亿美元给花旗银行上海分行

4. 下列哪些经济因素会对汇率的变动产生影响？(　　)

A. 国际收支状况　　B. 通货膨胀率

C. 利率水平　　D. 国家干预

E. 财政政策与货币政策的协调

5. 外汇市场有以下哪些作用？(　　)

A. 调节外汇供求　　B. 形成外汇价格体系

C. 便利资金的国际转移　　D. 提供外汇资金融通

E. 防范外汇风险

6. 外汇报价时应考虑的因素包括(　　)。

A. 本身持有的外汇部位　　B. 各种货币的短期走势

C. 市场预期心理　　D. 各种货币的风险特性

E. 收益率与市场竞争力

7. 在法兰克福外汇市场上，A 银行急于买入美元，当时外汇市场上的汇率报价为 USD/CHF＝1.302 9/39，那么该银行可以选择以下哪些报价？(　　)

A. 1.303 2/42　B. 1.302 8/38　C. 1.303 2/39　D. 1.302 9/38

8. 即期外汇买卖交割的期限有(　　)。

A. 当日交割　B. 翌日交割　C. 标准交割日　D. 成交后第三天

9. 远期汇率的升贴水是哪些因素决定的？(　　)

A. 即期汇率　　B. 两国利率差　　C. 时间长短　　D. 计算方法

10. 在其他条件不变的情况下，远期汇率与利率之间的关系是(　　)。

A. 利率高的货币，其远期汇率会升水 B. 利率高的货币，其远期汇率会贴水

C. 利率低的货币，其远期汇率会升水 D. 利率低的货币，其远期汇率会贴水

三、判断题

(　　) 1. 本国货币升值，则有利于出口。

(　　) 2. 汇率可以分为买入汇率和卖出汇率，所谓买入汇率就是指客户买进外汇时所适用的汇率。

(　　) 3. 从外汇银行的角度，外汇买卖差价顺序排列为钞买价＜汇买价＜中间价＜汇卖价＝钞卖价。

(　　) 4. 外汇市场是由客户、外汇银行、外汇经纪人、外汇监管机构组成。

(　　) 5. 伦敦外汇市场上外汇牌价中前面较低的价格是买入价。

(　　) 6. 因为现钞需要更多的成本(运输成本、保管成本、管理成本等)，因此，一般银行买入现钞价比买入现汇价低。

(　　) 7. 由于世界贸易的发展，银行与企业之间的外汇交易频繁，因此，外汇的零售市场构成了外汇市场交易的主要部分。

(　　) 8. 一般认为，伦敦外汇市场开市是一天外汇交易的开始。

(　　) 9. 伦敦、纽约、东京、法兰克福等外汇有形市场仍然是外汇交易的主要市场。

(　　) 10. 外汇交易员在报价时，一般只报出汇率的最后两位数，即只报出小数(Small Figure)汇价。

(　　) 11. 在外汇交易中，Five Dollar 表示 5 万美元。

(　　) 12. 在 GBP/USD 标识中，表示单位美元等于多少英镑。其中，美元是基础货币，英镑是报价货币。

(　　) 13. 目前银行的个人外汇买卖业务只存在买卖差价，不收取手续费。

(　　) 14. 不管是多头还是空头，银行只要有头寸余额就会有风险。

(　　) 15. 套汇交易是外汇投机的方式之一，具有强烈的投机性。

(　　) 16. 在西方国家，大商业银行是最大的套汇投机者。

(　　) 17. 时间套汇常被称为防止汇率风险的保值手段。

四、简答题

1. 简述外汇交易的规则。
2. 简述外汇交易的程序。

五、案例分析题

请阅读下列资料后回答问题。

资料 1：2006 年 2 月 6 日上午，美联储新任主席伯南克正式宣誓就职，出任全球最有

权力的央行总裁。当天，美国总统布什亲自前往美联储总部，参加宣誓仪式，这也是史上美国总统第三次亲临美联储。伯南克宣誓就职，市场预期基准利率将达到4.75%。

资料2：目前，中国人民银行公布的人民币12个月存款利率为2.25%。

资料3：假设当前，即2006年4月4日，中国工商银行人民币即期美元卖出牌价为USD 100＝CNY 800.00。

问题：

(1) 影响远期汇率的因素主要有哪些？

(2) 如果考虑利率是影响远期汇率的主要因素，3个月期美元是升水还是贴水？

(3) 那么，3个月期美元银行远期汇率卖出价应该是多少？

(4) 若你所在的是进口型企业，应采取什么措施减少远期汇率波动造成的损失？

六、计算题

1. 如果人民币兑美元的汇率从USD/CNY＝8.278 9降至USD/CNY＝8.111 1，请问人民币升值了多少？

2. 如果你打电话向中国银行询问EUR/USD的汇价，中国银行答道“1.214 2/45”，请问：

(1) 中国银行以什么汇价向你买进美元？

(2) 你以什么汇价从中国银行买进欧元？

(3) 如果你向中国银行卖出欧元，汇率是多少？

3. 如果你是银行，你向客户报出USD/HKD＝7.805 7/67，客户要以港币向你买进100万美元。请问：你应给客户什么汇价？

4. 某公司手中有100万英镑需要进行交易，它向6家银行询问了报价，请问该公司应到哪一家银行卖出英镑？汇价是多少？

GBP/USD

A银行：1.716 6/72

B银行：1.716 5/71

C银行：1.716 4/70

D银行：1.716 3/69

E银行：1.716 2/68

F银行：1.716 1/67

5. 假设汇率为：EUR/JPY＝134.376 0/4 450，GBP/EUR＝0.677 5/78，请问某公司要以日元买进英镑，汇率是多少？

6. 我国某公司出口某商品原报价每吨1 000美元离岸价，现外商要求改报瑞士法郎价格，依下列两种情况应改报多少法郎？

(1) 中国外汇市场上，USD/CNY＝8.260 0/30，CHF/CNY＝6.140 0/40。

(2) 纽约市场上USD/CHF＝1.450 0/60。

7. 2004年4月美元对日元的即期汇率为120.25/50，3月期远期汇率为115.50/60，美国进口商从日本进口价值200万日元的货物，3个月后支付日元。进口商预测日元将会有较大的涨幅，将在3个月后成为112.10/20，实际情况也如进口商所料，那么：

（1）若美国进口商现在支付 200 万日元需要多少美元？（保留整数）

（2）若美国进口商现在不付，也未采取避险保值措施，而是等到 3 个月后用美元购买 200 万日元支付，届时需要多少美元？（保留整数）

（3）美国进口商 3 个月后支付所需要的美元比现在支付所需要的美元预计多支出多少？（保留整数）

（4）如果美国进口商现在采取远期保值措施，如何操作？与不进行套期保值相比是否少支付美元？少支付多少？（保留整数）

8. 某日即期市场行情为 EUR/USD＝1.123 0/40，3 个月差价为 25/20，假如一美国进口商从德国进口价值 20 万欧元的机器设备，在 3 个月后支付欧元，若美进口商预测 3 个月后，欧元升值至 EUR/USD＝1.133 0/40，试判断：

（1）若美国进口商现在支付 20 万欧元需要多少美元？

（2）若美国进口商现在不付，也未采取避险措施，而是等到 3 个月后用美元购买 20 万欧元支付，届时需要多少美元？

（3）美国进口商 3 个月后支付所需要的美元比现在支付所需要的美元预计多支出多少？

（4）如果美国进口商现在采取远期保值措施，如何操作？与不进行套期保值相比是否少支付美元？少支付多少？

9. 已知某日东京市场美元对日元的即期汇率为 1 美元＝127.90/128.00 日元，6 个月的远期汇率为 1 美元＝127.30/50 日元。已知美元的利率为 7.2%，日元为 4.0%。如果某套利者以 1 500 万元做抛补套利交易，能净获利多少？

10. 2009 年 3 月 20 日，美国美元存款年利率为 6%，英国英镑年利率为 5%，英镑与美元的即期汇率为 GBP 1＝USD 1.450 7。若某英国投资者将 100 万英镑兑换成美元存入美国进行非抛补套利，若一年后即期汇率为：(1)不变；(2)变为 GBP 1＝USD 1.480 0；(3)变为 GBP 1＝USD 1.430 0。其非补套利的结果如何？（不考虑成本）

11. 表 3－6 是各银行报出的 USD/CHF、USD/JPY 的汇率，若你想卖出瑞士法郎，买进日元，问：

（1）你向哪家银行卖出瑞士法郎，买进美元？

（2）你向哪家银行卖出美元，买进日元？

（3）用对你最有利的汇率计算的 CHF/JPY 的汇率是多少？

表 3－6　各银行某日报出的 USD/CHF、USD/JPY 汇率

银行	USD/CHF	USD/JPY
A	1.424 7/57	123.74/98
B	1.424 6/58	123.74/95
C	1.424 5/56	123.70/90
D	1.424 8/59	123.73/95
E	1.424 9/60	123.75/84

12. 某日国际外汇市场上汇率报价如下所示。

伦敦：GBP 1=JPY158.10/20

纽约：GBP 1=USD 1.523 0/40

东京：USD 1=JPY104.20/30

如用1亿日元套汇，可得多少利润?

13. 在美国外汇市场上，即期汇率为GBP 1=USD 1.480 2，3个月美元升水0.34美分，则3个月的远期汇率是多少?

14. 某日英国伦敦的年利息率是9%，美国纽约的年利息率是7%，当时GBP 1=USD 1.900 0，那么伦敦市场3个月美元远期汇率是多少?

项目四　外汇市场衍生金融工具

项目导读

外汇期权交易流动性匮乏之忧

2011年4月1日即将在中国外汇交易中心推出的外汇期权交易，在湘财祈年期货首席经济学家刘仲元看来，虽是银行间外汇远期交易的一个升级版，但也只是类似于流动性有限的场外交易(Over The Counter，OTC)“外汇期权”。

根据中国外汇交易中心已公开的资料，“人民币对外汇期权交易”这一产品定义为：在未来某一交易日以约定汇率买卖一定数量外汇资产的权利。期权买方以支付期权费的方式拥有权利；期权卖方收取期权费，并在买方选择行权时履行义务(普通欧式期权)。

虽然上述产品在非法定假日的北京时间9：30至16：30内均可连续交易，但其交易方式为双边询价，且期权交易币种、金额、期限、定价参数(波动率、执行价格、即期价格/远期汇率、本外币利率等)、成交价格(期权费)和结算安排等均由交易双方协商议定，清算模式则主要为交易双方约定的双边清算。

这虽然与中国外汇交易中心已开展外汇远期交易的双边询价且以双边清算为主的典型OTC市场模式保持一致，但却与国际上外汇期权市场电子化集中竞价交易且集中清算的主流模式不一致。

中国外汇交易中心推出的外汇期权交易，又可视为外汇远期交易的更高级形式，可用于稳定外汇远期市场，或对外汇远期进行“再保险”。因此，中国外汇交易中心在推出即期、远期、掉期交易后，又在国内金融衍生市场上率先推出外汇期权交易，可以说外汇品种的场外交易体系已基本完善。

不过，场外交易尽管有着产品可针对客户个性化需求灵活设计等诸多优点，却因标准化程度不高通常存在流动性不足的弱点。以中国外汇交易中心设计的外汇期权产品为例，其期限包括1天、1周至3周及1个月、2个月、3个月、6个月、9个月、12个月、18个月，还有2年、3年不等，以配套其外汇远期产品的期限。而令人费解的是，根据该中心公开的资料，其就期权费进行的交易，报价标的却为隐含波动率，而在回复询价请求时也要求针对期权费进行一对一的报价。

由于目前国家对外汇的日内最大波动幅度仍有管制，且市场对人民币普遍存在着升值预期，而企业又不允许先行卖出期权的“裸卖”交易，这必将导致参与中国外汇交易中心银行间市场的银行惜售期权，从而出现期权价高企同时流动性稀缺现象。

以 CME(Chicago Mercantile Exchange，芝加哥商业交易所)的现金交割型人民币期货、期权为例，因中国仍对人民币汇率实行强势管理，其日内波动性有限也导致其流动性严重缺乏，其期权交易甚至长期无量。而中国外汇交易中心虽已迈出上市外汇期权这一大步，但刘仲元担心，未来一段时间内其流动性的短缺将是外汇期权增加人民币汇率弹性的功能发挥受制约的一大软肋。

(资料来源：第一财经日报.2011-04-01)

任务一　外汇期货交易

『任务目标』

1. 熟悉外汇期货交易的规则
2. 了解外汇期货交易的应用

『任务引入』

一个期货案例分析

某投资者B，江浙一带的民营企业家，在某期货投资顾问的介绍下，于2007年4月份进入期货市场，投资100万元。投资顾问推荐他头入止处于良好上升势头的橡胶。初期有所获利，但随后橡胶价格开始下跌。投资顾问坚定看好橡胶市场，建议B继续加仓买入。满仓之后价格仍在下跌，投资顾问建议B追加资金，越跌越买，B照做了。到了2007年7月份，B累计投入的资金已经超过了1 000万，但账面上剩余的资金只有不到400万。好在橡胶价格止住了跌势，开始回升。到了2008年2月，账面资金已经到了1 200余万。平仓出场后获利200余万。B尝到了逢低加死码的甜头，认为在有充足资金准备的条件下，这是个不错的操作方法。2008年7月，沪锌价格跌到了上市以来的最低价15 000以下。B认为这是个不错的投资机会，因为据说锌的生产成本就在这一带，于是开始越跌越买。到2008年9月，锌价跌至14 000左右，B认为更值得买了，于是共计投入资金2 000万左右买入锌合约。不料，2008年国庆长假过后，由于席卷全球的金融风暴影响，所有商品价格直线暴跌，很多品种出现多次三板强平。好在锌的第三个停板并没有封死，在经纪公司的配合下，B在即将穿仓的危险状态下及时平仓，但所投入的2 000万元资金仅剩余4万。B黯然离开期货市场。

从B的持仓时间看，他是一个长线交易者。作为长线交易者，资金管理和风险控制尤为重要。如果在这方面出现问题，损失将是巨大的。投资者需要在做交易前，就对准备投入的资金规模和愿意承受的亏损有一个计划。对可能发生的最坏情况做出预计，看是否能够承受。一旦判断失误，要有止损措施。而不是走一步看一步，在错误的判断下越陷越深。本来只想损失一根牛毛，结果整头牛都被牵走了。虽然B在橡胶上的操作是获利的，但是这仍属于错误的操作思想。一次侥幸不代表次次运气都好，这种越跌越买的思维，只要错一次，就血本无归。B从期货市场离开有一定的偶然性，但从长期看，他迟早会有这么一天。常在河边走，哪有不湿鞋。“错了死扛，再加死码摊低成本”，这种交易指导思想短时内从表面上看似乎效果很好，但是长期看，必败。

另外，我国每年春节、国庆都会有一周的长假。在此期间国际期货市场如果发生较大的变化，国内期市开盘后必然是连续停板，这给交易者带来了巨大的风险。所以，长假前夕，交易者不要重仓过节。最好是空仓，或者轻仓。

（资料来源：期货日报.2009-08-08）

『知识内容』

一、外汇期货交易概述

金融期货(Financial Futures)是指交易双方在期货交易场所，以公开喊价的方式成交，承诺在未来某一日期或某一段期间内，按约定价格买进或卖出某种特定金融工具的标准化合约。按照具体内容的不同，金融期货可分为4个种类：货币期货或外汇期货(Foreign Exchange Futures)、利率期货(Interest Rate Futures)、股价指数期货(Stock Index Futures)和黄金期货(Gold Bullion Futures)。外汇期货，是指以国际支付中通用的外国货币为期货标的物的期货合约。外汇期货起源于商品期货交易，自20世纪70年代以来，国际汇率制度逐渐由固定汇率制转向浮动汇率制，从而使汇率风险剧增。为了有效防范风险，便在传统的远期外汇交易方式上产生了期货外汇交易。外汇期货最早产生于美国。1972年5月16日，CME的国际货币市场(International Money Market，IMM)成立，并首次开始经营外汇期货业务。其后，纽约期货交易所和美国股票交易所也开办了金融期货业务。1982年9月，全球传统的金融中心伦敦成立了伦敦国际金融期货交易所(London International Financial Futures Exchange，LIFFE)，也开始进行外汇期货交易。接着，新加坡、中国香港、日本等10多个国家和地区相继建立了金融期货交易所。其中，IMM和LIFFE的交易规模最大，IMM的交易量占世界外汇期货交易的50%。

二、外汇期货交易的规则、程序及应用

1. 外汇期货交易的规则

(1) 外汇期货是“见钱不见物”的交易，即交易的对象是期货合约。

(2) 外汇期货交易合同是标准化的。因为外汇期货交易对象是合同的本身，所以，外汇期货交易的合同必须是标准化的。所谓的标准化是指如下3个方面。

① 交割日期是固定的。交易所规定的期货合约的到期月份，一般以3月、6月、9月、12月作为交割月份。交割日期是进行期货交割的具体日期(某一天)。如IMM规定，交割日为交割月的第三周的星期三。

② 每种交易货币的每份合同金额是标准化的。每笔交易必须是合约面额的整数倍。例如IMM对每份合约数额规定为

英镑	2.5万英镑
日元	1 250万日元
加拿大元	10万加元

瑞士法郎　　　　12.5 万法郎
墨西哥比索　　　100 万比索
欧元　　　　　　12.5 万欧元

③ 每一种交易货币的价格波动是标准的。外汇期货交易中，每种货币期货合约都规定有价格最低限度和日价格波动最高限度。最低限度是指外汇期货买卖时，合约每次变动的最低数额，如 IMM 规定英镑的最小波动单位为 5 个基本点，即 0.000 5 美元。意味着每张英镑合约的每次报价必须高于或低于 12.50 美元(2 500×0.000 5=12.50)。日价格波动的最高限度是指一个营业日内期货合约波动的最高幅度，一旦期货合约价格波动达到或超过这一限度时，交易即自动停止。如 IMM 规定英镑的最大波动单位为 500 个基本点，即 0.050 0 美元。

(3) 外汇期货交易实行保证金制度。期货交易的所有成交双方都必须交纳保证金(Margin)，不同的期货交易规定不同金额的保证金，一般在合约金额的 5%或 10%左右，由清算所每天清算盈余，获利的可提走利润，亏损在保证金降到维持水平以下时要立即补充保证金至原始保证金的数额。而其他金融交易则没有保证金的有关规定，甚至无须交纳保证金。

例 4-1：某年 3 月 11 日(星期一)，某套期保值者买入 10 份当年 9 月期的瑞士法郎货合同，期货价格为 CHF 1=USD 0.855 1，初始保证金为 USD 21 000，维持保证金为初始保证金的 80%，已知从 3 月 11 日至 3 月 15 日 外汇期货市场的期货收盘价(结算价格)见表 4-1，试计算该套期保值者的当日损益、累计损益、保证金账户余额及要追加的保证金。

解：由于 1 份瑞士法郎的期货合约金额为 CHF 125 000，所以 10 份瑞士法郎的期货合约金额为 CHF 1 250 000。该套期保值者的当日损益、累计损益、保证金账户余额及要追加的保证金，见表 4-2。

表 4-1　期货收盘价

日期	3 月 11 日	3 月 12 日	3 月 13 日	3 月 14 日	3 月 15 日
期货收盘价	0.854 1	0.852 5	0.851 1	0.853 0	0.853 7

表 4-2　保险金　　单位：美元

日期	收盘价	当日损益	累计损益	保证金余额	追加保证金
3 月 11 日	0.855 1			21 000	
	0.854 1	−1 250	−1 250	19 750	
3 月 12 日	0.852 5	−2 000	−3 250	17 750	
3 月 13 日	0.851 1	−1 750	−5 000	16 000	5 000
3 月 14 日	0.853 0	+2 375	−2 625	23 375	
3 月 15 日	0.853 7	+875	−1 750	24 250	

(4) 外汇期货市场上，主要是以美元为标价货币。在即期外汇交易市场上，交易货币大多以美元等值多少其他货币的方式来标价，而在外汇期货交易市场上，交易货币的标价方式恰恰相反，即除了澳大利亚元之外，其他交易货币均以单位货币等于多少美元来标价。

(5) 外汇期货交易是在一个固定的场所，通过喊价的方式进行的。但是在交易大厅内，声音嘈杂，交易双方可能听不清，所以双方必须借助于约定俗成的交易手势来谈交易，手心向内表示买入，手心向外表示卖出；而且，十指的不同位置和形状表示不同的数字。

2. 外汇期货交易的程序及指令

外汇期货交易的执行过程及交易指令如图 4.1 所示。

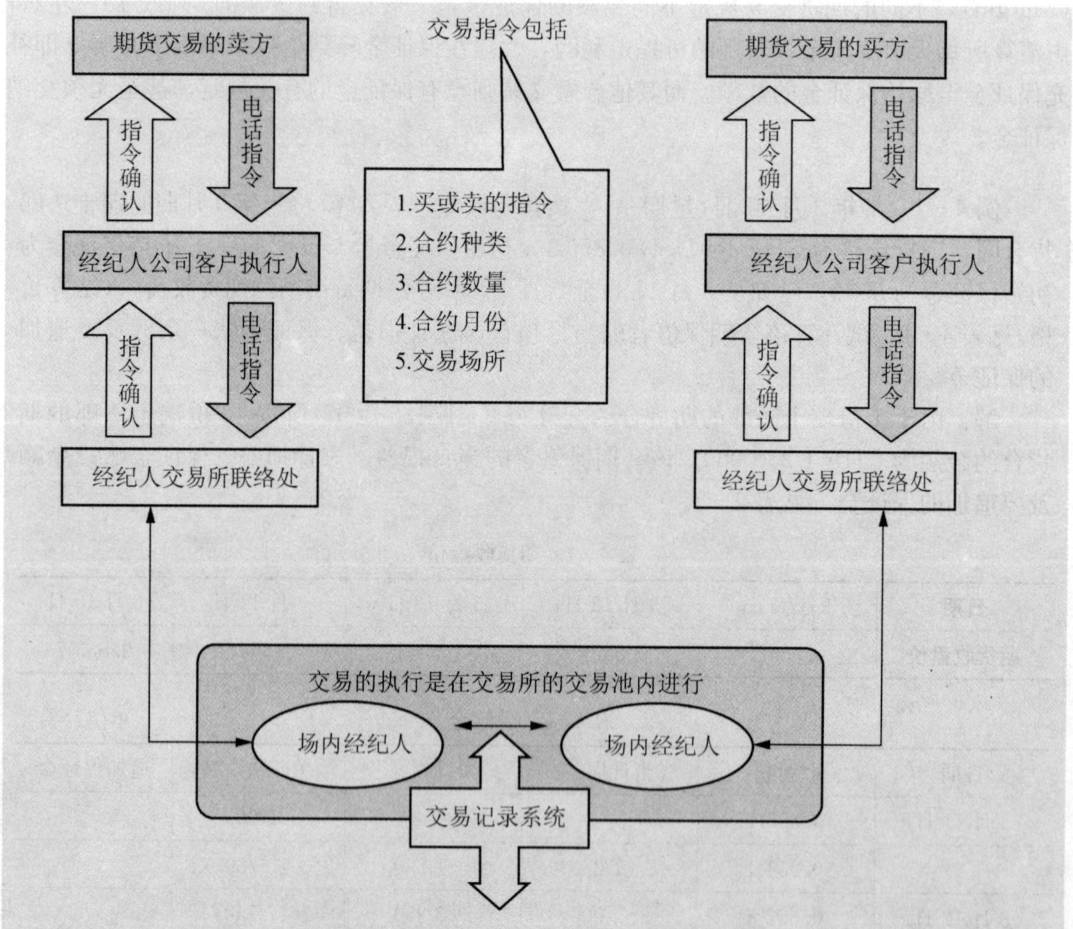

图 4.1　外汇期货交易的执行过程及交易指令

3. 外汇期货交易的应用

外汇期货有两大基本用途，即避险和投机。以避险为目的的外汇期货交易最常用的手段是套期保值(Hedge)，即在现汇市场交易的基础之上，同时在期货市场上做方向相反、期限相同的买进或卖出，以避免汇率波动带来的风险。以投机为目的的外汇期货交易，一般没有现汇交易的基础，而是利用对市场价格的预期，通过承担市场风险，以贱买贵卖的方式赚取买卖中的差额，获取利润。在本节将着重介绍套期保值的内容。

(1) 买入套期保值。

进口商或需要付汇的人，总是担心付汇时本国货币对外汇贬值而增加付汇成本，所以多采用买入套期保值的方法来固定成本。买入套期保值又称多头套期保值，即先在期货市场上买入某种外汇期货，而后卖出同种期货轧平头寸。

例 4-2：一名美国商人某年 3 月 1 日签订合同从德国进口汽车，约定 3 个月后支付 250 万欧元。为了防止欧元升值带来的不利影响，他采用了买入套期保值。其过程见表 4-3。

表 4-3 买入套期保值

现货市场	期货市场
3 月 1 日即期汇率为 1 欧元＝1.319 1 美元 购买 250 万欧元理论上支付 3 297 750 美元	3 月 1 日买入 20 份 3 月期欧元合约(125 000 欧元/份)期货成交价为 1 欧元＝1.320 1 美元 支付 3 300 250 美元
6 月 1 日即期汇率为 1 欧元＝1.401 0 美元 购买 250 万欧元实际支付 3 502 500 美元 理论上多付 204 750 美元	6 月 1 日卖出 20 份同类欧元合约(125 000 欧元/份) 期货成交价为 1 欧元＝1.435 8 美元 收入 3 589 500 美元 盈利 289 250 美元

此例中期货市场的盈利，不仅弥补了该商人因在现货市场欧元的升值所遭受的损失，还为他带来了投资收益 84 500(289 250－204 750)美元，达到了套期保值的目的。

(2) 卖出套期保值。

出口商及从事国际业务的银行预计未来某一时间会得到一笔外汇，为了避免外汇对本币贬值造成的损失，就可以采用卖出套期保值。卖出套期保值又称空头套期保值，即先在期货市场上卖出而后买进。

例 4-3：美国的某一家跨国公司设在英国的分支机构急需 250 万英镑现汇支付当期费用，此时美国的这家跨国公司正好有一部分美元闲置资金，于是在某年 3 月 12 日向分支机构汇去了 250 万英镑，要求其 3 个月后偿还；当日的现汇汇率为 GBP/USD＝1.579 0/1.580 6。为了避免将来收回该款时因英镑汇率下跌带来风险损失，美国的这家跨国公司便在外汇期货市场上做英镑空头套期保值业务。其交易过程见表 4-4。

表 4-4 卖出套期保值

现汇市场	期货市场
3 月 12 日，按当日汇率 GBP 1＝USD 1.580 6 买进 250 万英镑，价值 3 951 500 美元	3 月 12 日，卖出 100 份于 6 月份到期的英镑期货合约(每份 25 000 英镑) 汇率为：GBP 1＝USD 1 580.6 价值 3 950 000 美元
6 月 12 日，按当日汇率 GBP 1＝USD 1.574 6 卖出 250 万英镑，价值 3 936 500 美元	6 月 12 日，按汇率 GBP 1＝USD 1.573 3 买进 100 份于 6 月份到期的英镑期货合约 价值 3 933 250 美元
盈亏：－15 000(3 936 500－3 951 500)美元	盈亏：16 750(3 950 000－3 933 250)美元
净盈亏：1 750(16 750－15 000)美元	

由上例可见，美国的这家跨国公司在现汇市场上买进的 250 万英镑，3 个月后兑换成美元时，由于英镑贬值，使该公司在现汇市场上亏损 15 000 美元。但由于该公司在外汇期货市场上对现汇 250 万英镑作为空头套汇保值，卖出 100 份英镑期货合约，3 个月后收回贷款时又补进 100 份英镑期货合约对冲，在期货市场上获利 16 750 美元。盈亏相抵，获利 1 750 美元(未考虑相关交易费用)。可见，该公司通过在外汇期货市场做空头套期保值交易，降低了现汇市场的风险(若该公司不进行空头套期保值，将损失 15 000 美元)，达到了对现汇保值的目的。

三、外汇期货交易与远期外汇交易的区别

外汇期货交易从本质上说是一种远期外汇交易，是一种特殊的远期外汇交易。其交易的目的都是为了保值或投机，而且交割的价格都是事先约定的汇率。但是外汇期货交易与远期交易在交易的形式和方法等方面有很大的区别。

(1) 市场的参与者不同。

在外汇期货市场上，任何投资人只要按规定缴存保证金，均可通过具有期货交易所结算会员资格的外汇经纪人来进行外汇期货交易，不受资格限制。而从事远期外汇交易虽无资格限制，但实际上远期外汇市场参与者大多数为专业化程度很高的证券交易商或与银行有良好往来关系的大客户，个人投资者和中、小企业由于从银行没有取得足够的信用额度，所以很难有参与的机会。

(2) 交易场所不同。

外汇期货交易是一种场内交易，即在交易场所内，按规定的时间，采取公开叫价的方式进行交易，其竞争相当激烈，场内交易只限于交易所会员之间进行，非会员如要进行外汇期货买卖，必须由会员代为进行。

远期外汇交易是一种场外交易，没有固定的场所，也没有交易时间的限制，它通过电话、电传等现代化的通信工具，在银行同业之间、银行与经纪人之间以及银行与客户之间单独进行。如果要委托经纪人进行交易，也不存在任何限制。

（3）合同的标准化程度不同。

外汇期货交易的金额、交割期等均有统一的规定，标准化程度较高；要想在期货市场上进行套期保值或外汇投机，只能按合约的标准化数额或其倍数进行交易。交割期限同样也是标准化的，一般以每年的3、6、9、12月为交割月份，且到期日固定在交割月份的第三个星期的星期三；而远期外汇交易的交易金额、交割期均由交易双方自由协商确定。

（4）交割的方式不同。

除少数外汇期货合同在到期日进行实际交割外，绝大多数期货合同都是在到期日之前以对冲方式了结；而大多数远期外汇交易在交割日以实际交割兑现。

（5）合同与责任关系不同。

外汇期货交易买卖双方各与市场的结算所签有期货合同，但买卖双方无直接责任关系；远期外汇交易买卖双方签有远期合同，具有合同责任关系。

（6）手续费及报价内容不同。

外汇期货交易按每一标准合同，结算所要收取一定的手续费，而远期外汇交易不收取手续费。外汇期货交易的买卖双方只报一个价，买方只报买价，卖方只报卖价。而远期外汇交易要同时报出两种价格。

（7）保证金制度不同。

在外汇期货交易中，为确保每一份合约生效后，当事人对因期货价格发生不利变动而造成的亏损能及时支付，期货交易所要求买卖双方存入保证金，且在期货合约有效期内每天都进行结算，调整保证金。远期外汇交易一般不收取保证金。如果客户是与银行有业务往来的公司，通常的做法是公司在银行享有的信贷额度应随远期合同的金额而相应减少。只有在个别情况下，如银行对客户的信用情况不太熟悉，公司在银行无信贷额度或信贷额度即将到期时，银行才会要求客户存入合约金额的10%～50%的资金作为其履约的保证。

任务二　外汇期权交易

『任务目标』

1. 了解外汇期权交易的含义、基本特征和种类
2. 了解外汇期权交易的基本策略及应用

『任务引入』

个人如何投资外汇期权

1. 不懂外汇莫乱买

由于风险巨大，银行人士特别指出，外汇期权只适合少数风险承受能力高、对市场有所了解的投资者，在投资期权合约买卖时，应充分考虑其损失的可能和投资者自己的承受能力，并在对市场进行

认真研究后，再进行交易。外汇专家告诉记者：外汇期权的价值主要依赖汇率，同时合约到期时间以及利率等，都对其有一定的影响。

汇率：汇率的波动性越大，期权持有人获利的可能性越大，期权出售者承担的风险就越大，期权价格越高；反之，汇率的波动性越小，期权价格越低。

期权合约的到期时间越长，价格变化的可能性越大，期权出售者承担的风险也就越大，期权价格越高；反之，距到期日越近，期权价格越低。

利率：外汇期权合约中规定的卖出货币，其利率越高，期权持有者在执行期权合约前因持有该货币可获得更多的利息收入，期权价格也就越高。外汇期权合约中规定的买入货币，其利率越高，期权持有者在执行期权合约前因放弃该货币较高的利息收入，期权价格也就越低。

2. 合理利用期权避险

以欧元兑美元为例，投资者以 1.25 的汇率通过外汇实盘买入 1 万欧元，但又担心亏损过大，因此，可以通过银行买入个人外汇期权合约。如果用 20 美元买入 100 手执行价 1.25 的欧元看跌期权，即投资者有权利在合同到期时，用 1.25 的汇率卖出 1 万欧元。届时，如果欧元上涨到 1.35，则投资者持有的欧元盈利 1 000 美元；如果欧元跌至 1.15，投资者买入的欧元亏损 1 000 美元，但买入的外汇期权合约获利 1 000 美元，两项合并后，投资者仅损失 20 美元，买卖外汇的汇率风险得到有效控制。

（资料来源：外汇通 . 2011 - 03 - 01）

『知识内容』

一、外汇期权交易概述

1. 外汇期权交易的含义

期权交易产生在 17 世纪的阿姆斯特丹，而期权交易的真正发展是在第二次世界大战后。1973 年布雷顿森林体系崩溃，国际金融市场汇率变动频繁，给国际贸易和国际投资带来很大的不便，所以急需一种有效的、低成本的回避汇率风险的金融工具，外汇期权应运而生。1973 年 4 月 26 日，芝加哥期权交易所(Chicago Board of Option Exchange，CBOE)正式成立，从此开始了期权合约标准化、期权交易规范化的进程。但由于外汇期权的复杂性，直到 1982 年 12 月，费城股票交易所才开始外汇期权交易。1983 年，CME 也把外汇期权作为交易品种在 IMM 分部挂牌上市。在随后的二十几年里，外汇期权市场规模不断扩大，新的交易品种和交易策略不断涌现，成为一类引人注目的金融衍生工具。

外汇期权(Foreign Currency Option)是指期权的购买者在支付给期权的出售者一笔期权费后，获得一种可以在合同到期日或期满前按预先确定的汇率(执行价格)购买或出售某种货币的权利。当行市有利时，期权的购买者有权买进或卖出该种外汇资产；如果行市对期权购买者不利，其可以不行使期权，放弃买卖该种外汇资产的权利。而期权的卖方则有义务在买方要求履约时，卖出或买进期权买方欲买进或卖出的该种外汇资产。

期权费(Option Premium)又称期权价格或保险费、权利金，是指期权合约成交后，由期权的购买方向期权的出售方支付的合同费用，无论合同购买者最终是否执行合同，这笔费用都归合同出售者所有。

执行价格(Strike Price 或 Exercise Price)又称为协定价格或履约价格，是期权交易双方所约定的期权到期日或到期日之前双方交割外汇时所采用的汇率。只有当期权购买方要求执行期权或行使期权时，双方才会据此汇率进行实际的货币收付。

2. 外汇期权交易的基本特征

(1) 外汇期权的交易对象是一种将来可以买卖某种货币的权利，而不是货币本身，期权的买方有权利但不承担义务，期权的卖方只有义务但没有权利，所以买卖双方权利和义务不对称。

(2) 期权费不能收回，无论购买者是否执行期权，期权费只能留在出售者手中，购买者不得取回。

(3) 期权费的水平受现行汇率、执行价格、期权的有效期、利率的波动、期权的供求关系所决定。

(4) 购买期权具有风险有限而收益无限的特点。对于期权的购买方而言，他所承担的最大的风险就是所支付的期权费，当期权的购买者在价格对其有利的情况下执行期权，则受益可能是无限的；反过来，期权的出售者获得的最大收益就是所收取的期权费，而一旦期权购买者在价格对其有利时执行了期权，那么期权的出售者就要遭受无限的风险损失。故期权具有杠杆效应。

3. 外汇期权交易的种类

(1) 根据期权执行的时间不同，外汇期权可分为欧式期权和美式期权。

① 欧式期权(European Option)是指期权的买方在期权合约到期之前不能要求卖方履约，仅在到期日当天才可要求卖方履约的一种期权。

② 美式期权(American Option)是指期权的买方可以在成交日至期权到期日之间的任何时间要求卖方履约的一种期权。

由于美式期权在履约时间上比较灵活，所以，美式期权要比欧式期权价格高。

(2) 根据期权合同赋予持有者的权利不同，外汇期权可分为买入期权和卖出期权。

① 买入期权(Call Option)也称为看涨期权，是指期权的购买者可以在约定的未来某日以事先约定的价格(即执行价格)向期权的出售者买进一定数量的某种外汇的权利。一般而言，期权的购买者之所以买进这种期权，是因为他们预计该种期权的标的货币的市场价格将上涨，他们买进这种期权后，可在日后市场价格上涨后，仍以较低的执行价格买入这种外汇，从而避免了市场价格上涨带来的损失或从中赚取价差收益。

② 卖出期权(Put Option)也称为看跌期权，是指期权的购买者可以在约定的未来某日以事先约定的价格(执行价格)向期权的出售者卖出一定数量的某种外汇的权利。一般而言，期权的购买者之所以买进这种期权，是因为他们担心该种期权的标的货币的市场价格将下跌，买进这种期权后，他们可在日后市场价格果真下跌后，仍以较高的执行价格卖出该标的外汇，从而避免了市场价格下跌带来的损失或从中赚取价差收益。

(3) 根据期权合约执行价格与市场价格的关系，外汇期权可分为溢价期权、折价期权和平价期权。

① 对于看涨期权而言，溢价期权是指履约价格低于市场汇率的期权；对于看跌期权而言，溢价期权是指履约价格高于市场汇率的期权。

② 对于看涨期权而言，折价期权是指合约执行价格高于市场汇率的期权；对于看跌期权而言，折价期权是指合约执行价格低于市场汇率的期权。

③ 平价期权是指期权合约的协定价格等于市场汇率的期权。

二、外汇期权交易的基本策略及应用

1. 买入看涨期权

买入看涨期权(Buy call 或 Long call)是指期权的买方获得了在到期日或到期日之前按协定价格购买期权合约规定的某种外汇资产的权利。当某投资者预计某种标的货币的市场价格将要上涨时，它可买进该标的货币的看涨期权。若将来市场价格果真上涨，且涨至期权合约的协定价格以上，则该投资者可通过执行期权而获利，获利大小将视市场价格上涨的幅度而定；但当市场价格趋向下跌，跌至协定价格或协定价格以下时，它可放弃期权，其最大的损失就是他购买期权时所支付的期权费。

例 4-4：英国一家出口公司，获利润 3 000 万美元，6 个月后收汇，设即期汇率为 GBP/USD=1.700 0，按期权协定价买 6 个月期权汇率 GBP/USD=1.750 0。如果 6 个月后实际汇率为 GBP/USD=1.800 0，则该公司做不做期权有何不同?

解：(1)设该公司不做期权，则到期后，该公司收进英镑为

30 000 000÷1.800 0=16 666 666.667 英镑

(2) 设该公司做期权，则公司收入为

30 000 000÷1.750 0=17 142 857.14 英镑

则做期权显然要比不做期权多收入英镑。

例 4-5：某年外汇期权买方 A 与期权卖方 B 签订了一份标准买入欧元看涨期权合约(每份标准欧元看涨期权合约为 EUR 125 000)，合同的执行价格为 EUR 1=USD 1.400 0；支付的期权费为每欧元 0.02 美元。试分析该交易的盈亏情况。

分析：(1) 当市场价格≤1.400 0 美元时，期权购买方放弃执行期权，因为他完全可以直接到现货市场上去买欧元，付出的美元少于 1.400 0 美元。因此，购买者因放弃执行期权所受到的损失就是其当初支付的期权费 2 500 美元(0.02×125 000)。

(2) 当 1.400 0<市场价格≤(1.400 0+0.02)时，期权购买方虽然会执行期权，但加上已支付的期权费，从总体上仍将遭受损失。假如，当市场价格为 EUR 1=USD 1.410 0 时，行使期权可以获得每欧元 0.01 美元的利润，但考虑到所支付的期权费每欧元 0.02 美元，仍会遭受每欧元 0.01 美元的损失。只有当市场价格为 EUR 1=USD 1.420 0(1.400 0+0.020 0)时，才会做到不盈不亏。

（3）当市场价格>1.420 0美元时，期权购买方将行使期权。假如市场价格为每欧元1.450 0美元时，行使期权每欧元可以获利0.05美元，扣除期权费每欧元0.02美元，该购买者A最后还要得到每欧元0.03美元的利润。

上述分析如图4.2所示。

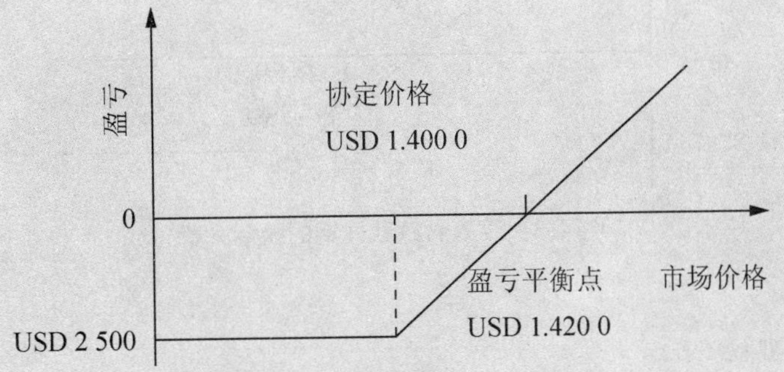

图4.2　买入看涨期权的盈亏分析

2. 买入看跌期权

买入看跌期权(Buy Call 或 Short Call)是指期权买方获得了在到期日或到期日之前按协定价格出售期权合约规定的某种外汇资产的权利。即期权的买方买入了一个卖的权利。看跌期权的购买，主要是防范汇率下跌。此时，看跌期权的买方是期望并相信履约时汇率的市场水平会低于协定价格水平，所以他要买进看跌期权。买进看跌期权后，若标的货币的市场价格果真下跌，且跌至协定价格之下，则该投资人可通过执行期权而获利；若市场价格不跌反升，则该投资人可以放弃行使权利，这时其最大的损失就是所支付的期权费。

例4-6：假设某公司预测英镑对美元的汇率将下跌，因此买入一份英镑看跌欧式期权，每份英镑标准合同金额为25 000英镑，协定价格1.900 0美元，期权费每英镑0.03美元。试分析该交易的盈亏情况。

分析：（1）当市场价格<1.870 0美元(1.900 0−0.03)时，买进看跌期权者行使期权，因为购买者出售1英镑将获得1.900 0美元，扣除支付的期权费0.03美元，能获得1.870 0美元。如直接到现货市场上去出售，获得的美元将少于1.870 0美元。市场价格下降得越低，该投资者获得的利润越大，投资人越应该行使期权。

（2）当1.870 0美元≤市场价格<1.900 0美元时，买进看跌期权者虽会行使期权，但仍遭受损失，不过，其损失将小于期权费支出。假如，当市场价格为每英镑1.890 0美元时，该投资者行使期权可获利0.01美元，扣除支付的期权费0.03美元，每英镑仍要亏损0.02美元，只有当市场价格为每英镑1.870 0美元时，投资者才能达到盈亏平衡。

（3）当市场价格≥1.900 0时，买进看跌期权者将不会行使期权，因为直接到现货市场出售英镑将会获得更多的美元。这样，看跌期权的购买者将损失所支付的期权费750美元(0.03×25 000)。

上述情况如图 4.3 所示。

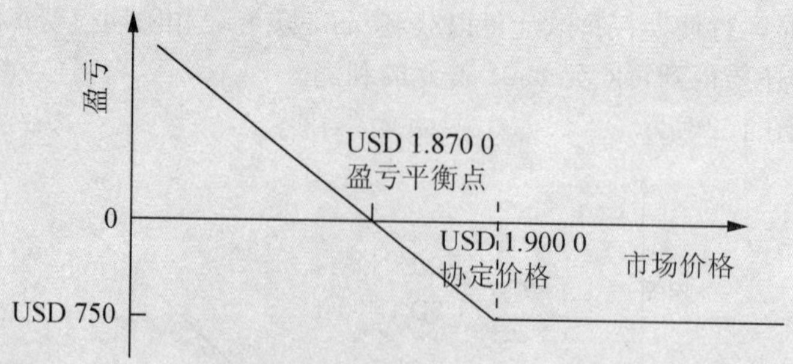

图 4.3 买入看跌欧式期的盈亏分析

3. 卖出看涨期权

卖出看涨期权(Sell Call 或 Short Call)是指期权合同的出售者在收取一定的期权费后，赋予购买者将来以协定价格买进合同标的资产的权利。即期权的出售者卖出了一个买权。期权的买者之所以买进期权，是因为他想通过合同标的资产市场价格的上涨而从中获利；而期权的出售者之所以出售期权，是因为他预测标的资产的市场价格将下降。若当市场价格朝着出售者预期的方向变化时，出售者的最大收益就是其收取的期权费；但当市场价格朝着出售者预期相反的方向变动(市场价格不跌反涨)，且高于协定价格与期权费之和时，因为期权的买方要执行期权，所以这时期权的卖方就要蒙受损失。

例 4-7：外汇期权的买方为了保值的目的与外汇期权的卖方签订了一份标准的英镑看涨期权，协定价格为 GBP 1=USD 1.900 0，期权费为 USD 750，试对该交易作盈亏分析。

分析：(1) 看涨期权卖方的盈亏平衡点是

25 000X=25 000×1.900 0+750

X=(25 000×1.900 0+750)/25 000=1.930 0

即当市场价格为 GBP 1=USD 1.930 0 时，期权卖方正好是盈亏平衡。当市场价格在 1.900 0 和 1.930 0 之间时，其盈亏情况见下面的分析。

(2) 当市场价格≤USD 1.900 0 时，假设市场价格为 GBP 1=USD 1.800 0，看涨期权的买方考虑到在现货市场交易要比按期权合同的执行价格便宜，所以他会放弃执行期权，这样期权的卖方就被迫放弃执行合同所规定的外汇买卖，这时他盈利 USD 750，即期权费。

(3) 当 USD 1.900 0≤市场价格≤USD 1.930 0 时，假设市场价格为 GBP 1=USD 1.920 0，看涨期权的买方就会执行期权，看涨期权的卖方就要按执行日的市场价格 GBP 1=USD 1.920 0 买入 GBP 25 000，然后再按期权合同中的协议价格 GBP 1=USD 1.900 0 卖给买方，损失 USD 500((1.920 0-1.900 0)×25 000)；若加上已收取的期权费 USD 750，仍有盈利 USD 250(750-500)。

(4) 当市场价格≥USD 1.930 0 时，假设市场价格为 GBP 1=USD 1.960 0，看涨期权的买方就会选择执行期权，看涨期权的卖方就要在现货市场上按即期价格 GBP 1=USD 1.960 0 买入 GBP 25 000，然后同样要按期权合同中的协议价格 GBP 1=USD 1.900 0 卖给买方，损失 USD 1 500((1.960 0−1.900 0)×25 000)；扣除期权费以后亏损 USD 750(750−1 500)。

综上所述对看涨期权的卖方的盈亏平衡点为

盈亏平衡点=协定价格+每单位交易货币的期权费

最大的损失无上限，亏损额度要视市场价格而定，当市场价格涨过盈亏平衡点以后，看涨期权的卖者就开始亏损，涨得越多，亏损就越多。

最大的利润是期权费，期权费的收入发生在看涨期权的买者对行情预测错误的情况下，即市场价格不涨反跌，而且跌至协定价格之下。以上分析如图 4.4 所示。

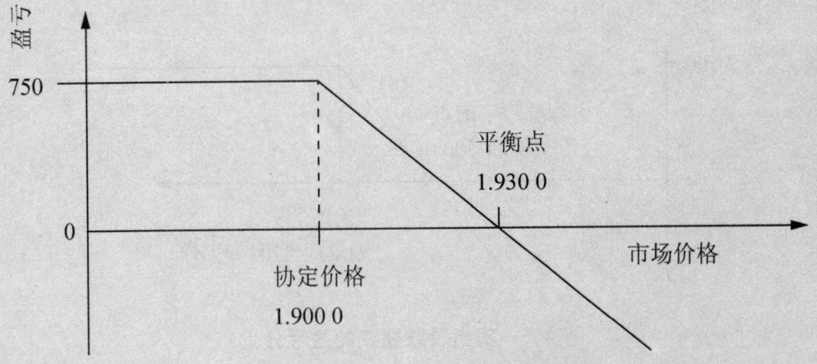

图 4.4　卖出看涨期权的盈亏分析

4. 卖出看跌期权

卖出看跌期权(Sell Put 或 Short Put)是指期权合同的出售方，在收取一定的期权费后赋予期权的买方按协定价格出售合同标的货币的权利。一般情况下，期权的出售者对市场行情看涨，于是他们就卖出看跌期权。当市场价格朝着下跌的方向变化时，出售者将面临无限的风险；当市场价格朝着上升的方向变化时，出售者的最大收益就是收取的期权费。当市场价格变化到协定价格与期权费之差时，出售者将不盈不亏。此时为盈亏平衡点。

例 4-8：某投资者 2005 年 3 月在外汇期权市场上出售了一份标准欧元看跌期权合同，协定价格为每欧元 1.320 0 美元，收取的期权费为每欧元 0.02 美元。试分析该交易的盈亏情况。

分析：(1) 当市场价格<1.300 0 美元(1.320 0−0.020 0)时，出售者将面临着无限的风险，这时期权的购买者要行使期权，出售者就要按合同规定的协定价格 1.320 0 美元买入欧元。假设当时市场价格为 1.280 0 美元，出售者将损失 0.04 美元(1.320 0−1.280 0)，加上收取的期权费 0.020 0 美元，出售者仍然要亏损 0.020 0 美元。而且市场价格下降幅度越大，出售者承担的风险越大。

(2) 当1.300 0美元≤市场价格<1.320 0美元时，出售者将获得利润，但小于期权费收入。因为当购买者行使看跌期权时，出售者就要按协定价格1.320 0美元买入欧元。假设这时的市场价格为1.310 0美元，那么出售者将要亏损0.010 0美元(1.320 0－1.310 0)，但加上收取的期权费0.020 0美元，出售者仍然获利0.010 0美元。当市场价格为1.300 0美元时，出售者将亏损0.020 0美元，加上收取的期权费0.020 0美元，正好达到盈亏平衡。

(3) 当市场价格≥1.320 0美元时，出售者将获得最大利润即收取的期权费2 500美元(0.020 0×125 000)。期权的购买者不会行使期权，因为它完全可以到现货市场以更高的价格出售欧元，获得更多的美元收入。由于购买者放弃了行使期权，出售者将会获得全部的期权费收入。

以上分析如图4.5所示。

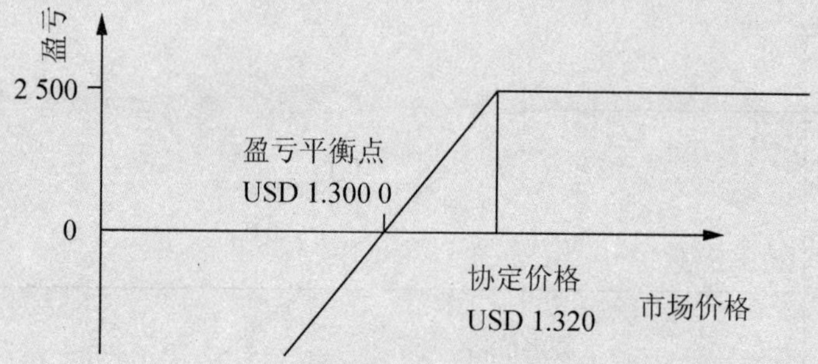

图4.5 卖出看跌期权的盈亏分析

在期权交易中无论是买方还是卖方风险和盈利是共存的，对于期权的购买者来说，一旦支付了期权费，就应该努力将这种风险降到一个可以承受的限度内，这样就要求期权的购买者熟知市场价格、协定价格、期权费与盈亏的关系。市场价格、协定价格、期权费盈亏的关系见表4－5。

表4－5 期权盈亏分析

	看涨期权	看跌期权
当市价>协定价＋期权费时	有利可图	无利可图
当市价＝协定价＋期权费时	扯平	扯平
当市价<协定价＋期权费时	无利可图	有利可图

项目小结

(1) 货币期货也叫外汇期货，是指以国际支付中通用的外国货币为期货标的物的期货合约。货币期货合约是标准化的远期合约，交易币种、单位、交易时间、交割时间和地点都有统一的规定，只有价格是变动的。

（2）货币期货合约交割日为每年的3、6、9、12月份，实际上90%的合约在到期日之前已经抵消而无须交割，只有不到10%左右的需要实际交割。在货币期货交易中，为了防止交易一方违约而给交易对手造成损失，规定当事人必须交付一定的保证金。交纳保证金的数额一般在合同金额的5%左右。货币期货合约交易的一方买入或卖出一份期货合约时，无须实际收付合约所载明的外汇金额，而只是交纳手续费。合约生效后，每天都要根据当天该合约收盘价格与合约价格的差额通过期货交易所的清算所进行清算，若为亏损，将从亏损方的保证金中扣除差价金额支付给盈利方；反之则增加盈利。

（3）外汇期货交易基本上可分为两大类，即套期保值交易和投机性期货交易。套期保值的原意为“两面下注”，引申到商业上是指期货交易者在现货市场和期货交易上采取方向相反的买卖行为。即在买进现货的同时卖出期货，或在卖出现货的同时买进期货，以达到避免价格风险的目的。外汇期货套期保值的目的就是回避或降低外汇风险，确保外币资产或负债的价值。套期保值的客观基础在于，期货市场价格与现货市场价格存在平行变动性和价格趋同性。正是由于期货价格与现货价格存在上述关系，期货交易能够适应人们套期保值的需要，这也是它得以产生的基本原因。套期保值可分为多头套期保值和空头套期保值两大类。投机性期货交易指那些没有现货交易基础的套期交易者，根据自己对价格变动趋势的预测，而进行的以牟取期货价格差额为目的，承担风险的期货交易。

（4）外汇期货交易从本质上说是一种远期外汇交易，是一种特殊的远期外汇交易；其交易的目的都是为了保值或投机，而且交割的价格都是事先约定的汇率。但是外汇期货交易与远期交易在交易的形式和方法等方面有很大的区别。

（5）外汇期权又称外币期权，是一种选择权契约，指期权买方以一定保险金为代价，获得是否在一定时间按照协定汇率买进或卖出一定数量的外汇资产的选择权。当行市有利时，期权买方有权买进或卖出该种外汇资产，如果行市不利，他也可不行使期权，放弃买卖该种外汇资产的权利。而期权卖方则有义务在买方要求履约时买进或卖出该种外汇资产。

（6）主要名词。

金融期货、外汇期货、多头套期保值、空头套期保值、外汇期权、期权费、协定价格、欧式期权、美式期权、看涨期权和看跌期权。

项 目 练 习

一、单项选择题

1. 外汇期货交易与外汇期权交易的相似之处在于（　　）。

   A. 二者都必须在规定的到期日进行交割　　B. 二者都必须交纳保证金

   C. 二者都可以用作保值和投机的手段　　D. 二者都是在交易所场内进行的交易

2. 在到期日前可以执行的期权交易称为（　　）。

   A. 欧式期权　　B. 美式期权　　C. 日式期权　　D. 英式期权

二、多项选择题

1. 要向银行支付保险费的外汇交易有(　　)。

A. 美式期权　　B. 欧式期权　　C. 远期外汇　　D. 择期业务

2. 关于外汇期货交易与远期外汇交易之间说法正确的是(　　)。

A. 交易场所与方式不同　　B. 市场参与者相同

C. 都可以作为避免外汇风险的手段　　D. 都可以作为进行外汇投机的手段

三、简答题

1. 简述外汇期货交易的主要功能。
2. 外汇期货交易与外汇期权交易的异同点是什么?
3. 试述实际汇率变动对经济的影响。
4. 论述外汇期货交易与远期交易的区别。

四、实训题

1. 2004 年 10 月 17 日，美国某出口商与欧洲某国签约出口一批货物，于两个月后装船交货并获得一笔外汇收入 500 000 欧元，签约时欧元兑美元的汇率为 EUR 1＝USD 1.319 1，折合 659 550 美元。该出口商分析认为欧元很可能要下跌。问这时该出口商应如何利用期货市场来避险?

假定：

12 月 17 日现货市场欧元兑美元的汇率为 EUR 1＝USD 1.296 5；

12 月 17 日期货市场欧元兑美元的汇率为 EUR 1＝USD 1.290 0。

2. 进口商利用期货市场进行套期保值

美国某进口商某年 5 月 10 日从德国购进价值 125 000 欧元的货物，1 个月后支付货款。为防止欧元升值而使进口成本增加，该进口商买入 1 份 6 月期欧元期货合约，面值 125 000 欧元，价格为 USD 1＝EUR 0.753 0。1 个月后欧元果然升值，则交易过程见表 4-6。

表 4-6　交易过程

现货市场	期货市场
5 月 10 日 即期汇率 USD 1＝EUR 0.755 6 125 000 欧元折合 165 431 美元	5 月 10 日 买入 1 份 6 月期欧元期货合约(开仓) 价格：USD 1＝EUR 0.753 0 总价值：166 003 美元
6 月 10 日 现汇汇率 USD 1＝EUR 0.745 1 125 000 欧元折合 167 763 美元	6 月 10 日 卖出 1 份 6 月期欧元期货合约(平仓) 价格：USD 1＝EUR 0.741 1 总价值：168 668 美元
结果：损失 2 332 美元 (即 6 月 10 日，买欧元要比 5 月 10 日买欧元多支付 2 332 美元)	结果：盈利 2 665 美元 (即 6 月 10 日的期货卖出价比 5 月 10 日的期货买入价高出 2 665 美元)
总结：总体盈利 333 美元(2 665－2 332)	

分析：该进口商由于欧元升值，为支付 125 000 欧元的货款多支出了 2 332 美元，即在现货市场上成本增加 2 332 美元。但是由于做了套期保值，在期货市场上盈利 2 665 美元，从而使在现货市场上的损失得到了弥补。

根据以上案例，学生可以单独进行如下模拟训练。

训练 1：假如该年 6 月 10 日期货市场上美元兑欧元的价格是 USD 1＝EUR 0.751 1，情况会怎样？

训练 2：如果欧元的汇率不是上升而是大幅下跌了，该年 6 月 10 日期货市场上的价格下降至 USD 1＝EUR 0.810 0，即期市场上的价格下降至 USD 1＝EUR 0.796 8，这时的情况又会怎样？

项目五　外汇风险及其管理

项目导读

汇丰：放松人民币汇率管制有助于企业管理外汇风险

汇丰银行(HSBC)驻香港的一位管理人士表示，中国监管部门对人民币汇率管制的放松为外资企业对冲汇率风险提供了宝贵机会。

汇丰亚太全球市场外汇结构部门主管Selene Chong称，包括跨境贸易人民币结算试点项目在内的一系列改革措施为企业提供了管理风险的机会。

Chong是在汇丰发起的一个有关人民币汇率问题的午餐会上发表上述言论的。演讲的对象是打算在中国开展业务的加拿大企业。目前，跨境贸易人民币结算试点项目范围已经扩大至国内21个省市，这些地区的企业在进行外贸结算时可以用人民币作为结算货币，而不是传统的美元。

Chong认为，当外贸交易以美元作为结算货币时，中国的供货商在对外商提出报价时经常要把人民币升值的因素考虑进去，如果以人民币作为结算货币，企业自己就能够管理外汇风险。Chong表示，外贸企业可以自己决定是否对人民币应收账款进行汇率套期保值，外汇市场非常透明。但她在会后接受专访时指出，对于外国直接投资等非贸易的其他外汇交易，仍需要受到汇率管制，还有许多方面尚未放开，而且监管层什么时候会放松这方面的管制，现在也不得而知。

另外一个能帮助外国公司对冲中国汇率风险的是中国中央银行在2010年7月份与香港金融管理局(Hong Kong Monetary Authority，香港金管局)达成的一项人民币业务合作备忘录，央行和金管局同意扩大人民币贸易结算安排，并签署了新修订的《香港银行人民币业务的清算协议》。

根据协议，企业可以在香港指定的机构开立人民币账户，并进行人民币资金的支付和转账，不再存有限制，此举实际上是为人民币开辟了一个离岸市场。

Chong表示，人民币离岸市场的建立为那些打算投资人民币或对冲外汇风险的企业提供了一个非常可行的工具。

（资料来源：华尔街日报．2011－02－28）

任务一　外汇风险概述

『任务目标』

1. 熟悉外汇风险的概念、构成要素
2. 掌握外汇风险的种类

『任务引入』

案例：某公司是一家生产型的涉外企业，原材料大部分从国外进口，生产的产品约有三分之一销往国外。企业出口收汇的货币主要是美元，进口支付的货币除美元外，主要还有欧元和英镑。该企业每个月大约还有100万美元的外汇收入，400万美元左右的非美元(欧元、英镑)对外支付。2002年年中，欧元兑美元汇价在平价下方，英镑兑美元也在1.5美元左右，而2003年上半年欧元兑美元不仅突破了平价，而且最高时甚至达到1欧元兑换1.18美元，该公司因此而蒙受了巨大的汇率风险损失。

『知识内容』

一、外汇风险的概念

外汇风险(Foreign Exchange Risk)，又称汇率风险(Exchange Rate Risk)，是指一个组织、经济实体或个人，因其在国际经济、贸易、金融等活动中，以外币计价的资产或负债因外汇汇率的波动而可能遭受本币价值损失或收益的可能性。

要理解外汇风险，我们需要掌握以下3个要点。

(1) 外汇风险是由于经济主体持有外汇头寸、发生不同货币间进行兑换或折算而产生的。如果他持有的是本币头寸就不涉及因汇率变动而带来的风险。

(2) 外汇风险起因于汇率变动的不确定性，汇率变动是引发外汇风险的最直接因素。这种不确定性意味着风险是否发生是不确定的，风险程度是不确定的，发生的时间是不确定的，发生后所带来的影响也是不确定的。

(3) 外汇风险是因汇率变动而给经济主体带来经济损失的可能性。这种经济损失只是一种可能性，并非必然。它具有两重性，既有损失的可能性也有收益的可能性。如果只有损失或收益，则是确定的，不能称为风险。这与保险学中的风险是有区别的，在保险学中，风险一般指蒙受损失的可能性。

外汇风险实质上是因汇率变动引起的外汇收益或者成本的一种不确定性。这种不确定性要求在处理外汇风险时必须慎重考虑，如果过分强调汇率变动带来的损失，而忽视可能带来的额外收益，可能导致当事人丧失获利的良机，有时反而增加不必要的成本；如过分看重汇率变动的投机收益而忽视损失的可能性，则有可能使当事人遭受更重大的损失。

二、外汇风险的种类

企业在其经营活动中要承担各种风险，如生产风险、市场风险、价格风险、竞争风险、经济周期风险、政治风险，在国际市场上还会遇到汇率变动所带来的外汇风险。根据所处情况的不同，可以分为以下几种：

1. 交易风险(Transaction Risk)

交易风险又称结算风险(Settlement Risk)，是指一般企业以外币计价进行贸易及非贸易交易时，因汇率波动而引起的应收资产与应付债务本币价值变化的风险。

交易风险是一种尚未结算的债权债务在汇率变动后进行货币交割时发生的风险，是国际企业遇到的最常见、最主要的外汇风险。外汇风险主要表现在进出口贸易、外汇买卖和国际借贷3个方面。

(1) 进出口贸易业务中的交易风险。

在国际贸易(包括无形商品贸易)中，汇率变动会引起应收账款或应付账款的本币价值发生变化，从而带来外汇风险。在商品或劳务进出口贸易中，从签订合同到货款或劳务费用的结算最少需要1个月的时间，长则高达半年或1年。

在此过程中，汇率一旦变动，进口商将面临付汇汇率上升风险，出口商将面临收汇汇率下跌风险。对进口商来说，如果贸易合同是以外币结算的，当结算时外汇汇率比签约时上涨(降低)了，进口商就会付出较多(较少)的本国货币，该进口商就会受损(获益)；而对出口商来说，如果贸易合同是以外币结算的，当结算时外汇汇率比签约时上涨(降低)了，出口商将会收到较多(较少)的本国货币，该出口商就会获益(受损)。因此，国际贸易中自商品或劳务交易开始时，外汇结算风险就已经存在，直至贸易结算最终完成为止。进出口企业所面临的风险主要是此类风险。

例5-1：中国某纺织进出口公司向美国某公司出口一批价值10万美元的棉布，合同规定计价结算货币为美元，签约时起3个月内付款，签约时即期汇率为1美元=8.277 4元人民币，中方可收10万美元，合人民币82.774万元。3个月后，如汇率变为1美元=8.266 4元人民币，中方可收10万美元，合人民币82.664万元，少收入1 100元人民币。而美国进口商因为计价货币为本币，付款均为10万美元，不存在货币兑换，无交易风险。如计价货币为第三国货币，则美进口商同样面临外汇风险。

(2) 外汇买卖业务中的交易风险。

在外汇买卖中，从签约日到交割日，汇率会发生变动，将要履约的远期合同的一方，在合同到期后可能需要用更多或较少货币去换取另一种货币，从而带来外汇风险。对于买入外汇的企业而言，面临到期支付更多本币的风险；对于卖出外汇的企业而言，则面临到期外汇升值、本币贬值的风险。

因此，外汇银行在买卖外汇的过程中会蒙受汇率变动带来的风险。当银行买入的外汇多于卖出的外汇，即持有外汇多头时，如果外汇汇率上升(降低)了，银行所持有的该笔外汇资产的本币价值就增加(减少)了；当银行卖出的外汇多于买入的外汇，即持有外汇空头时，如果外汇汇率上升(降低)了，银行所持有的该笔外汇负债的本币价值就增加(减少)了。当银行轧平外汇头寸时，就要蒙受少收或多付本币的风险。

例5-2：中国某商业银行按汇率1美元=7.60港元买进100万美元，当天按1美元=7.62港元价卖出90万美元，银行仍持有10万美元多头现汇，合港币76.2万。3天后，美元汇率下跌为1美元=7.58港元，该银行如想轧平头寸就只能得到75.8万港元，就蒙受4 000港元的损失。如美元汇率上升为1美元=7.66港币，合港币76.6万，银行就会得到4 000港元的收益。可见，商业银行买卖外汇的损失大小或收益多少都取决于汇率变动的幅度。

(3) 国际借贷业务中的交易风险。

在以外币计价的国际借贷和投资业务中，汇率变动会引起资产或负债的本币价值发生变化，从而带来外汇风险。在外币债权债务关系中，债权人承受到期收汇贬值的风险，债务人承受到期偿还货币升值的风险。在外币债权债务清偿时，如果外汇汇率上升，则债权人将收入较多的本国货币，债务人将支付较多的本国货币，从而债务人负债增加；如果外汇汇率下跌，则债权人将收入较少的本国货币，债务人将支付较少的本国货币，从而债权人资产减少。对其他用外币表示的所获资产或负债，汇率变动也会引起实际价值波动的外汇风险。

例5-3：1987年3月1日，英国兰德公司为支持某企业，向某国银行借入1年期、年利率10%的贷款300万美元，当时汇率为1英镑=1.5美元。兰德公司出售300万美元得200万英镑支持该企业，到期需还本利330万美元。一年后美元升值，汇率为1英镑=1.45美元，该公司偿还330万美元共需227.586万英镑。

2. 会计风险(Accounting Risk)

会计风险又称折算风险(Translation Risk)或评价风险(Assessment Risk)，是指企业根据会计制度的规定，对企业的经营活动进行会计处理时，资产负债表中某些以外币计量的资产、负债、收入和费用在折算成以本国货币表示的项目时，因汇率变动而可能产生账面损失或收益的可能性。

例5-4：中国某公司在美国子公司年初有美元存款100万，当时市场汇率为1美元=6.896 4元人民币，折合人民币689.64万元。年底编制财务报表时，如果汇率为1美元=6.796 4元人民币，则该存款只能折人民币679.64万元，公司账面价值就少了1万元人民币；如果汇率为1美元=6.996 4元人民币，则可折人民币699.64万元，公司账面价值就增了1万元人民币。

会计风险的影响主要表现在3个方面。

首先，如果企业是根据会计账款纳税，则影响该企业纳税额度；其次，若企业子公司所在国货币贬值，而又需要以母公司所在国货币衡量资产，会导致资产的减少；最后，会计风险将直接以财务报表形式反映在公司业绩报告的损益报表中，进而会影响该公司股票的市场价格。因此会计风险虽然不是资金的实际转移，但对企业的影响还是相当大的。

3. 经济风险(Economic Risk)

经济风险又称经营风险(Operating Risk)，是指意料之外的汇率变动通过影响企业生产销售数量、价格和成本，而引起企业未来一定期间内收益或现金流量减少的一种潜在风险。

经济风险是企业从整体上进行预测、规划和进行经济分析的一个具体过程，对于一个企业来说，经济风险比折算风险和交易风险都更为重要，因为其影响是长期性的，而折算风险和交易风险的影响是一次性的。

相关链接

人民币升值　三亚前10个月出口企业利润降20%

据海南省三亚市商务局消息，2008年前10个月，三亚市完成进出口贸易总值6 494万美元，同比增长13.5%。其中出口6 052.41万美元，同比增长17%。

三亚的出口贸易品主要是水产品，包括冻虾类、熟虾、寿司虾、冻鱼类、罗非鱼等50多种，主要远销欧盟、美国、日本、韩国等国以及我国的港澳台地区。

三亚市商务局相关人员表示，当前外贸经营面临着严峻挑战：人民币的升值，对纯出口的企业影响较大，造成出口企业利润受损；全国进出口经营权放开，地区之间竞争激烈；三亚缺乏高科技的出口产品，且没有集装箱出口码头和先进的检验检疫设备，不少企业将业务转移外地，或者将产品转由外地公司出口等。

尽管进出口贸易总额仍保持增长态势，但监测表明，由于人民币升值，出口企业的利润有相当幅度的降低，平均降幅在20%左右。

(资料来源：新华网海南频道.2008－11－23)

4. 储备风险(Foreign Exchange Reserve Risk)

储备风险是指企业特别是政府为平衡国际收支或应付紧急支付而持有的外汇储备额，因储备货币的汇率变动所带来的储备价值变动的风险。

三、外汇风险的构成要素

根据会计原则，企业在编制财务报表时必须使用本国货币计价，以便结清债权债务并考核其经营成果。本币是衡量一个企业经济效益的共同指标。一个国际企业在它的经营活动中，会发生外币应收账款、应付账款、资本借入、资本贷出等项目。在通常情况下，从交易达成后到应收账款的最后收进、应付账款的最后付出、借贷本息的最后偿付均有一个期限，这个期限就是时间因素。在确定的时间内，外币与本币的折合比率可能发生变化，从而产生外汇风险。可见，外汇风险一般包括3个要素：本币、外币与时间。

本币是企业衡量经济活动效果的共同指标。外币是国际企业衡量对外贸易商品价值的经济指标。时间是构成外汇风险的主要要素，一般来说，时间越长意味着风险越大，这就是说预期收到或支付的外汇，时间越长外汇风险越大。

外汇风险主要产生于经济主体以外币计价的资产与负债存在“敞口”部分以及跨货币的交易行为。只有受险头寸才会承担风险，头寸越多，风险越大。例如，一经济主体买进一个月远期美元100万，同时卖出一个月远期美元80万，那么该经济主体承受汇率风险的部分将不是180万美元，而是其差额20万美元。

任务二 外汇风险管理

『任务目标』

1. 了解外汇风险管理的概念
2. 掌握规避外汇风险的方法与途径

『任务引入』

案例：美国某大学的金融研究机构委托上海某学院的老师将该校一系列学术专著翻译成中文。双方协商半年后，译著完成，由委托方验收付款，总价20万美元。

请大家帮助该学院的老师们想办法，如何防止因美元贬值而带来的外汇风险。

『知识内容』

一、外汇风险管理概述

1. 外汇风险管理的含义

外汇风险管理(Foreign Exchange Risk Management)是指外汇持有者通过风险的识别、衡量和控制等方法，来预防、规避或消除外汇业务经营中的风险，从而减少或避免可能的经济损失。外汇市场的波动使一个国际企业在其对外业务中面临着风险损失的可能性，从而影响到企业的生产经营。因为存在汇率风险，我们就需要对其进行管理和控制。

2. 外汇风险管理的主要策略

在进行外汇风险管理时，要遵循分类防范原则和风险最小化原则，既要正确识别企业或银行的外汇风险，不同类型的风险要采取不同的防范措施，同时，尽可能减少外汇受险头寸，并采用远期汇率、期货期权、抵补套利等方式来规避风险，将风险降到最低程度。外汇风险管理可针对不同情况采取不同的策略，主要有3种策略。

(1) 完全抵补策略。即银行或企业将手中持有的外汇头寸进行抛补，消除外汇敞口额，以达到避险的目的。这种策略主要适用于实力单薄、涉外经验不足、市场信息不灵敏、汇率波动幅度大等情况。

(2) 部分抵补策略。这是一种积极的外汇风险管理策略，即银行或企业根据对汇率走势的预测，对不同的涉险项目采取不同措施，只消除部分敞口金额，为了盈利而留下部分敞口金额以寻求盈利的机会(当然同时也留下了可能损失的风险)。

(3) 完全不抵补策略。这是一种消极的外汇风险管理策略，即将外汇敞口风险暴露在外汇风险之中，不进行抵补。这种情况适合于汇率波幅不大、外汇业务量较小的情况。

二、外汇风险管理措施

国际上，外汇风险的防范措施多种多样，下面介绍外汇风险管理的常用方法。

1. 内部管理措施

外汇风险的内部管理是指经济主体在双方的经济交易中，通过贸易合同的商订和合同履行方式的选择来避免外汇风险。这些方法主要包括做好货币选择，优化货币组合，确定适当的商品价格，签订保值条款，采取易货贸易，选好结算方式等，以消除或减轻外汇的时间风险或价值风险。

1) 货币选择法

货币选择法(Choice of Invoicing Currency)是指企业通过对合同货币的选择或搭配来减少外汇风险的管理方法。使用此方法的基本原则有：

(1) 选择本币计价。

选择本国货币计价，不存在结算时外币与本币的兑换问题，无论汇率如何变化，承担风险的总是对方，从而完全避免了外汇风险。因此，进出口商一般均争取以本国货币计价。目前，主要发达国家的出口贸易大部分是以本币计价的，如美国、英国等，日本企业以日元进出口计价的结算也与日俱增。但是，并不是任何国家都可以用自己的本币来计价的。这一方法主要适用于货币可自由兑换的国家。随着中国加入WTO，人民币将来会逐步自由化，这将有助于推进以本币结算的进程。当然，使用本币结算实际上是将汇率风险由一方转嫁给了另一方，所以对方一般不愿意接受，从而可能影响买卖的成交。

(2) 出口选硬货币，进口选软货币。

在国际收支中，硬货币(Hard Money)是指汇率比较稳定而且具有升值趋势的货币；软货币(Soft Money)是指汇率波动幅度大，且具有贬值趋势的货币。具体来说，企业在国际贸易中，对出口收汇应尽量争取用硬货币结算，对进口付汇及支付债务都应尽力选择软货币，即“收硬付软”。这样，出口商或债权人在合同到期结算时，会因外币升值而收入更多的本币，而进口商或债务人在结算时会因外币贬值而付出较少的本币。同时，所选用货币尽可能与企业经常收入或支付的外币相一致，这样外币应收账款上的汇兑损失就会被应付账款上的汇兑收益所抵消。

(3) 选择可自由兑换货币。

在国际贸易结算中，一般用外币计价应以美元、欧元、日元、英镑等作为计价货币。它一方面使企业在预测汇率变动对已不利时，可以迅速转换成有利货币，从而有助于转移外汇风险；另一方面，这些货币市场流动性好，便于结算、调拨与运用。

(4) 软硬货币搭配。

在浮动汇率制度下，汇率波动频繁，软货币与硬货币是相对的，经常可以相互转化。在某一"特定时期"，某种货币表现为硬货币，但另一时期又表现为软货币。对此种变化，关键要立足于准确的汇率预测和分析，制定相应的策略。如果采取硬软货币适当搭配的方法，一方面，可使汇率风险由交易双方合理分担，利于达成交易；另一方面，一种货币汇率上升的影响在一定程度上可被另一种货币汇率下降所抵消，交易双方都可借此减少外汇风险。

当前，在中长期的大型机械设备进出口中采用四种货币计价，两种较硬货币，两种较软货币，即采用多种货币组合来减轻或消除外汇风险。软硬货币的搭配一般要在合同中注明计价货币、计价时间、软硬货币的汇率等。由于我国绝大部分进出口贸易和对外借贷都用美元计价，美元汇率稳定与否直接关系到我国企业活动的利益。同时，欧盟各国已成为我国贸易的重要合作伙伴，2002 年欧元的全面流通进一步影响到了欧元汇率及欧元和人民币间的汇率。因此，我国进出口企业应特别注意美元与人民币及欧元与人民币之间汇率的变动趋势。

例 5-5：一家德国公司签订一份 100 万美元的出口合同，合同规定美元、欧元和英镑以 40%、30%和 30%的比重组成一个"货币篮"。订立合同时，汇率为 1 美元=1.2 欧元，1 美元=0.5 英镑，即"货币篮"包括 40 万美元、36 万欧元和 15 万英镑。如果支付时美元汇率下跌，1 美元=0.9 欧元，1 美元=0.4 英镑，那么，"货币篮"中 36 万欧元折合 40 万美元、15 万英镑折合 37.5 万美元，即在最后支付时，进口商支付 40+40+37.5=117.5 万美元。德国公司采用"货币篮"保值，其结果不仅避免了风险，而且还从中获得了 17.5 万美元的额外收益。

相关链接

广州留学生扛 12kg 硬币到澳洲悉尼交学费

2007 年 3 月 8 日下午 5 点左右，白云国际机场的安检人员通过 X 光机发现两件行李内有 X 光射线无法穿透的金属物品一堆，于是通知其他检查人员开包进一步检查。大家一开包吃惊的发现，两大袋行李里面竟然各有澳洲一元硬币 1 000 枚，而行李是属于两位赴澳读书的广东留学生的。

原来，这些硬币是这两位留学生过完年后准备回澳洲悉尼交留学的学费用的。据两名留学生说，用人民币兑换澳洲硬币比兑换澳洲纸币更便宜，6元人民币只能兑换1元澳纸币，而4.3元人民币就可兑换1元澳硬币。如此算下来，换了2 000澳元硬币可省下3 400元人民币。

（资料来源：海峡都市报.2007－03－10）

2）货币保值条款

为了规避风险，进出口商往往在贸易合同中要求签订保值条款(Proviso Clause)。货币保值是企业在签订涉外经济合同时，以某种价值稳定但与合同货币不同的货币表示合同金额，在结算或清偿时，以合同货币来收付保值货币表示的金额。这种方法主要用于长期合同，常用的保值条款主要有以下几种：

(1) 黄金保值条款。

其具体做法是在双方签订合同时，按当时黄金市场价格将支付的货币金额折合为若干盎司的黄金；到实际支付日，如果黄金的市场价格上涨，则支付的货币金额要相应增加，反之则减少。此条款通行于固定汇率时期，现在很少使用。

(2) 外汇保值条款。

双方在合同中规定以硬货币计价，用软货币支付，并记录两种货币当时的汇率。在执行合同的过程中，如果由于支付货币的汇率下浮，则合同中的金额要等比例地进行调整，支付时按照计价货币与支付货币的现行汇率进行支付。这样，实收的计价货币金额和签订合同时相同，支付货币汇率下浮的损失可以得到补偿。

相关链接

合理运用外汇保值条款

1994年，中国某外贸公司与英国进口商签订了一项货物买卖合同。双方经过洽谈商定，用人民币计价，英镑支付，签订合同时人民币对英镑的汇率为1元人民币＝0.074英镑，合同总金额为231 600元人民币，按照当时汇率折合为17 138.4英镑。鉴于当时英镑不断下跌的不良趋势，中方外贸公司及时提出合同中应设立“外汇保值条款”。经与对方多次交涉，双方协商一致确立了外汇保值条款。合同从1994年开始分6批履行。按照每批货物装运前两周的汇率，分6次把计价货币人民币折合为支付英镑的结果，人民币总金额231 600元不变，英镑的数额则由签订合同时的17 138.4英镑调整到18 156.09英镑。中方实收英镑比签订合同时多1 017.69英镑，基本上可以弥补英镑下浮的损失。

（资料来源：圣才学习网.2010－07－25）

(3) 综合货币单位(“一篮子”货币)保值条款。

企业选择综合货币单位(Composite Currency Unit)对合同金额进行保值。由于综合货币单位由一定比重的硬货币与软货币搭配组成，各种货币的汇率有升有降，总体平均波幅不会很大，汇率风险分散化，从而可以有效地避免外汇风险。目前，在国际支付中，对一些金额大、期限长的贸易合同和贷款，用特别提款权等一篮子货币保值的做法比较普遍。

例 5-6：在某出口合同中，合同货币为美元，金额为 100 万美元，在合同中加列货币保值条款，保值货币为特别提款权；签约日的汇率为 USD 1＝SDR 0.683 6(Special Drawing Rights，SDR，特别提款权)，则 68.36 万特别提款权与 100 万美元等值；假定结算日汇率变为 USD 1＝SDR 0.590 6，美元对特别提款权贬值。要使出口商仍得到 68.36 万特别提款权，进口商需支付 68.36÷0.590 6＝115.75 万美元，而不是 100 万美元。

3）提前错后法

提前错后法(Leads & Lags)指经济主体根据自己对有关货币汇率变动趋势的预期，通过提早收款或推迟付款，改变外汇的收付时间，以减少外汇风险。一般来说，当预期外币汇率将要上升时，进口商和外币债务人争取提前付汇，出口商和外币债权人争取延期收汇；当预期外币汇率将要下降时，出口商和外币债权人争取提前收汇，进口商和外币债务人争取推迟付汇。这样，出口商和外币债权人就可收入更多的外汇，而进口商和外币债务人支付较少的外汇。在提前支付货款的情况下，付汇的债务方一般可得到一定金额的折扣(Discount)，折扣率通常是通过进出口双方协商而定的。

4）平衡法和组对法

(1) 平衡法。

平衡法(Matching)指企业在安排涉外业务中，通过使外币收付数额达到或者接近平衡，以消除或减轻汇率风险的管理方法。具体做法是，创造一个与存在风险相同货币、相同金额、相同期限、相反方向的外汇流动，这样，外汇资金有进有出轧平了外汇头寸，从而避免了外汇风险。平衡法有很大的局限性，一个国际公司一般情况下很难实现每笔交易的应收应付货币的“完全平衡”(Perfect Matching)，同时，采用平衡法还有赖于其采购部门、销售部门、财务部门间的密切合作。在金额较大、存在着一次性的外汇风险的贸易中尚可采用此法。

例 5-7：中国某公司 1 月 1 日进口一批价值 100 万欧元的机电设备，7 月 1 日付款。为了避免遭受欧元升值的损失，该公司可销售一笔 6 个月后付款、价值 100 万欧元的设备，或者在 4 月 1 日销售一笔 3 个月后付款、价值 100 万欧元的设备来进行平衡。这样，到了 7 月 1 日结算时，用所收入的外汇支付进口所需外汇货款，达到了规避风险的目的。当然，这种完全相吻合的外汇规避风险是难于实现的。

(2) 组对法。

组对法(Pairing)是企业针对某种外汇的敞口头寸，创造一个与该货币相联系的另一种货币的反向资金流动，以消除外汇风险的管理方法。具体做法是，企业在一笔交易发生时，用另一种货币的流向相反、金额相同、时间相同的资金流动来对冲。作为组对的两种货币通常是由一些机构采取盯住汇率而绑在一起的货币，这样具有外汇风险的货币对本币升值或贬值时，作为组对的第三国货币也随之升值或贬值。可见，组对法的实现条件是：作为组对的两种货币，其汇率常常呈现高度正相关关系。

如香港某公司向比利时出口一批以比利时法郎计价的商品，为避免比利时法郎贬值，可同时安排一笔金额相同、支付时间相同的以荷兰盾计价的货物进口。当结算时，比利时法郎对港元出现贬值时，荷兰盾会同比例贬值，使公司成本相应减少，以抵消香港公司收比利时法郎的贬值损失。

组对法与平衡法的区别是，平衡法是基于同一种货币对冲，而组对法则是基于两种不同货币的对冲。组对法比平衡法灵活性大，也更容易使用，但不能消除全部的风险。

5）价格调整法

价格调整法是指进出口商通过在贸易谈判中调整进出口商品价格，将外汇风险分摊到价格中去，以减少使用外币结算所带来的外汇风险的管理方法。在具体的实际业务中，出口商往往采用加价保值法，进口商往往采用压价保值法。需要指出的是，价格调整法不能消除外汇风险，只能转嫁外汇风险。另外，运用价格调整法必须将市场供求因素、商品质量以及双方的购销意图结合起来考虑，在双方共担外汇风险的前提下，提出适当的进出口价格。

（1）加价保值法。

在出口贸易中，出口企业在进行以软币计价的交易时，可通过提高出口商品价格，以转嫁软币贬值可能造成的损失。根据国际惯例，国际贸易中即期加价的计算公式为

加价后的商品单价＝原单价×(1＋预期外币贬值率)

远期交易加价保值的计算公式为

加价后的商品单价＝原单价×(1＋预期外币贬值率＋利率)×期数

（2）压价保值法。

在进口贸易中，进口企业在进行硬币计价的交易中，通过压低进口商品价格来减少硬币升值可能带来的外汇风险。

即期压价的计算公式为

压价后的商品单价＝原单价×(1－预期外币升值率)

远期压价的计算公式为

压价后的商品单价＝原单价×(1－预期外币升值率＋利率)×期数

6）易货贸易法

易货贸易法是一种采取以货物交换形式，把进口和出口直接联系起来，构成一笔商品互换的交易，从而消除外汇风险的管理方法。其特点是，在交易的清算过程中，不涉及货币的实际支付，各方按事先确定的价格交换商品，从而使交易中各方均不承担汇率风险。采用这种方法，计价货币和结算货币为同一种货币，因此可以避免外汇风险。

易货贸易有狭义和广义两种。狭义的易货贸易是指买卖双方各以一种等价的货物进行交换，同时成交，同时交付货物，不用支付货币。广义的易货贸易是指双方交换的货物都通过指定银行的清算账户或双边设立的清算账户进行清算，双方都存在购买对方同值货物的义务，如政府间的清算协定贸易和转手贸易。在汇率波动特别剧烈的时期，易货贸易可

作为进出口商防止外汇风险的手段，但是其完全实现是比较困难的，双方将要卖出的商品需在质量、数量、时间等方面适合对方的需要。

7）结算方式的选择

根据实际情况，企业可通过结算方式的选择来减少外汇风险。“安全及时”是对外贸易出口收汇应遵循的原则，“安全”即出口收汇不致遭受汇率波动的损失，外汇收入不致遭到拒付。“及时”会大大减少收汇的时间风险和可能遭拒付的风险。为了安全及时收汇，出口商应根据业务实际和对方资信，慎重而灵活地选择适当的结算方式，可采取即期信用证、远期信用证、托收等方式来防止风险。一般来说，即期信用证最符合安全及时收汇的原则；远期信用证的收汇安全有保证，但不能及时收汇，时间风险的存在削弱了收汇的安全性；而在托收的结算方式中，由于用商业信用代替了银行信用，安全性大大减弱。可见，即期信用证结算项下的外汇风险小于远期信用证结算，而信用证结算项下的外汇风险小于托收结算。

2. 外部管理措施

外汇风险的外部管理是指经济主体通过在外界的国际金融市场上签订合同，进行外汇市场交易来避免外汇风险。这里，金融市场主要指外汇市场和货币市场。外汇市场交易包括即期外汇交易、远期外汇交易、外汇掉期交易、外汇期权交易、外汇期货交易等，都可以为当事人套期保值，避免外汇风险。可用一种外汇交易来规避外汇风险，也可以采用外汇交易与其他措施相结合的方法，如 BSI(Borrow - Spot - Invest，借款—即期合同—投资法)法和 LSI(Lead - Spot - Invest，提早收付—即期合同—投资法)法。外汇风险的外部管理包括外汇交易法、BSI 法和 LSI 法 3 种。

1）外汇交易法

外汇交易法又包括即期合同法、远期合同法、掉期合同法、外汇期货合同法和外汇期权合同法 5 种。

(1) 即期合同法。

即期合同法(Spot Contract)是指具有外汇债权或债务的公司与外汇银行签订买卖外汇的即期合同，来规避外汇风险的管理方法。企业如在未来预定时间要收付货款、偿还外币债务或收回外币债权，都可以利用本币资金买入即期外汇，届时对外支付，或者卖掉即期外汇换成本币，以消除汇率波动风险。在利用即期合同法消除外汇风险时，支付货款的日期和外汇买卖的交割日期必须在同一时间点上。

由于即期外汇交易只是将第三天的汇率提前固定下来，其避险作用十分有限。对于较长期发生的外币收付，一般都是采用即期外汇交易结合货币市场的借贷来实施，即后面要讲的 BSI 法和 LSI 法。

例 5-8：英国 B 公司从德国 G 公司进口一批价值 10 万欧元的机电设备，两天内付款。B 公司直接和外汇银行签订一笔即期外汇交易合同，以英镑购买 10 万欧元现汇。两天后，外汇银行交割给 B 公司的这笔欧元就可以用来支付给德国出口商 G 公司，如图 5.1 所示。

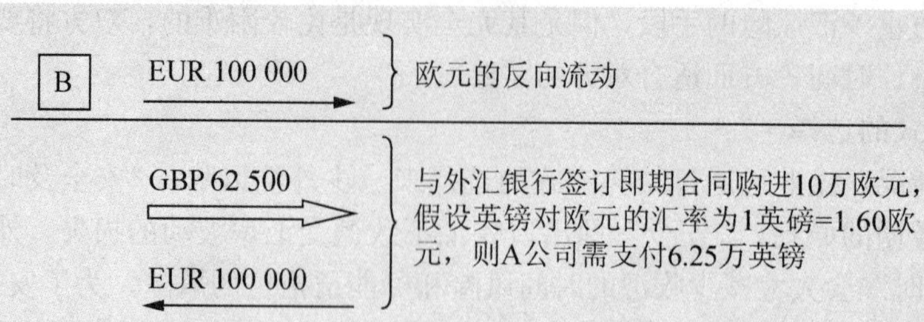

图 5.1　即期合同法

(2) 远期合同法。

远期合同法(Forward Contract)是指具有外汇债权或债务的公司与外汇银行签订买卖远期外汇的合同，来规避外汇风险的管理方法。这是通过外汇市场防范外汇风险的最常用手段。进出口商在签订以外币计价结算的合同时，常常在外汇市场上做一笔相应的期汇交易，按照远期汇率把外币转换成本币或把本币转换成外币，以便保障未来的外汇收支不受汇率的影响。远期外汇的汇率在签订合约时就已经商定，不再受到交割日汇率变动的影响，即通过签订远期外汇合同，将时间结构从将来转移到现在，并在规定的时间内实现本币与外币的冲销，从而可以消除全部的外汇风险。

例 5－9：在上例中，英国 B 公司支付德国 G 公司的 10 万欧元货款，如不是在两天内支付，而是在 3 个月后支付，假设欧元有升值趋势，单靠即期外汇交易的方法，不能达到避险的目的。B 公司可与外汇银行签订一笔 3 个月期的以英镑购进欧元的远期合同。假设签订该合同时，英镑对欧元的汇率为 1 英镑＝1.60 欧元，则 3 个月后，B 公司可用 6.25 万英镑购进 10 万欧元，并用来支付 G 公司的货款。如果 B 公司没有签订该远期合同，假设 3 个月后支付货款时，欧元升值，汇率变为 1 英镑＝1.40 欧元，则 B 公司购 10 万欧元需用约 7.14 万英镑，蒙受多付 0.89 万英镑的损失，如图 5.2 所示。

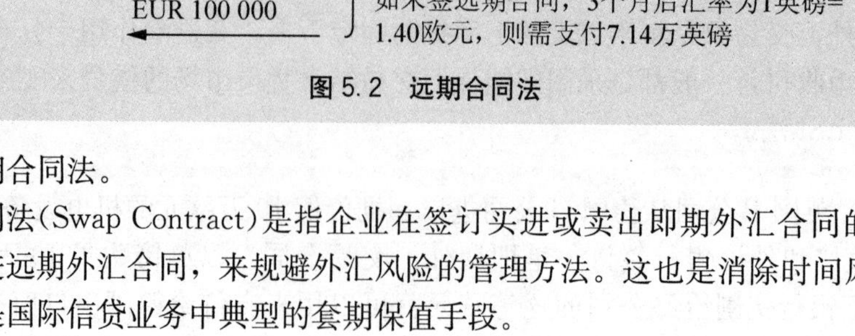

图 5.2　远期合同法

(3) 掉期合同法。

掉期合同法(Swap Contract)是指企业在签订买进或卖出即期外汇合同的同时，再签订卖出或买进远期外汇合同，来规避外汇风险的管理方法。这也是消除时间风险和价值风险的方法，是国际信贷业务中典型的套期保值手段。

例5-10：中国C公司有现汇100万美元，与美国A公司签订了期限为3个月、价值100万美元的成套设备进口合同，当时，国际市场上的汇率为1美元＝150日元。而3个月的远期汇率为1美元＝140日元。为了防止外汇风险和获取汇率差价利益，C公司按1美元＝150日元的汇价与银行签订用100万美元购买1.5亿日元的即期合同，同时又按1美元＝140日元的3个月远期汇价，签订用1.4亿日元购回100万美元的远期合同。掉期合同的签订既保证了货款按时交付，又能获得1 000万日元的汇差收益及其利息。

(4) 外汇期货合同法。

外汇期货合同法(Future Contract)是指具有外汇债权或债务的公司，通过外汇期货市场进行外汇期货买卖，来减少或消除外汇风险的管理方法。具体做法是，进口商为了防范计价结算货币未来升值而多付货款所带来的损失，在签订贸易合同时，可在期货市场上先买进期货合约，合同到期支付时再卖出期货合约进行对冲，若结算货币未来升值(贬值)，则期货市场上"先买后卖"的盈利(损失)，可与现汇市场上购买结算货币的损失(盈利)相互抵补；出口商为了防范结算货币未来贬值而少收货款所带来的损失，签约时可先卖出期货合约，支付时再买进期货合约进行对冲，期货市场上"先卖后买"的盈利(损失)，可与现汇市场上的损失(盈利)相互抵补。这样，对进出口商都能减少外汇风险。

(5) 外汇期权合同法。

外汇期权合同法(Option Contract)是指具有外汇债权或债务的公司，通过外汇期权市场进行外汇期权交易，来减少或消除外汇风险的管理方法。具体做法是，进口商为避免应付货款的升值损失买进看涨期权，若合同到期支付时，市场汇率高于期权合约的协定汇率，进口商就选择执行合约，以较低的协定汇率买进付款所需外币，若市场汇率下跌至低于协定汇率减期权费(忽略佣金)则不执行合约，而以较低的市场汇率买进付款所需外币；出口商为避免应收货款的贬值损失买进看跌期权，若收回货款时市场汇率下跌至低于期权合约的协定汇率，进口商就选择执行合约，以较高的协定汇率卖出所收外币，若市场汇率上升至高于协定汇率加期权费(忽略佣金)则不执行合约，而把出口收汇以较高的市场价卖掉。由于有期权费的保证，交易对客户的信誉要求较低，企业可较容易使用此种避险手段，但其交易成本高于远期外汇交易。期权合同的保值防险作用在外贸的投标业务中尤为突出。

2) BSI法和LSI法

(1) BSI法。

BSI法即借款—即期合同—投资法，指有关企业通过借款、即期外汇交易和投资相结合的方式，来规避外汇风险的管理方法。BSI法是一种综合的避险方法，可以完全消除外汇风险，具体做法分两种情况。

① 在有应收外汇账款的情况下，公司为防止外汇风险，首先借入一笔与应收外汇相同数额的外币，将外汇风险的时间结构转移到现在办汇日(Spot Date)。借款后时间风险消除，但是，货币风险仍然存在。它可通过即期合同法予以消除，即将借入的外币卖给银行换回本币，外币与本币价值波动风险也消除了。消除风险虽有一定费用支出，但可将换得的本币存入银行或进行投资，以投资收益抵冲一部分采取防险措施的费用支出。

② 在有应付外汇账款的情况下，公司为防止外汇风险，先向银行借入一笔本币，然后向银行购买外汇，接着将买入的现汇投放到国际货币市场，时间与应付外汇账款的期限相同，最后只剩下一笔本币的支出。这样，价值风险和时间风险均消除了，外汇投资收益可抵冲一部分费用支出。

例 5-11：中国 C 公司在某日的 90 天后有一笔 100 万美元的应收账款。为防止美元贬值的风险，C 公司向中国银行借入相同金额的 100 万美元（暂不考虑利息因素），借款期限也为 90 天，从而改变外汇风险的时间结构。C 公司借得这笔贷款后，立即与另一银行签订即期外汇合同，按即期汇率 1 美元＝8.20 元人民币卖出所借美元，共得 820 万元人民币。随即 C 公司又将 820 万元人民币投资于货币市场（也暂不考虑利息因素），投资期也为 90 天。90 天后，C 公司以 100 万美元应收账款还给中国银行，剩下一笔人民币的流入，从而这笔应收账款的外汇风险全部消除，如图 5.3 所示。

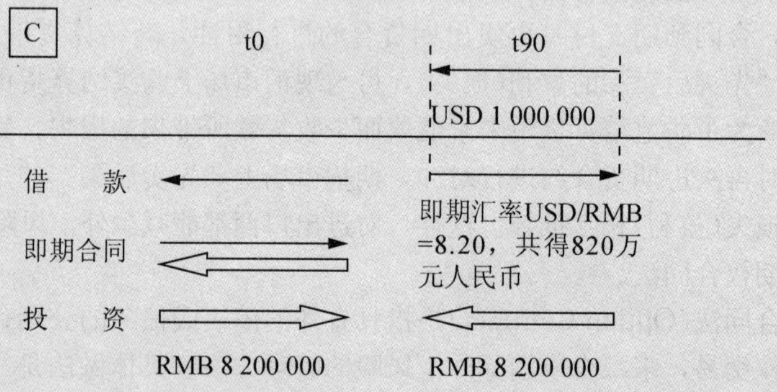

图 5.3　应收外汇账款情况下的 BSI 法

如果 C 公司从美国进口设备，90 天后有一笔 100 万美元的应付账款。为防止美元升值的风险，C 公司先向银行借入 820 万元人民币，期限为 90 天。然后，立即与银行签订即期外汇购买合约，以借得的本币按即期汇率 1 美元＝8.20 元人民币买入 100 万美元。接着又将买入的美元投资于货币市场，投资期也为 90 天。90 天后，C 公司应付账款到期，以投资收回的美元偿付应付货款，最后剩下一笔本币的支出，从而全部消除了外汇风险，如图 5.4 所示。

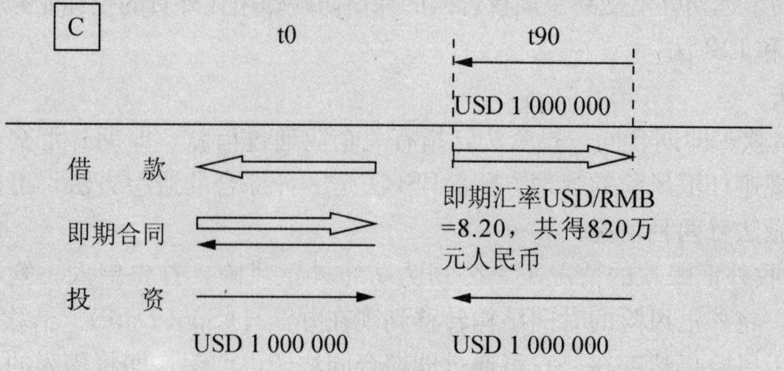

图 5.4　应付外汇账款情况下的 BSI 法

（2）LSI 法。

LSI 法即提早收付—即期合同—投资法，指有关企业通过提早收付、即期外汇交易和投资或贷款相结合的方式，来规避外汇风险的管理方法。LSI 法也是一种综合的避险方法，可以完全消除外汇风险，具体做法也分两种情况。

① 具有应收外汇账款的公司，征得债务方的同意，请其提前支付货款，并给其一定折扣。应收外币账款收讫后，时间风险消除。以后再通过即期合同，换成本币从而消除货币风险。为取得一定的利益，将换回的本币再进行投资，所得收益可冲销用以防止外汇风险的成本开支。

② 具有应付外汇账款的公司，先借进本币，然后与银行签订即期合同，将本币换成外币，最后，以买得的外币提前支付账款。实际整个过程是先借款(Borrow)，再与银行签订即期合同(Spot)，最后提前支付(Lead)，即应该缩写为 BSL，但国际传统习惯上仍叫 LSI 法。

例 5－12：仍以例 5－11 中 C 公司某日的 90 天后有一笔 100 万美元的应收账款为例。C 公司为防止美元贬值的风险，在征得债务方同意并给其一定折扣的情况下，要求其在两天内付清这笔货款(暂不考虑折扣具体数额)。C 公司取得这笔 100 万美元货款后，采取与 BSI 法相同的防险措施，立即通过即期合同换成本币 820 万元人民币，并投资于货币市场。由于提前收款，消除时间风险，由于换成本币，又消除了货币风险，如图 5.5 所示。

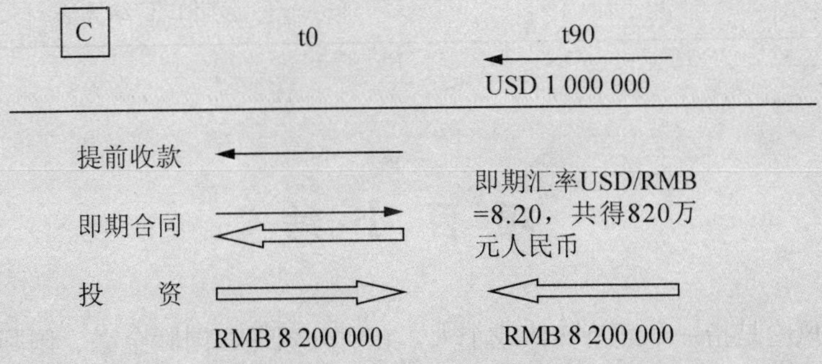

图 5.5　应收外汇账款情况下的 LSI 法

如果 C 公司 90 天后有一笔 100 万美元的应付账款。为防止美元升值的风险，C 公司先向银行借入本币(820 万元人民币，期限为 90 天)，然后与银行签订即期外汇购买合约，将人民币换成美元，将美元账款提前支付(暂不考虑折扣具体数额)。这样，通过借本币、换外币，再以外币提前偿付，全部风险消除，将来只有一笔本币流出，借款到期时用本币偿还，如图 5.6 所示。

综上所述，在防范外汇风险的方法中，有些是在风险已经存在后采取的，有些是风险发生前采取的；有些风险防范技术只能消除时间风险，有些只能消除价值风险，有些则二者均可消除。其中，平衡法、外汇交易法等能够独立地用于外汇保值，而提前错后法、BSI 法、LSI 法等必须和即期外汇交易相结合才能消除全部的外汇风险，达到外汇保值的目的。常用外汇风险管理措施的效果见表 5－1。

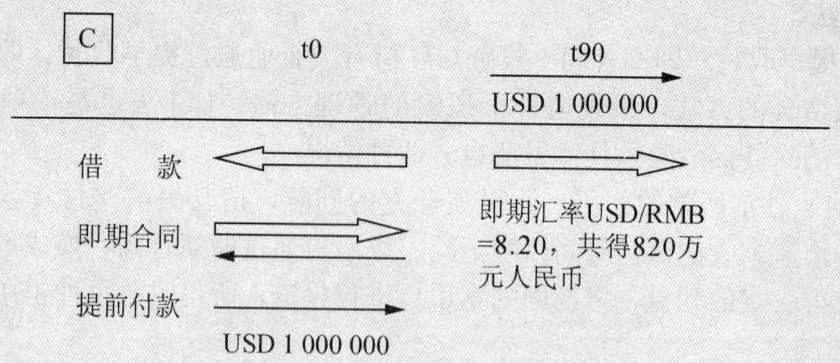

图 5.6　应付外汇账款情况下的 LSI 法

表 5-1　外汇风险管理措施

消除			减少风险的影响	避免风险环境
时间风险	时间风险与货币风险	货币风险		
提前收付法 拖延收付法 借款法 投资法	远期合同法 平衡法 货币期货合同法 期权合同法 择期合同法 掉期合同法	即期合同法	选好计价货币 多种货币组合法 组对法 调整价格法 保值法 即期 L/C 结算法 远期 L/C 结算法	易货法 本币计价法

项 目 小 结

(1) 外汇风险是指一个经济实体或个人，在对外贸易、国际金融、国际交流等涉外经济活动中因汇率变动，使其以外币计价的资产或负债价值涨跌而蒙受损失或受益的可能性。

(2) 货币选择法是指经济主体通过涉外业务中计价货币的选择来减少外汇风险的一种管理手段。

(3) 提前错后法是指在国际支付中，通过预测支付货币汇率变动趋势，提前或错后了结外币债权债务关系，来避免外汇风险或获取风险报酬。

(4) 外汇交易法是指企业通过即期外汇交易、远期合同、货币期货合同、期权交易、掉期交易等外汇交易减少或消除外汇风险的风险管理方法。

(5) 货币保值条款是防范汇率风险常用的一种手段。即在交易谈判时，双方协商在合同中(往往是在长期合同中)加入黄金保值、硬货币保值、一篮子货币保值等保值条款，以防汇率多变的风险。

项 目 练 习

一、单项选择题

1. 由于外汇汇率发生波动而引起国际企业未来收益变化的一种潜在风险称为(　　)。

A. 交易风险　　B. 会计风险　　C. 经济风险

2. 进出口合同中使用两种以上的货币来计价以消除外汇汇率波动风险的方法是(　　)。

A. 平衡法　　B. 组对法　　C. 多种货币组合法

3. 某公司 3 个月后有 100 万美元的应收货款，为防止外汇风险，该公司设法进口在 3 个月后支付约 760 万港币的货物，这种方法称为(　　)。

A. 平衡法　　B. 组对法　　C. 远期合同法　　D. 投机法

4. 某法国公司有一笔 90 天的美元应付款，若预测法国法郎对美元将下浮，为减少外汇风险损失，该公司应(　　)。

A. 提前付汇　　B. 如期付汇　　C. 推迟付汇　　D. 无法确定

5. 当一个企业有(　　)时，它具有双重外汇风险。

A. 同时间的相同外币、相同金额的流出、流入

B. 一种外币流入，另一种外币流出，且流出、流入的时间不同

C. 本币收付

D. 流入的外币和流出的外币属同种外币、同等金额

6. 防止出口收汇风险最好的方法是(　　)。

A. 以预测上浮趋势最强的一种货币作为计价货币

B. 以预测上浮趋势较强的一种货币作为计价货币

C. 以预测具有上浮趋势的多种货币作为计价货币

D. 以欧元作为计价货币

7. 会计风险是(　　)。

A. 把外币折算成本币的会计处理业务导致的账面金额的变动

B. 由于财务会计决策不当引起的

C. 由于会计处理方法的变更引起的

D. 在清算、交割时出现的风险

二、多项选择题

1. 平衡法是组织与应收(付)外币账款(　　)反方向的资金流动。

A. 币种相同、时间相同　　B. 金额相同

C. 金额相当　　D. 同幅度波动的第三种货币

E. 金额不同

2. 外汇风险的构成要素有哪些？(　　)

A. 本币　　B. 外币　　C. 时间　　D. 空间

3. 当企业用“货币选择法”防止外汇风险时，下列正确的做法是(　　)。

A. 如果本币是合同计价货币，则可以完全避免外汇风险

B. 出口商应选择具有汇率下降趋势的货币作为合同的计价货币

C. 出口商应选择具有汇率上升趋势的货币作为合同的计价货币

D. 进口商应选择具有汇率上升趋势的货币作为合同的计价货币

根据以下案例，解答第4—6题

某英国公司向美国某公司出口一批药品，总价值100万美元，预计90天后才能收汇，当日英国伦敦市场外汇牌价为：即期汇率1英镑＝1.606 8/88美元，3个月远期汇率贴水0.6～0.8美分，该英国公司为防止美元汇价下跌的风险，当天拟采取：

4. 提前收付法，如果达成协议，可以(　　)。

A. 消除时间风险

B. 消除价值风险

C. 提前收取100万美元的应收货款，并给予对方一定的折让

D. 提前收取100万美元的应收货款，不给予对方任何的折让

5. 平衡法(　　)。

A. 当日签订一笔90天后付款的进口合同

B. 当日签订一笔与美元同幅度波动的第三种货币计价的进口合同，金额相当于100万美元，90天后付款

C. 可以消除时间风险

D. 可以消除价值风险

6. 组对法(　　)。

A. 当日签订一笔货币相同、金额相当、方向相反的90天后付款的进口合同

B. 当日签订一笔与美元同幅度波动的第三种货币计价的进口合同，金额相当于100万美元，90天后付款

C. 可以减少时间风险

D. 可以减少价值风险

三、判断题

(　　) 1. 在进出口合同中使用综合货币单位计价，有分散外汇风险的作用。

(　　) 2. 一般来说，结算方式中的远期L/C最符合外贸的收汇原则。

(　　) 3. 经济风险是一种潜在风险。

(　　) 4. 综合货币保值条款与外汇保值条款相似，都以硬币计价保值，以软币支付。

(　　) 5. 出口收汇时，以软币计价，硬币支付，叫外汇保值。

(　　) 6. 政府行为或明文规定而引起的对经常项目下支付的限制，属于外汇限制。

(　　) 7. 通过价格调整可以完全消除外汇风险。

（　）8. 我国外汇管理的机构是中国银行。

（　）9. 一国禁止某些奢侈品的进口，并在外汇条例中明确禁止奢侈品进口用汇，这不属于对经常项目下支付的限制。

（　）10. 通常情况下，推迟软币债权收取的时间可以降低外汇风险。

四、计算题

英国某公司向美国出口一批商品，合同金额为50万美元，3个月延期付款。该英国公司运用远期外汇合同防止美元汇率下跌的风险。已知伦敦市场的汇率如下。

即期汇率：1英镑＝1.304 8/74美元

3个月远期贴水：1.3～1.4美分

问：3个月后该英国公司可确保获得多少英镑？

五、简答题

1. 外汇风险有哪些类型？我们应如何防范？

2. 经济风险与交易风险的异同点有哪些？

3. 试分析本国货币汇率下降对该国经济造成的影响。

4. 外汇风险构成要素之间的关系是什么？

六、实训题

1. 中国的一家跨国公司获得了3亿美元的美国政府采购合同，合同将延续5年，美国政府以美元付款。美国政府的采购约占该家公司销售量的50%，公司10%的经营费用是美元，其他是人民币。公司的财务总监要求你提供一份报告：

(1) 该公司在未来3年内会出现怎样的经济风险？

(2) 应采取何种行动来降低欧元汇率波动所产生的经济风险？

2. 分组到某外汇企业实地调查，了解该企业应收和应付外汇货款的情况，并结合所学的知识，针对可能存在的外汇风险提出防范的建议。

七、案例分析题

2007年1月，中华集团公司与美国某公司签订出口订单1 000万美元，当时美元/人民币汇率为7.20，6个月后交货时，人民币已经大大升值，美元/人民币汇率为7.00，由于人民币汇率的变动，该公司损失了200万元人民币。

这一事件发生后，该公司为了加强外汇风险管理，切实提升公司外汇风险防范水平，于2007年3月召开了关于公司强化外汇风险管理的高层会议，总结本次损失发生的经验教训，制定公司外汇风险管理对策。有关人员的发言要点如下：

总经理陈某：我先讲两点意见：(1)加强外汇风险管理工作十分重要，对于这一问题必须引起高度重视。(2)外汇风险管理应当抓住重点，尤其是对于交易风险和折算风险的管理，必须制定切实的措施，防止汇率变化对于公司利润的侵蚀。

常务副总经理吴某：我完全赞同总经理的意见，在人民币汇率比较稳定的背景下，我们只要抓好生产，完成订单，利润就不够实现，而目前我国人民币汇率的形成机制发生了变化，我们不能再固守以往的管理方式，漠视汇率风险，必须对所有的外汇资产和外汇负债采取必要的保值措施。另外，总经理提出的加强折算风险管理的观点也十分重要，我们建立的海外子公司即将投入运营，应当采取必要的措施对于折算风险进行套期保值，避免出现账面损失。

总会计师李某：加强外汇管理的确十分重要。我最近对外汇风险管理的相关问题进行了初步研究，发现进行外汇风险管理的金融工具还是比较多的，采取任何一种金融工具进行避险的同时，也就失去了汇率向有利方面变动带来的收益，外汇的损失和收益主要取决于汇率变动的时间和幅度，因此强化外汇风险管理，首先必须重视对于汇率变动趋势的研究，根据汇率的不同变动趋势，采取不同的对策。

董事长张某：以上各位的发言我都赞同，最后提两点意见：(1)思想认识要到位。自2005年7月21日起，我国开始实行以市场供求为基础、参考一篮子货币进行调节、有管理的浮动汇率制度。人民币汇率不再盯住单一美元，形成了更富弹性的人民币汇率机制。在此宏观背景下，采取措施加强外汇风险管理十分必要。(2)建议财务部成立外汇风险管理的小组，由财务部经理担任组长，具体负责外汇风险管理的日常工作。

分析：

(1) 题目中给出的汇率是采用的是直接标价法还是间接标价法？

(2) 题目中的举例体现的是哪一种风险？

(3) 从外汇风险管理基本原理的角度，指出总经理陈某、常务副总经理吴某、总会计师李某以及董事长吴某在会议发言中的观点有何不当之处？并分别简要说明理由。

项目六　国际结算及国际融资

项目导读

国际融资：当心引来“洋忽悠”

2002年4月吉林省德惠市一企业接到“世界华人工商促进会”的邀请函。市委书记亲自带队到深圳洽谈融资事宜，接待洽谈的是所谓的“深圳华商融实业有限公司”和“世界华人工商促进会”的秘书长。当该企业交纳了10万元的项目考察费和评估费后，上述公司及相关人等便不见了踪影。这一案件只是“小菜一碟”，骗子的手法仍属“初级阶段”，但它说明了：国内的中小企业在融资过程中，由于信息不对称等多方面原因，很容易跌入国际骗子的圈套。了解这一方面的知识，十分必要。国际融资的“千术”，关键在于一点：境外不法人员以“投资”为名，索取各种费用。

那么何为“融资”？怎样融资呢？

（资料来源：金羊网-民营月报．2006-01-03）

任务一　国际结算及结算工具

『任务目标』

1. 了解国际结算的概念
2. 理解国际结算工具的含义、基本内容

『任务引入』

案例：某公司与某客商洽谈成功出口业务一笔，双方同意采取部分信用证，部分托收方式付款，对方提出50%由买方开立不可撤销即期信用证，凭受益人开具的即期汇票随附全套货运单据付款，剩下50%的货款则凭卖方开具的见票后60天付款的远期汇票直接向买方收取。

问：作为卖方，你是否同意对方提出的付款条件？为什么？（假设部分信用证，部分托收条件不变）

『知识内容』

一、国际结算概述

1. 国际结算的含义

国际结算(International Settlement)是指通过货币的收付，了结和清算国际间由于政治、经济和文化等活动而产生的债权和债务关系。根据引起国际间货币收付的原因不同，可以将国际结算分为贸易结算和非贸易结算。贸易结算是指一国对外进出口贸易所发生的国际货币收支和国际债权、债务的结算。它在一国的国际收支中占有较大比重，因此，贸易结算就构成了国际结算的主要内容。非贸易结算是指贸易以外的各种对外结算，如劳务输出、旅游费用、侨民汇款、利润收益收支、外国使领馆经费、国际馈赠等国际结算。非贸易结算虽然在数额上小于贸易结算，但它反映了一国对外开放的广度和深度，对调节和平衡一国的国际收支起着重要作用。

2. 国际结算的产生与发展

国际结算产生于国际贸易，并随着国际贸易和其他经济文化交流的发展而发展。国际结算主要经历了现金结算、非现金结算和电子结算 3 个发展时期。

1）现金结算时期

国际结算的雏形是在国家出现之后，随着国与国之间的商品交换的出现而逐渐形成的。在奴隶制社会，产生了国际贸易的萌芽，最初是以物物交换的方式进行的。到了封建社会，逐渐出现了以金银为交换媒介的国际结算方式，即直接通过运送贵金属来逐笔清算国际间的债权、债务关系。而直接运送黄金和白银，不仅在途中风险大，而且要负担各种费用，资金占用时间也较长。因此，这种结算方式只有在商品交易少，交易量小的时代使用。当社会生产和交通运输有了进一步的发展，国际贸易也向大规模、大范围发展的时候，这种结算方式越来越难以满足国际贸易发展的需要了。

2）非现金结算时期

到了公元 14、15 世纪，出现了资本主义萌芽，各国对外贸易发展迅速，国际交换日益扩大，区域性国际商品市场逐渐形成。到了 15 世纪末 16 世纪初，随着资本主义的发展，地理上的大发现以及海外殖民地的开拓，使得国际商品交换的种类和范围以及交易量都不断扩大，商人们开始使用“字据”来替代现金，这就产生了最早的汇票。到 16 世纪至 17 世纪，票据在欧洲大陆被广泛使用，国际结算已经从现金结算时代进入票据结算时代。

18 世纪 60 年代，一些主要资本主义国家相继完成了工业革命。这直接推动着国际关系的深刻变革，社会分工迅速向国际领域扩展，越来越多的国家或多或少地纳入了国际分工之中，卷入世界市场，并且同国际贸易相关的金融业、航运业及保险业也有了长足发展。提单、保险单等相继问世，海运提单从一般性的货物收据发展成为可以背书转让的物权凭证，保险单也成为可以转让的单据，银行业逐渐从高利贷性质发展为信用中介和支付中介。由于银行的参与，逐渐形成了以贸易结算和融资相结合为特征的，以银行为中枢的现代国际结算体系。

3）电子结算时期

20 世纪初电子货币——信用卡在美国出现以后，从根本上改变了银行的支付方式和结算方式。随着电子技术的迅速发展，发达国家的银行把现代化通信技术和电子计算结合起来，构建了“银行电子国际结算系统”，大大提高了国际结算的效率，而且具有安全、快捷、准确、便利的特点，使国际结算业务由非现金结算走向了电子结算。又由于因特网的出现，未来的结算方式将是网络银行的电子支付系统，全面实现电子化和数字化。

二、国际结算工具

国际结算中用到的主要工具包括票据和单据，下文主要介绍了票据的相关知识。

1. 票据概述

1）票据(Bills)的定义

随着国际贸易的迅速发展，国际结算主要采用非现金结算，即不直接使用现金，而是使用代替现金起流通手段和支付手段的信用工具来结算国际债权债务。此种用以抵消国际间债权债务的信用工具就是票据。票据有广义和狭义之分。广义的票据是指商业上的权利单据，如提单、保险单等都属于票据。狭义的票据仅指以支付金钱为目的，由出票人签名于票据上，无条件地约定由自己或另一个人支付一定金额，可以流通转让的证券。通常所说的票据，是指狭义的票据，主要有汇票、本票和支票。

2）票据的特性

票据是一种信用工具，可以代替货币进行非现金结算，具有如下特性。

（1）设权性。

所谓设权性，是指票据持有人的票据权利随票据的设立而产生，离开了票据，就不能证明其票据权利，即票据上的权利，完全由票据行为所创立。票据的签发，不是为了证明已经存在的权利，而是为了创设一种权利，即支付一定金额的请求权。这种权利一旦创设，即与创设该权利的背景相分离，成为一种独立的、以票据为载体的权利。

（2）流通转让性。

票据上的债权可以通过背书或无背书交付的方式进行流通转让，而不必通知债务人。根据国际上通行的做法，凡记名票据，必须经背书才能交付转让；凡无记名票据，仅凭支付就可以转让。对于任何票据，不论采用何种形式支付票款给持票人，该持票人都有权把它转让给别人。

（3）要式性。

所谓要式性是指票据在形式上需要记载的必要项目必须齐全，并符合票据法的规定，才能使票据产生法律效力。各国的票据法对这些必要项目都做了详细规定，使票据的文义简单明了，并根据文义来解释票据，明确当事人的责权。

(4) 无因性。

所谓无因性是指票据是一种不需要过问产生票据权利义务关系原因的证券。票据的有效性不受票据原因的影响，票据当事人的权利和义务完全独立于票据原因关系。只要票据记载合格，符合法定要式，票据受让人就取得了票据文义所载明的权利。

(5) 提示性。

票据上的债权人(即持票人)请求债务人(即付款人)履行票据义务时，必须向付款人提示票据，请求付给票款，否则，付款人就没有履行付款的义务。因此，票据法规定了票据的提示期限，超过期限，付款人的责任即被解除。

(6) 返还性。

票据的持票人收到票款后，应将已收款的票据交还付款人。该票据一经正当付款即被解除责任而归入付款人的档案，由于票据的返还性特点，所以它不能无限期地流通，而是在到期日付款后就结束其流通。

3) 票据的作用

(1) 票据起着结算工具的作用。

现代的国际结算大都是以非现金结算方式进行的，这就要求必须使用一定的支付工具来清算国际间的债权债务，而票据就是起着这样的结算作用的一种支付工具。

(2) 票据起着流通的作用。

票据经过交付或背书转让给他人，并能连续多次转让，使得票据在市场上广泛地流通，成为一种流通工具，大大减少了现金的使用，扩大了市场流通手段。

(3) 票据起着信用工具的作用。

票据作为结算工具而被债权人接受以前，实际的债权、债务已经发生，票据只不过是在债权、债务发生以后来清算这种关系而已。可见，票据实际上代表着债权人对债务人提供信用。用票据作为信用工具不仅简化了借贷手续和追偿手续，而且票据的这种信用作用，使得资金融通业务得以不断扩大，促进了国际贸易的发展。

2. 汇票

1) 汇票的含义

根据我国1996年1月1日施行，2004年8月28日修正后的《中华人民共和国票据法》(后文简称票据法)第19条规定，汇票(Bill of Exchange or Draft)是出票人签发的，委托付款人在见票时或者在指定日期无条件支付确定金额给收款人或持票人的票据。

《英国票据法》对汇票的定义是：汇票是一个人向另一人签发的无条件的书面命令，要求另一人在见票时或在某一规定的时间或可以确定的将来时间向特定的人或其指定人或持票人支付一定金额的书面命令。

2) 汇票的必要内容

根据《日内瓦统一法》的规定，汇票必须包含：写明其为“汇票”(Exchange)字样；无条件的支付命令；付款人名称和付款地点；付款时间；出票地点和日期；出票人名称和签字；一定金额的货币；收款人名称和盖章或签字。

汇票样本如图6.1所示。

Bill of Exchange
1

London, 31 January 2000　　Amount　US$ 250,000
6　7　8
At 60 days after sight　　pay against this Sole Bill of Exchange
to the order of　Ourselves
2
the sum of　US Dollars Two hundred and fifty thousand
8
for value　Received

To:
Singapore Import Banking Company
Bank Street 9
Singapore

Drawn under UK Export Banking 3
Company Ltd, Documentary Credit
Nº 12345, Dated 29 September 1999
5

For and on behalf of:
UK Export Company Ltd
Jas. Smith
4
James Smith, Director

图 6.1　汇票示例

下面具体介绍汇票的各个要式及其填制方法。

(1) 汇票上注明“汇票”字样。

《英国票据法》中本无此要求，但为了防止与其他的支付工具混淆，一般都在汇票上加注“汇票”字样。《日内瓦统一法》则明确规定必须写明“汇票”字样，否则视作无效。

(2) 无条件的支付命令。

由于汇票是出票人指定付款人支付给收款人的无条件支付命令书，因此附带任何附加条件或限制的汇票是无效的。

(3) 付款人的姓名及地址。

汇票上付款人的名称、地址必须写清楚，以便持票人向他提示承兑或付款。如果汇票上的付款人就是出票人本人，或者付款人是虚构的，或者是没有交付能力的人，持票人有权决定，把它作为本票或是支票处理，即出票人与付款人同为一人。

(4) 出票人签字。

汇票的出票人必须在汇票上签上自己的名字。出票人一经签字，即承担相应的责任。《英国票据法》中规定，出票人签字如果是伪造的，或签字者的签字是未经授权的，则汇票视为无效。

出票人如果是委托他的代理人签字，该委托人不论是公司、商号或个人，都应在签字前面加上“for”、“on behalf of”、“for and on behalf of”、“per pro”字样以作说明，并在个人签字后写上其职务名称。

(5) 出票日期和地点。

汇票上必须注明出票日期，以便确认出票人在签发汇票时有无支付能力。加注另一目的在于确定付款、承兑提示的期限，以及计算利息等。如遇出票人停止支付时，借以知道出票是否在其停止支付之前。

如出票后固定时期付款的汇票没有写明出票日期，或见票后固定时期付款的汇票，在承兑时未写明承兑日期，则任何持票人均可在汇票上加注真实的出票日期或承兑日期，汇票仍然有效。

按照惯例，出票日期和地点一般均写在汇票右上角。也有的在出票人签字的下面加注出票地点，或者出票人名字旁边的地点即视为出票地点。

（6）付款地点。

汇票中付款人旁边加注的地点，就是付款人的地点，也是请求付款的地点。《日内瓦统一法》中规定，汇票上必须注明付款地点，以便在发生有关付款的法律冲突时，确认付款地的法律为准。没有明确付款地点的汇票是无效的。有时出票人没有写明具体的付款地点，而仅注明以何地货币偿付，这时，也可以把偿付货币所在地的地址作为付款地址。

（7）付款期限。

付款期限又称付款到期日，这是付款人必须履行付款义务的最迟日期。汇票付款期限有下列4种。

① 即期付款的汇票，又称即期汇票。收款人提示汇票的当天，即为到期日。即期汇票的票面上一般有"见票或提示时应立即付款"的字样。如果汇票没有明确表示付款日期，也没有明确表示何日到期者，可视为即期汇票。

② 确定日期付款的汇票。如："Payable on 18th March，2003"。

③ 延期付款的汇票。如："At 30days after bill of lading payable to …or order"（提单后30天付款给××或其指定的人）。

④ 定期付款的汇票。付款期限一般是30天、60天、90天等。定期付款的汇票又可分为以下两种。

a. 见票后定期付款汇票。例如汇票上注明："At 90 days after sight pay to the order of …"或"At two months after sight pay to …or order"。这种汇票必须由持票人及时向付款人提示承兑，以确定见票日期和付款日期，明确付款责任。

b. 出票后定期付款汇票。这种汇票票面上注明"出票后××天付款"的字样，如："At 90days after date pay to…or order"或"At two months after date of this First of Exchange to…or order"。这种汇票也必须由持票人及时向付款人提示承兑，以明确付款责任。

（8）汇票金额。

汇票金额有以下5项填写要求。

① 汇票金额必须表明确切的金额数目。如US＄600或£500等，并且注明货币单位，不能写成货物数量，也不能写模棱两可的金额数目，如"about one thousand dollars"。

② 如果汇票中要求付款人除支付票面金额外，还必须支付利息，那么汇票中对适用的利率应予确定，并且还要确定利息计算的起讫日期，以免发生争执。如果汇票中未明确说明起讫日期，则按惯例是从出票日起算到付款日止。如果汇票中无出票日期，则从发出汇票时算起。

③ 如果汇票中规定票面金额是以某种货币折换成另外一种货币计算，那么，汇票中应指定这种折算的汇率，或者指定一个可以确定的(如某一天收盘价)汇率。

④ 汇票金额用文字大写和数字小写两种方式标出，如果文字大写的金额与数字小写的金额不符，则以文字大写的金额为准。如果文字记载或数字记载在票面有数处，而且金额不一致时，以最小金额为准。实际做法是，持票人可要求退票，让出票人更改金额，使其一致以后再提示付款或承兑。

⑤ 有些汇票还在金额的后面加注“付对价”语句。加注“付对价”的目的在于证实汇票有真实的交易作基础，而非用以套取资金的融通票据。

(9) 收款人姓名或公司名称。

汇票上的收款人是主债权人，必须明确记载。收款人又称汇票抬头，通常有以下 3 种写法。

① 限制性抬头。例如：“Pay John Smith not transferable”（付约翰·史密斯不得转让）。开票人开立限制性抬头的汇票，是不愿使票据流入第三者手中，以便把自己在汇票上的债务，仅限于收款人一人。

② 指示性抬头。指示性抬头又称记名抬头，例如：“Pay to the order of Westminster Bank ltd. London”（付给伦敦西敏寺银行的指定人），“Pay to Westminster Bank ltd. London or order”（付给伦敦西敏寺银行或其指定人）。

指示性抬头的汇票经抬头人背书后交付，可以自由转让。

③ 执票来人抬头。例如：“Pay bearer ”（付给执票来人），“Pay John Smith or bearer”（付给约翰·史密斯或执票来人）。执票来人抬头汇票无需持票人背书，仅凭交付而转让。

(10) 任意记载。

汇票上可以加注任意记载，但它不是汇票的必要项目，主要有以下几种情况。

① 正本汇票写明“First of Exchange”或“Original”，副本汇票写明“Second of Exchange”或“Duplicate”。正副本汇票分别写明“付一不付二”或“付二不付一”。

② 汇票指定在付款地的第三人为预备付款人，如汇票遭到拒绝承兑或拒绝付款时，即作为参加承兑人或参加付款人。

③ 其他记载事项还有禁止转让、免除作成拒绝证书、汇票编号等。

3) 汇票的种类

(1) 根据出票人不同，汇票可分为商业汇票和银行汇票。

① 商业汇票(Commercial Bill)。凡是由商号、个人开立的汇票叫商业汇票。在国际贸易中，商业汇票的付款人可以是买方，也可以是买方指定的银行。

② 银行汇票(Banker's Bill)。凡是由银行开立的汇票叫银行汇票。银行汇票的付款人也是银行。

(2) 根据在使用过程中是否附商业单据，汇票可分为光票和跟单汇票。

① 光票(Clean Bill)是指在流通过程中，不附带任何商业单据的汇票。银行汇票在使用中多用光票。

② 跟单汇票(Documentary Bill)是指在流通过程中，附带商业单据的汇票。商业汇票一般为跟单汇票。在国际贸易中，大多使用的是跟单汇票。

注：附属单据指船公司证明(包括船龄、船籍、航程证明等)；出口商证明(包括包装说明的证明、产品制造方面的证明、环保、人权证明等)等。

(3) 根据付款时间的不同，汇票可分为即期汇票和远期汇票。

① 即期汇票(Sight Bill)。汇票上规定在提示或见票时立即付款的汇票称为“即期汇票”。即期汇票无需承兑。若汇票上没有明确表示付款日期，也没有注明到期日，即可视为见票即付的即期汇票。

② 远期汇票(Time Bill)。汇票上规定付款人于一个指定的日期或将在一个可以确定的日期付款的汇票称为远期汇票。

(4) 根据承兑人不同，汇票可分为商业承兑汇票和银行承兑汇票。

① 商业承兑汇票(Trader's Acceptance Bill)是由一家工商企业开出，以另一家工商企业为付款人的远期汇票，在另一家工商企业承兑后，该汇票即为商业承兑汇票。

② 银行承兑汇票(Banker's Acceptance Bill)也是由一家工商企业开出，但以一家银行为付款人的远期汇票，在银行承兑后，该汇票即为银行承兑汇票。

一张汇票可以同时具备以上几种性质。例如一张商业汇票同时又可以是即期的跟单汇票；一张远期的商业跟单汇票，同时又是商业承兑汇票。

3. 本票

1) 本票的含义

根据我国《票据法》第73条规定，本票(Promissory Note)是出票人签发的，承诺自己在见票时无条件支付确定的金额给收款人或持票人的票据。

《英国票据法》规定，本票是一人向另一人签发的，保证于见票时或在指定的或可以确定的将来时间向特定的人、其指定人或持票人无条件支付一定金额的书面承诺。

简言之，本票是出票人对收款人承诺无条件支付一定金额的票据。

2) 本票的基本内容

(1) 写明其为“本票”字样。

(2) 无条件支付承诺。

(3) 收款人或其指定人。

(4) 出票人签字。

(5) 出票日期和地点。

(6) 付款期限(未载明付款期限则视为见票即付)。

(7) 一定金额。

(8) 付款地点(未载明付款地点则出票地视为付款地)。

本票样本如图6.2所示。

Promissory Note for USD 3 000.00　Beijing，June 6，2004
1　7　5
At 30 days after date　we promise to pay A.B.C.Co.or order
6　2　3
The sum of U.S.DOLLARS THREE THOUSAND ONLY
7
For Bank of China
4
Beijing
8

图6.2　本票示例

3）本票的种类

(1) 银行本票(Banker's Note)。

由银行签发的本票称为银行本票。银行本票只有即期，没有远期。按我国《票据法》规定，允许开立自出票日起，付款期限不超过两个月的银行本票。

(2) 商业本票(Trader's Note)。

由工商企业或个人签发的本票称为商业本票，又称一般本票。商业本票根据付款时间的不同又可分为即期商业本票和远期商业本票。

4）本票和汇票的主要区别

本票与汇票作为支付工具都属于票据的范畴，但两者又有着较大的不同，其主要区别如下。

(1) 本票是一种无条件的支付承诺；而汇票是一种无条件的支付命令。

(2) 本票的票面上只有两个当事人，即出票人和收款人；而汇票的票面上有3个当事人，即出票人、付款人和收款人。

(3) 本票因为本身即是无条件的支付承诺，故无需经付款人承兑；而远期汇票则需要持票人向付款人提示要求其承兑，以获得其支付的保证。

(4) 本票在任何情况下，出票人都是主债务人；而汇票在承兑前，出票人是主债务人，在承兑后，承兑人是主债务人。

(5) 本票只能开出一张；而汇票则可以开出一套，一般是一式两份或数份，其中任何一份的责任解除后，其他各份自动失效。

(6) 外国本票在遇到拒付或退票时，无需作拒绝证书；而外国汇票退票时，必须作拒绝证书。

4. 支票

1）支票的含义

我国《票据法》第81条规定，支票(Cheque)是由出票人签发的，委托办理支票存款业务的银行或其他金融机构在见票时无条件支付确定金额给收款人或持票人的票据。

《英国票据法》规定，支票是银行存款户对银行签发的授权银行对特定的人或其指定人或持票人在见票时无条件支付一定金额的书面命令。

2）支票的基本内容

(1) 票面必须有“支票”字样。

(2) 无条件支付命令。

(3) 付款银行的名称和地址。

(4) 付款的地点。

(5) 收款人、其指定人或持票人。

(6) 出票地点和日期。

(7) 一定金额。

(8) 出票人签字。

支票样本如图6.3所示。

Cheque No.×××××× London. 26.April 2004
1 6
Pay to the order of A.B.C.Co., Naijing, China
2 5
The sum of U.S.DOLLARS FIVE THOUS AND ONLY
7
To ××Bank For: L.F.Co.
3
London London
4 8(Signature)

图 6.3 支票示例

3）支票的种类

（1）按照抬头人不同，支票可分为记名支票和不记名支票。

① 记名支票(Cheque to Order)是出票人在收款人一栏中写明“付给某人”或“付给某人或指定人”。这种支票转让流通时，必须由持票人背书，取款时必须由收款人在背面签字。

② 不记名支票(Cheque to Bearer)又称空白支票，即抬头人为持票人的支票。抬头人一栏写成“付给来人”。这种支票无须经背书即可转让，取款时也无需在背面签字。

（2）按照支票票面上有无划线来区分，支票可分为划线支票和非划线支票。

划线支票(Crossed Cheque)是在支票的票面上划上两道平行的横向线条。这种支票，持票人不能凭以提取现金，而只能委托银行收款入账。这样，万一支票丢失以后被人冒领时，还可以通过银行这方面的线索来追回货款。

非划线支票(Open Crossed Cheque)又称敞口支票或现金支票，是指票面上不存在两条平等划线的支票，可以用来支取现金。

（3）空头支票。

支票的出票人应在指定的付款银行存有一定的资金。如果支票的出票人所签发的支票金额超过在付款银行的实有存款金额，该支票称为空头支票。

（4）保付支票。

保付支票(Certified Cheque)是指为了避免出票人开出空头支票，支票的收款人或持票人可以要求付款行在支票上加盖“保付”的戳记，以表示银行保证在支票提示时，一定得到付款的支票。支票一经保付，付款责任由银行承担，出票人和背书人都可免予追索。持票人也可以免受付款提示期的限制。

（5）银行支票。

银行支票(Banker's Cheque)是由银行签发的支票，也就是银行的即期汇票，一般是银行在接受顾客委托办理汇款时开出这种支票。

（6）旅行支票。

旅行支票(Traveller's Cheque)是大银行或大旅行社发行的、未指明付款人和付款地点，专供旅客在旅途购买和备付旅途费用的一种定额支票。旅行支票示例如图 6.4 所示。

图 6.4　旅行支票示例

4）支票与汇票、本票的异同

（1）支票的出票人与付款人之间必须有资金关系；汇票的出票人与付款人之间不必有资金关系；本票是约定自己付款的票据，无所谓双方间的资金关系。

（2）支票与汇票同样有 3 个当事人，即出票人、付款人和收款人；本票只有两个当事人，即出票人和收款人。

（3）支票和本票的主债务人是出票人；而汇票的主债务人是承兑人。

（4）支票和本票不得记载预备付款人；而汇票则可以记载。

（5）支票的出票人担任支票的付款；汇票的出票人担保付款人承兑和付款；而本票的出票人自负付款责任。

（6）支票限于见票即付，无到期日的记载；汇票、本票因有即期和远期之分，故有到期日的记载。

（7）支票的付款人限丁银行；汇票的付款人， 般是承兑人，但也可以是参加承兑付款人或保证人；本票的出票人即为付款人。

（8）支票无承兑、参加承兑、参加付款、保证的制度；而汇票均有；本票仅有保证及参加付款，而无承兑和参加承兑。

（9）支票有保付和划线制度；而汇票、本票均无。

（10）支票、本票没有复本；汇票则有。

相关链接

非贸易结算

非贸易结算方式主要有：非贸易汇款、非贸易信用证、旅行支票、非贸易票据的买入与托收、信用卡和外币兑换等。

1. 非贸易汇款结算方式

非贸易汇款是国际汇款业务的一部分，是与贸易项下汇款相对而言的，也是债务人或付款人委托银行将款项汇交给境外债权人或收款人的一种委托银行付款结算方式，主要用于资本借贷、清偿债务、划拨资金、无偿赠送和私人汇款等。

非贸易汇款也有信汇、电汇、票汇 3 种汇款方式，各种汇款方式的汇出、汇入，与贸易汇款业务的做法基本相同。

2. 非贸易信用证结算方式

非贸易信用证，是相对于贸易项下信用证而言，是银行应开证申请人的请求，向申请人所到地有代理关系的银行开立的用于结算非贸易款项的光票信用证，主要有外事机构使用的光票信用证和旅游者使用的旅行信用证及环球旅行信用证。

3. 旅行支票结算方式

旅行支票，是由银行或旅行社为使旅行者减少和避免携带现金的麻烦而发行的一种专供旅行者使用的支票。旅行者购买旅行支票后，可以随身携带，用于支付在饭店、商店等的费用和在银行取现。

4. 信用卡结算方式

信用卡，作为一种结算工具，在国际非贸易结算中具有广泛的应用。

最初的非贸易结算是采取现金结算方式，后来发展成市场票据，开始以光票的收据进行非贸易结算。现在国际非贸易收支是采取非现金结算方式，主要通过银行对票据进行清算。小量非贸易外汇，也可采取携带自由兑换的货币，到国外兑成当地货币的办法。国际非贸易结算在两国或多国以双边或多边方式进行。不论使用何国的货币，支付时一般均折付当地货币，或将资金存入有关货币的中心地点的账户。例如汇至伦敦的美元存入收款人在美国开立的银行账户。非贸易外汇收入，主要来自提供劳务、各种服务，不需要出口商品，所以多数国家都努力提高服务质量，争取多收汇。中国在争取华侨汇款、旅游外汇和调回私人存在国外资金等方面，均有各种优待办法。非贸易结算可用即期或远期方式。即期票据在提示时即付款；远期票据在提示时先办理承兑，待票据到期时付款。

（资料来源：外汇网 . 2011 - 09 - 06）

任务二　国际融资

『任务目标』

1. 了解国际融资的概念与特点
2. 掌握国际融资的作用
3. 掌握国际融资的主要类型

『任务引入』

案例：华能国际电力公司发行了 6.25 亿美元的股票并于 1994 年 11 月在纽约证券交易所挂牌上市。这是当时以美元为面值股票发行数额最大的一家中国公司。莱曼兄弟公司是这次发行的国际协调人和牵头经理。

华能国际电力公司是一家中国最大的电力公司，总部在北京，下辖5个发电厂，分布在河北、辽宁、江苏、福建和广东5个省。公司希望建立3个新项目，以提高供电能力，因而需要建设资金。为此，华能国际电力公司到纽约交易所进行了初次公募。市场认为华能国际电力公司具有良好的管理队伍和宏伟的发展计划。

华能国际电力公司在发行之前进行了重大改造。华能公司原是政府下属国有企业，为一些地方电力部门共有，它们各持有不同的股份。在股票发行前，这些必须划定清楚。在这笔业务中，莱曼兄弟公司作为投资银行、阿瑟·安德森公司作为审计师、贝克·麦肯兹公司作为律师共同设立了一个控股公司，即华能国际电力发展公司(HIPDC)，将公司股份的25%出售。华能国际电力发展公司持有40%的股份，仍保留控股权，地方政府的投资公司拥有的股份共占35%。公司25%的股份以3 125万份美国股票存托凭证的形式出售，这代表着12.5亿N股，即纽约股。

在进行公司资产估值时，牵头投资银行与公司密切合作，它们比较了同类公司的股票价格，然后根据预定的1995年赢利水平确定了一个价格范围。由于首次发行这类股票，且发行规模较大，各承销投资银行在向投资者推销时格外谨慎。莱曼兄弟公司派出公共事业分析家和经济学家与投资者接触、交流。紧接着进行了范围广泛的推介活动，横跨美国、加拿大、新加坡、中国香港和东京五个国家和地区。

莱曼兄弟公司认为这次推介与营销效果良好，但投资者接受的股价较低。投资银行曾希望价格能达到1995年收益预测的16～20倍之间，但随着发生日临近，国际市场不看好来自新兴市场的公司，结果它们仅以每股20美元售出，发行市盈率为14倍。

（资料来源：中国典当联盟论坛）

『知识内容』

一、国际融资的概念和特点

1. 国际融资的概念

国际融资(International Financing)，是指各国或地区的资金需求者通过各种途径在国际间向资金供应者进行资金融通，以调剂资金余缺的经济活动。

国际融资业务是国际金融市场的基本业务。在世界经济一体化高度发达的今天，各国间的经济关联性和依存度不断提高，国际融资发挥了越来越大的作用，对各国经济发展也越来越重要。在现今国际金融市场中，融资业务迅速扩大，而且出现融资方式多样化、融资工具创新和融资技术不断革新的发展趋势。

2. 国际融资的特点

（1）以价值增值为目的。

绝大多数国际融资方式都是在信用基础上的借贷行为，因此它们都具有信贷的基本特征，即偿还性和生息性。即使是国际债券融资和国际股票融资，投资者也都期望回收投资本金和取得投资收益。因此，以价值增值为目的是国际融资最基本的特征。

（2）主客体比较复杂。

国际融资的主体是指进行融资活动的双方当事人，即资金需求者(借款人)和资金供应者(贷款人)。国际融资是在不同国家的政府、企业、金融机构和个人之间进行资金融通的活动，涉及的交易主体繁多，既包括本国的政府、银行、工商企业及个人，又包括外国政府、银行、工商企业和个人以及国际金融组织。

（3）风险较大。

国际融资除面临国内融资手段一般风险外，还面临着其特有的外汇风险和国家风险。国际融资通常以外国货币计值，如果汇价波动，融资货币发生贬值或升值，既可能影响借款人的偿债负担和能力，又可能影响贷款人的按期收回贷款和债权收益。国家风险又称为政治风险，通常指由于有关国家政局或政策的变化，导致投资环境的变化，从而给国际融资活动的预期收益带来的不确定性。引起国家风险的原因主要是有关国家发生政变、内乱和战争；政府干预、外汇管制、实行资金冻结、征用或制裁；以及政府宣布限制或推迟偿还债务等。这种风险对国际融资当事人来说往往是一种难以防避的风险。

（4）受到政府管制。

国际融资涉及资金在不同国家之间的转移和流动，对各国经济的发展和稳定具有重大的影响。各国政府从本国政治、经济利益出发，为了平衡本国的国际收支，审慎管理本国金融体系的风险，以及贯彻执行本国的货币政策等，一般都会对本国企业或居民的对外融资行为实施不同程度的干预和管制。我国目前对国际融资实施的管理措施包括国家授权制、计划与审批制度、登记管理制度等。

二、国际融资的作用

国际融资是在国际范围内配置资金资源，使资金在国际范围内得到优化配置，对资金需求者和资金供应者都会带来益处，并推动国际贸易的发展和世界经济的增长。但是，国际融资对经济增长的促进作用是有条件、有限度的，它是经济增长的重要因素，但不是唯一的决定性的因素。另一方面，国际资金的流入或流出对一国经济的影响也是双向的，是一把“双刃剑”，既有积极作用，同时又会有消极影响，利用得好可以促进对外贸易或国内经济的发展，利用不好则会影响一国经济、金融的稳定，从而对其经济贸易带来负面影响。

1. 积极的作用

（1）有利于推动国际贸易的发展。

国际融资的重要内容是国际贸易融资。在国际贸易融资中，银行对进出口商融通资金，提供信贷担保，对国际贸易的发展起着极大的推动作用。尤其是大型资本货物的进出口贸易，需要的资金量大、期限长、风险大，一般必须借助于国际融资才能顺利地进行。

（2）有利于解决资金闲置和资金短缺的问题。

世界各国的资金总是余缺不均的。一般来说，发展中国家大多资金短缺，而发达国家和石油生产国往往资金比较充裕。资金短缺会影响一国的生产过程、就业状况和经济发展速度，而富余的资金需要寻求投资出路，否则会被闲置浪费，甚至会成为国际游资，冲击和扰乱国际金融市场。国际融资作为一种调剂资金余缺的手段，可以把国际间的各种闲置资金，按照市场经济规则来加以配置运用，充分发挥资金的“经济发动机”作用。

（3）有利于全球资源的优化配置。

通过国际融资，对投资国来说，既可促进存量资产重组，合理配置资源，增强企业的综合实力，又有利于进入国外市场，打开销售渠道，获取更大的收益；对筹资国来说，既可以得到来自不同渠道的海外融资，降低融资成本，又可以改善企业的股权结构和资产负债结构，提高公司的经营效率和国际知名度。这对企业自身发展及全球经济增长都起到了重要的推动作用。

（4）有利于促进世界各国经济的发展。

国家和企业的发展都离不开资金。如果资金短缺，企业就无法扩大生产、改进技术、开发新产品、增强竞争力；如果国家财力有限，很多经济项目会由于资金不足而无法上马，势必减缓经济发展的速度。国际融资作为各国政府、企业、金融机构筹措资金的手段和途径，既可满足东道国企业及投资项目的资金需求，又可满足各国政府调节财政开支和国际收支的资金需求，从而促进世界各国的经济发展。

2. 消极的影响

（1）对东道国的消极影响。

对东道国来说，如果利用外资政策失误，或不能合理有效地利用引进的外资，会带来一系列的负面效应。一是外债负担过重，容易形成债务危机；二是冲击国内产业，造成对外资的过分依赖，甚至国民经济主要部门为外资所控制；三是引进外资结构不合理，造成国内产业结构畸形；四是对利润汇出控制不当，造成外汇大量流失，引起国际收支的失衡，严重者甚至引发金融危机；五是项目审批不严，引进高污染产业，加重环境污染。

（2）对投资国的消极影响。

对投资国来说，如果对自身实力和风险认识不足，盲目扩大对外投资，也会造成严重的不利后果。一是挤占国内正常发展所需的资金，影响国内经济的发展，导致国际收支状况恶化；二是受东道国政治和经济波动影响，投资风险增大，导致收益减少甚至损失。

三、国际融资的主要类型

1. 按是否通过金融中介分类

国际融资按是否通过金融中介，可分为直接融资和间接融资。直接融资是指不通过金融中介机构（主要是银行、保险公司和信托投资公司等），由资金供应者（投资者）直接向资金需求者（筹资者）提供资金的融资活动。间接融资是指通过金融中介机构进行的融资活动。金融中介机构主要通过吸收存款、保险金或信托资金等手段汇集闲置资金，同时又通过发放贷款或购买原始有价证券等方式将其所汇集的资金转移到资金短缺的筹资者手中。

2. 按融资期限分类

国际融资按融资期限，可分为短期融资、中期融资和长期融资。短期融资是指融资期限在1年以下的融资活动。其融通资金周转较快，大多属于信用融通，往往是为了解决进出口商短期资金需要、克服临时性的资金短缺、调剂外汇资金、弥补国际收支逆差或维持货币汇率等问题。中期融资是指融资期限为1～5年的融资活动。一般需由资金的供需双方签订融资协议，有的还需要担保或抵押。长期融资是指融资期限在5年以上(最长甚至可达50年)的融资活动。中长期融资的目的一般是为了解决大型机器设备和技术出口的资金需求，或重要工程项目和基础设施建设的资金需求。

3. 按融资来源分类

国际融资按融资来源，可分为官方融资、商业融资和混合融资。官方融资是指资金来源于各国政府和国际金融机构的国际融资，如国际货币基金组织贷款、世界银行贷款或各国政府贷款等。商业融资是指资金来源于私人部门的国际融资，如国际商业银行贷款、国际债券融资等。混合融资则是将官方融资和商业融资结合在一起进行的国际融资，其目的通常是为了降低融资的风险和成本。

相关链接

中国最高的建筑“上海中心”正在建设之中，其造价将突破100亿元。与以往的建筑贷款方式有所不同，其贷款资金由10余家大小银行共同承担，包括交通银行、浦发银行、上海银行等。目前，这种银团贷款激速增长。中国银行业协会银团贷款与交易专业委员会的数据显示，截至2010年末，该委员会全体成员单位的银团贷款已超2万亿元，比2006年末提高了5倍多。

与此同时，银行的存款准备金率一提再提，流动性越来越紧，银团贷款的需求也越来越大。“一方面银行要防止风险，一方面银行还要发展，贷款是主要业务，银团贷款将风险与发展平衡在了一起，因为共同承担大项目的贷款，贷款数额大大减少，银行既有了份额，风险又可控，对缓解银行流动性困难是个不错的选择。”杨再平说。

2010年，银团贷款净增了1万亿元，增加了8个百分点。对于银团贷款的发展，杨再平估计，未来每年的增速将超过两个百分点。推动银团贷款的发展，需要其自身的规范，也需要有交易系统来自由交易，这就需要二级贷款市场的快速发展，只有如此，银团贷款才可以自由地在二级市场转让，自由流动更便捷了，银团贷款将快速发展，也将给银行带来新的流动性。

(资料来源：中国经济网．2011-07-25)

4. 按融资目的分类

国际融资按融资目的，可分为贸易融资和项目融资。国际贸易融资是指与进出口贸易相联系的融资活动，包括对出口商提供的融资和对进口商提供的融资，如买方信贷、福费廷等。国际项目融资是指为东道国特定的工程项目提供的融资，如大型采矿、能源开发、交通运输、基础设施建设等。项目融资一般具有资金需要量大、专款专用、期限较长、风险比较大等特点。

5. 按运作方式分类

国际融资按照运作方式，可分为国际信贷融资、国际证券融资、国际项目融资、国际租赁融资等形式，其业务体系如图 6.5 所示。

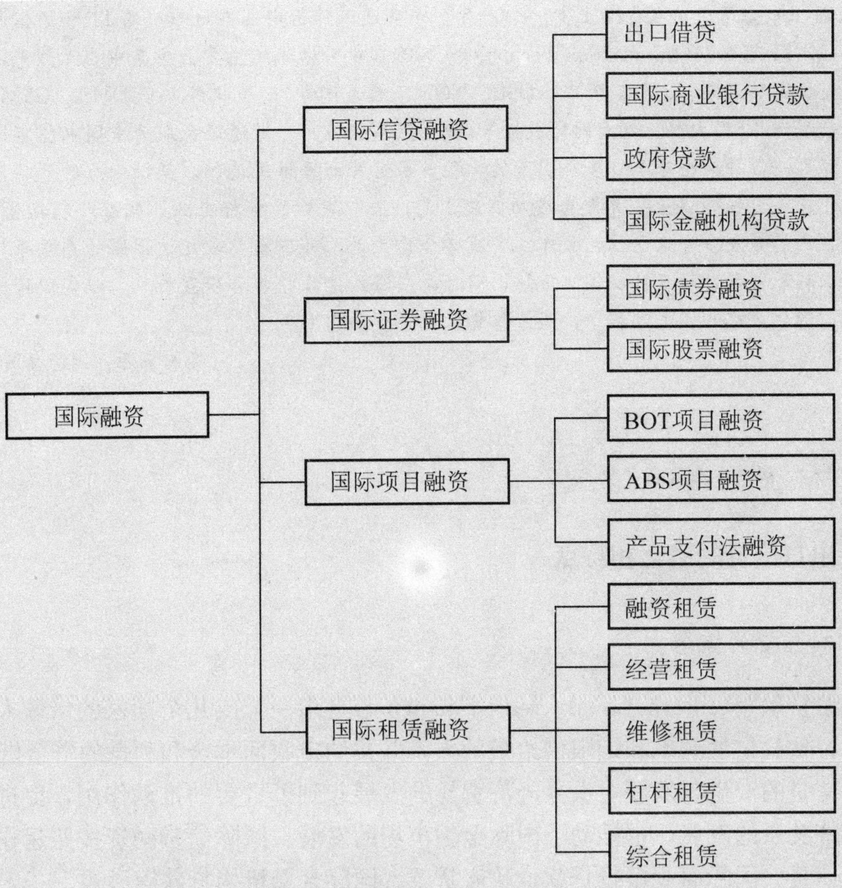

图 6.5 国际融资的业务体系

任务三 出口信贷和福费廷

『任务目标』

1. 了解出口信贷的概念与特点
2. 掌握出口信贷的基本类型
3. 了解福费廷业务

『任务引入』

案例：中兴通讯股份有限公司创建于1985年，总部位于深圳，是一家以生产程控交换机为主业的高科技企业。1997年，中兴通讯A股在深圳证券交易所上市。2004年12月，中兴通讯作为中国内地首家A股上市公司成功在香港上市。2005年，中兴通讯作为中国内地唯一的IT和通信制造企业率先入选全球"IT百强"(Information Technology 100)。中兴通讯的主要业务集中在无线产品(CDMA、GSM、3G、WiMAX等)、网络产品(xDSL、NGN、光通信等)、手机终端(CDMA、GSM、小灵通、3G等)和数据产品(路由器、以太网交换机等)四大产品领域。中兴通讯已成为中国电信市场最主要的设备提供商之一，并为全球120多个国家的500多家运营商提供优质的、高性价比的产品与服务。中兴通讯是中国高科技领域最早并最为成功实践"走出去"战略的标杆企业，相继与包括葡萄牙电信、法国电信在内的等众多全球电信巨头建立了战略合作关系，并不断突破发达国家的高端市场。公司主要以海外工程承包等途径来开拓国际市场，同时也在海外建立销售和研究机构，以实现跨国经营。在中兴通讯国际化战略的实施过程中，买方信贷发挥了重要作用。

（案例来源：国际信贷案例分析）

『知识内容』

一、出口信贷的概念和特点

1. 出口信贷的概念

国际信贷融资(International Credit Financing)是指一个或几个国家的借款人将一定数额的资金，按约定的利率和期限借给贷款人，并按约定收回本金和利息的资金借贷活动。

国际信贷的产生与发展对世界经济贸易的发展起到了重要的推动作用，促进了国家间政治、经济关系的发展，也推动了国际金融市场的发展。国际信贷融资按照运作方式，可分为出口信贷、国际商业银行贷款、政府贷款、国际金融机构贷款等形式。

出口信贷(Export Credit)是出口国政府为了支持和扩大本国大型设备的出口，加强本国商品的国际竞争能力，以利息补贴和提供信贷担保的方式，鼓励本国银行向本国出口商或外国进口商(或进口方银行)提供优惠性中长期贷款的一种融资方式。

随着经济自由化和世界经济一体化的发展，各国经济的相互依存度越来越高，国际贸易的重要性日益突出，出口信贷融资已成为促进国际贸易发展的重要手段。

2. 出口信贷的特点

(1) 出口信贷与出口贸易相联系密切。出口信贷必须与贷款国的出口贸易项目联系，而且通常规定出口资本货物的国产化率必须达到一定的标准。

(2) 贷款条件优惠。出口信贷通常由出口国的官方金融机构，或获官方利息补贴等财政拨款支持的私人商业银行提供，其贷款条件比金融市场一般贷款条件优惠，贷款利率低于市场利率，利差由出口国政府给予补贴。

(3) 政府承担风险。由于出口信贷期限长、金额大，信贷银行存在较大的风险。因此，国家一般设有专门机构对出口信贷发放银行提供安全保障措施——信贷保险，如果发生不能收回货款的情况，信贷保险机构就予以补偿。

(4) 国家设立专门机构管理出口信贷资金。这种国家信贷机构一般在出口信贷金额巨大、商业银行信贷资金不足的情况下，发放出口信贷来支持出口。

二、出口信贷的基本类型

1. 卖方信贷

1) 卖方信贷的概念

卖方信贷(Supplier's Credit)是指在大型机械装备与成套设备贸易中，为便于出口商以延期付款方式出卖设备，出口方银行向出口商提供的中长期信贷。

2) 发放卖方信贷的具体业务程序与做法

(1) 买卖双方签订合同，出口商(卖方)以延期付款或赊销方式向进口商(买方)出售大型设备。

(2) 进口商(买方)先支付 10%～15%的定金，在分批交货验收和保证期满时，再分期付给 10%～15%的货款，其余 70%～80%的贷款在全部交货后若干年内分期偿还(一般每半年还款一次)，并支付延期付款期间的利息。

(3) 出口商(卖方)凭出口单证向其所在地的银行商借贷款，签订贷款协议，获得优惠贷款以补充周转资金。

(4) 进口商(买方)随同利息分期偿还出口商(卖方)货款，出口商(卖方)再根据贷款协议，以此款项偿还银行贷款。

出口商向银行借取卖方信贷，除按出口信贷利率支付利息外，还需支付信贷保险费、承担费、管理费等。这些费用均附加于出口设备的货价之中，但每项费用的具体金额进口商不得而知。所以，延期付款的货价一般高于以现汇支付的货价，有时高出 3%～4%，有时甚至高出 8%～10%。

3) 卖方信贷自身的优点

(1) 出口商获得了贷款支持，可以向进口商提供延期付款的优惠条件，增强了竞争能力。

(2) 进口商得到了延期付款的便利，解决了其筹集现汇资金支付的困难。贷款手续比较简单，费用较低。

但是，卖方信贷是以商业信用为基础，出口商和出口方银行要承担较大的风险，出口价格中包含了贷款的利息和费用，计算比较复杂，价格透明度较差，货价较高，不利于谈判成交。

2. 买方信贷

1) 买方信贷的概念

买方信贷(Buyer's Credit)是指在大型机械装备或成套设备贸易中，为扩大本国设备的出口，由出口方银行直接向进口商或进口方银行提供的信贷融资。买方信贷根据受信人不同分为出口方银行贷款给进口商(买方)和进口方银行两种情形。出口方银行贷款给进口方银行后，进口方银行再向进口商(买方)提供信贷，这是一种间接提供出口信贷的买方信贷。

2）发放买方信贷的具体业务程序与做法

（1）直接贷款给进口商(买方)。

这种买方信贷的业务程序与做法如下所示。

① 进出口商双方洽谈，签订贸易合同，进口商(买方)先缴相当于货价 15%的现汇定金。现汇定金在贸易合同生效日支付，也可在合同签订后的 60 天或 90 天支付。

② 在贸易合同签订后至预付定金前，进口商(买方)以贸易合同为依据，再与出口方银行签订贷款协议。

③ 进口商(买方)用其借得的款项，以现汇付款条件向出口商(卖方)支付货款。

④ 进口商(买方)按贷款协议的条件，分期偿付出口方银行贷款本息。

（2）直接贷款给进口方银行。

这种买方信贷的业务程序与做法如下所示。

① 进出口双方洽谈，签订贸易合同，进口商(买方)先缴 15%的现汇定金。

② 从签订合同至预付定金前，进口方银行与出口方银行签订买方信贷协议(该协议以前述贸易合同为基础，但在法律上具有相对独立性)。

③ 进口方银行以其所借款项转贷于进口商(买方)，后者以现汇条件向出口商(卖方)支付货款。

④ 进口方银行根据贷款协议分期向出口方银行偿还贷款。

⑤ 进口商(买方)与进口方银行间的债务按双方商定的办法在国内清偿结算。

这两种形式的买方信贷协议中，均分别规定了进口商或进口方银行需要支付的信贷保险费、承担费、管理费等的具体金额，这就比卖方信贷更有利于进口商了解真实货价，核算进口设备成本，但有时信贷保险费也直接加入贸易合同的货价中。

三、福费廷业务

1. 福费廷业务的概念

福费廷(Forfaiting)又称票据包买业务，是指在延期付款的大型设备贸易中，出口商把经进口商承兑的远期汇票无追索权(Without Recourse)地售予出口方银行或大金融公司，从而提前取得现款的一种资金融通形式。它是出口信贷的一个类型，其实质是一种没有追索权的贴现业务。

福费廷名称源于法语，意指放弃某种权力，从 1965 年开始在西欧国家推行，近年来在世界设备贸易中普遍得到发展。福费廷业务中提供融资的银行或金融公司称为福费廷公司或票据包买商，常常是国际性大银行的附属机构(银行或公司)。

福费廷业务具有自身明显的特点：融资业务与国际资本货物贸易相结合；福费廷公司承担主要风险；融资票据有进口方银行或金融机构的担保；融资期限为中长期，一般在半年以上，最长可达 10 年。

2. 福费廷业务的程序与做法

(1) 进出口商在洽谈机器设备等资本货物贸易时，如欲使用“福费廷”，应事先和当地福费廷公司约定，以便做好各项信贷安排。

(2) 出口商与进口商签订贸易合同，规定使用福费廷，出口商向进口商签发远期汇票，并取得进口商往来银行的担保，保证在进口商不能履行支付义务时，由其最后付款(但担保银行要经出口方银行认可其资信)。

(3) 出口商发运设备后，将全套货运单据按合同规定通过银行正常途径，寄送给进口商，以换取经进口商承兑、并经有关银行担保的承兑汇票或本票。

(4) 出口商取得这种远期汇票或本票后，按照与买进这项票据的福费廷公司的原约定，以无追索权的方式将该项票据出售给福费廷公司，取得现款。

任务四 保付代理

『任务目标』

1. 了解保付代理的概念
2. 掌握保付代理的程序及类型
3. 明确保付代理的费用和作用

『任务引入』

Tex UK公司的国际保理案例

经营日用纺织品的英国Tex UK公司主要从俄罗斯、土耳其、葡萄牙、西班牙和埃及进口有关商品。几年前，当该公司首次从我国进口商品时，采用的是信用证结算方式。最初采用这种结算方式对初次合作的公司是有利的，但随着进口量的增长，他们越来越感到这种方式的繁琐与不灵活，而且必须向开证行提供足够的抵押。为了继续保持业务增长，该公司开始谋求至少60天的赊销付款方式。虽然他们与中国出口商已建立了良好的合作关系，但是考虑到这种方式的收汇风险过大，因此中国供货商没有同意这一条件。之后，该公司转向国内保理商Alex Lawrie公司寻求解决方案。英国的进口保理商为该公司核定了一定的信用额度，并通过中国银行通知了中国出口商。通过双保理制，进口商得到了赊销的优惠付款条件，而出口商也得到了100%的风险保障以及发票金额80%的贸易融资。目前Tex UK公司已将保理业务推广到了5家中国的供货商以及土耳其的出口商。公司董事Jeremy Smith先生称，双保理业务为进口商提供了极好的无担保迟期付款条件，使其拥有了额外的银行工具，帮助其扩大了从中国的进口量，而中国的供货商对此也十分满意。

虽然出口商会将保理费用加入到进口货价中，但Jeremy Smith先生认为对进口商而言，从某种角度看也有它的好处。当进口商下订单时，交货价格就已确定，他们不须负担信用证手续费等其他附加费用。而对于出口商十分关心的保理业务中的合同纠纷问题，相对而言，虽然理论上说信用证方式可以保护出口商的利益，但实务中由于很难做到完全的单证一致、单单一致，因此出口商的收汇安全也受到挑战。Jeremy Smith 先生介绍，该公司在与中国供货商合作的 5 年时间里仅有两笔交易出现一些货物质量方面的争议，但问题都很快得到解决，且结果令双方满意。

（资料来源：林思明．国际保理律师网）

『知识内容』

一、保付代理业务的概念

保付代理又称承购应付账款业务，是指出口商以商业信用形式卖商品，在货物装船后立即将发票、汇票、提单等相关单据，卖断给承购应付账款的财务公司或专门组织，收进全部或一部分贷款，从而取得资金融通的业务。财务公司或专门组织，收进全部或一部分账款，从而取得资金融通的业务。财务公司或专门组织买进出口商的票据、承购了出口商的债权后，通过一定的渠道向进口商催收欠款，如遭拒付，不能向出口商行使追索权。财务公司或专门组织与出口商的关系在形式上是票据买卖、债权承购与转让的关系，而不是一种借款关系。保付代理业务是保付代理商向出口商提供的以承购应收账款为中心内容的综合性金融服务。这些服务项目包括以下内容。

1. 信用销售控制

信用销售控制(Credit Control)，指保理商利用它的信息网络，向供应商提供核定信用销售额度的服务。对于核准的应收款项，保理商给予坏账担保。

2. 债款回收

债款回收(Collection from Debtors)，指保理商向供应商的收债服务。在历史上，发达国家出口销售的回收曾通过外国代理人，他们是保理商的前身。

3. 坏债担保

坏债担保(Full Protection against Bad Debtors)，指保理商对信用销售额度内的应收款提供100%的买方信用担保。但是对于买方责任引起的坏账，如产品质量、服务水平、交货期等原因引起的拒付，保理商不予负责。

相关链接

出口双保理业务避险案例。B客户是上海的一家上市公司：(1)实力雄厚，获得多家银行授信，但公司资金充裕，导致银行授信额度大量闲置；(2)80%的出口业务采用赊销方式结算；(3)应收账款在总资产中的占比达 40%。

面临困境：作为上市公司，B客户的应收账款占比偏高，影响了公司资产的流动性以及社会公众对公司财务状况的正确认识。

解决方案：银行为B公司办理了出口双保理业务，买断了B客户的部分应收账款：(1)B客户可在财务报表中直接减记应收账款；(2)应收账款在总资产中的占比下降到20%；(3)经营性现金流入大幅增加；(4)资产流动性得到有效改善。

4. 短期贸易融资

短期贸易融资(Short - run Trade Financing)，指保理商买入全部或部分票据表现的应收账款，使赊账的出口商得到融资便利。在信用销售额度内，这种融资是无追索权的，它一般不超过发票金额的80%；在信用销售额度外，保理商也可提供有追索权的融资。

5. 销售分账管理

销售分账管理(Maintenance of the Sales Ledger)，指保理商利用它在账户管理方面的各种有利条件，代为管理供应商的销售账户。这使供应商可以减少财务人员和办公设施，节约相应的开支。

二、保付代理业务的程序和特点

1. 保付代理业务的程序

出口商以赊账方式出卖商品，为了能将其应收货款项售予保付代理组织，取得资金融通便利，一般都与该组织签有协议，规定双方必须遵守的条款与应负的责任，协议有效期一般为1年，保付代理业务通过下列具体程序进行。

(1) 出口商在以商业信用出卖商品的交易磋商过程中，首先将进口商的名称及有关交易情况报告给本国的保付代理组织。

(2) 出口方的保付代理组织将上述资料整理后，通知进口方的保付代理组织。

(3) 进口方的保付代理组织对进口商的资信进行调查，并将调查结果及可以向进口商提供赊账金额的具体建议通知出口方的保付代理组织。

(4) 如进口商资信可靠，向其提供赊账金额建议的数字也可信，出口方的保付代理组织即将调查结果告知出口商，并对出口商与进口商之交易加以确认。

(5) 出口商装运后，把有关单据售予出口方的保付代理组织，并在单据上注明应收账款转让给出口方的保付代理组织，只要后者支付货款(有时出口商制单两份，一份直接送进口商，一份如上所述，交出口方保付代理组织)，后者将有关单据寄送进口方的保付代理组织。

(6) 出口商将有关单据售予出口方的保付代理组织时，后者按汇票(或发票)金额扣除利息和承购费后，立即或在双方商定的日期将货款支付给出口商。

(7) 进口方的保付代理组织负责向进口方催收货款，并向出口方保付代理组织进行划付。

2. 保付代理业务的特点

（1）保付代理组织承担了信贷风险。出口商将单据卖断给保付代理组织，这就是说如果海外进口商拒付款或不按期付款等，保付代理组织不能向出口商行使追索权，全部风险由其承担。这是保付代理业务的主要特点。

保付代理组织设有专门部门，有条件对进口商资信情况进行调查，并在此基础上决定是否承购出口商的票据。只要得到该组织的确认，出口商就可以赊销方式出售商品，并能避免货款收不到的风险。

（2）出卖应收债权的出口商，多为中小企业，对国际市场了解不深，保付代理组织代理他们对进口商进行资信调查，并承担托收货款的任务。他们还要求出口商交出与进口商进行交易磋商的全套记录，以了解进口商负债状况及偿还能力。一些具有季节性的出口企业，每年出口时间相对集中，他们为减少人员开支，还委托保付代理组织代其办理会计处理手续等。

（3）预支货款。典型的保付代理业务是出口商在出卖单据后，立即收到现款，得到资金融通。如果出口商资金雄厚，也可以在票据到期后再向保付代理组织索要货款；有时保付代理组织也在票据到期以前，先向出口商支付80%的出口货款，其余20%的货款待进口商付款后再予支付。

三、保付代理业务的类型

1. 从出口商出卖单据是否可立即得到现金的角度来划分

1）到期保付代理业务

这是最原始的保付代理业务，即出口商将出口有关单据出卖给保付代理组织，该组织确认并同意票据到期时无追索权向出口商支付票据金额，而不是出卖单据的当时向出口商立即支付现金。

2）预支或标准保付代理业务

出口商装运货物取得单据之后，立即将其单据卖给保付代理组织，取得现金。

2. 从是否公开保付代理组织的名称来划分

1）公开保付代理组织名称

公开保付代理组织名称是指在票据上写明货款付给某一保付代理组织。

2）不公开保付代理组织名称

不公开保付代理组织名称是只按一般的托收程序付给货款，不一定在票据上特别写明该票据是在保付代理业务下承办的，即不突出保付代理组织的名称。

3. 从保付代理组织与进口商之间的关系来划分

1）双保付代理业务

双保付代理业务是指出口商所在地的保付代理组织与进口商所在地的保付代理组织有契约关系，他们分别对出口商的履约情况及进口商的资信情况进行了解，并加以保证，促进交易的完成与权利义务的兑现。

2）直接进口保付代理业务

直接进口保付代理业务是指进口商所在地的保付代理组织直接与出口商联系，并向其汇款，一般不通过出口商所在地的保付代理组织转送单据。美国这种情况较多。

3）直接出口保付代理业务

直接出口保付代理业务，即出口商所在地的保付代理组织转送单据。

四、保付代理业务的费用

承购组织不仅向出口商提供资金，而且还提供一定的劳务，所以他们要向出口商索取一定费用，该费用由以下两部分构成。

1. 保付代理手续费

保付代理手续费，即保付代理组织对出口商提供劳务而索取的酬金，其中包括：

（1）保付代理组织提出的向进口商提供赊销额度的建议是经周密调研的结果，对提供此项劳务，出口商要给予报酬。

（2）给予信贷风险的评估工作一定的报酬。

（3）支付保存进出口商间的交易磋商记录与会计处理而产生的费用。

保付代理手续费根据买卖单据的数额一般每月清算一次。手续费的多少一般取决于交易性质、金额及信贷和汇价风险。手续费的费率一般为应收账款总额的1.75%～2%。

2. 利息

保付代理组织从收买单据向出口商付出现金到票据到期从海外收到货款，这一时期内的利息负担完全由出口商承付。利率根据预支金额的多少，参照当时市场利率水平而定，通常比优惠利率高2%～2.5%。

出口商如利用保付代理形式出卖商品，均将上述费用转移到出口货价中，其货价当然高于以现汇出卖的商品价。

五、保付代理业务的作用

1. 对出口商的好处

（1）保付代理业务代出口商对进口商的资信进行调查，为出口商决定是否向进口商提供商业信用以扩大商品销售提供信息和数据，它的作用是显著的。保付代理组织熟知海外市场情况，他们还经常向中小出口商提出建议，协助其打进国际市场，提高其竞争能力。

（2）出口商将货物装运完毕，可立即获得现金，满足运行需要，加速资本周转，促进利润增加。

（3）只要出口商的商品品质和交货条件符合合同规定，在保付代理组织无追索权的购买其票据后，出口商就可以将信贷风险和汇价风险转嫁给保理组织。

（4）出口商如从银行贷款取得资金融通，则会增加其负债数字，提高企业的负债/资产比率，恶化资产负债表的状况，对企业的资信不利，影响其有价证券上市。而出口商利用保付代理业务，货物装船、出卖票据后，立即收到现金，资产负债表中的负债不仅不会增加，反而使表中资产增加，改善负债/资产比率，有利于企业的有价证券上市与进一步融资。

2. 对进口商的好处

(1) 保付代理业务适用于以商业信用购买商品，进口商可以通过保付代理组织进行支付结算。这样，进口商不需要向银行申请开立信用证，免交开征押金，从而减少资金积压，降低了进口成本。

(2) 经常往来的买卖双方，可根据交易合同规定，定期发货寄单，通过保付代理业务，可迅速得到进口物资，按约定条件支付货款。这样，大大节省开证、催证等时间，简化了进口手续。

(3) 在采用保付代理业务后，出口商将办理该项业务有关的费用转移到出口货价中，从而增加进口商的成本负担。但是，货价提高的金额一般仍低于因交付开征押金而蒙受的利息损失。

六、保付代理与信用保险

保付代理业务的主要特征之一是出口商将赊销后应收账的信贷风险转嫁给保付代理组织。但是，保付代理业务不同于出口信用保险业务，在某种意义上说，保付代理业务比出口信用保险对出口商更有利。如果将这两种业务加以比较，就会发现两者之间的区别。

(1) 保付代理业务对出口信用保险的最高保障金额为100%，即保付代理组织承担出口货款100%的赔偿义务，而出口信用保险的最高保障为出口货款的70%～90%。

(2) 如进口商拒不付款或倒闭，保付代理业务的赔偿期限一般在90天内(从货款到期日计算)而出口信用保险的赔偿期限一般在120～150天。

(3) 保付代理业务的内容综合多样，向客户提供的服务内容有：①进口商的资信调查和评估；②财务信用风险的担保；③财务管理和欠款追收；④账目记录管理；⑤提供融资。而出口信用保险业务，只提供前两项服务内容，缺少后3项服务内容。

任务五　短期出口融资

『任务目标』

1. 掌握短期出口融资的主要类型
2. 明确出口押汇的概念和分类
3. 掌握打包放款的内容与优势
4. 了解定期放款的概念

『任务引入』

案例：江苏胥城纺织品进出口公司是某国有商业银行南京分行的重点客户，2005年6月在按美国××银行开来的金额为200万美元，期限为提单后90天付款的远期信用证出运货物后，公司将全套单据提交给某国有商业银行南京分行，申请办理出口押汇业务。某国有商业银行南京分行将单据寄往美国××银行后，美国××银行向银行开来承兑电，承诺到期付汇。某国有商业银行南京分行与客户协商以人民币押汇(免除客户的汇率风险，但是银行需要做好掉期交易)，在扣除自贴现日至预计收汇日间利息及有关银行费用后，总计押汇额度1 400万元人民币，提供700万元人民币贷款，700万元银行承兑汇票额度支付给出口商。进口信用证到期，某国有商业银行南京分行将汇票提交开证行托收，收到信用证项下款项并归还银行押汇融资后，尚有一些余款，某国有商业银行南京分行划入江苏胥城纺织品进出口公司账户。

通过信用证出口议付，银行支持了江苏胥城纺织品进出口公司的业务。

点评：出口押汇业务属于非常传统的国际业务，竞争的手段无外乎融资成本的降低，以前很多银行都在利率上打得头破血流。在传统的业务品种中加入一些现代流行的创新品种，往往会取得非常好的营销效果。如在融资组合中不再是单一的流动资金贷款融资，而可以改成银行承兑汇票、保贴的商业承兑汇票、透支账户等，可以降低企业的资金使用成本。

(资料来源：福步外贸论坛)

『知识内容』

短期出口融资主要包括出口押汇、打包放款、短期票据贴现、定期放款、进口商对出口商的商业信用等，以下分别介绍。

一、出口押汇

出口押汇是指出口商在货物运出后，持银行要求的单证向银行申请以此单证为抵押的货款，是短期贸易融资中使用最多的融资方式。它可以分为出口信用证押汇和出口托收押汇两大类。

1. 出口信用证押汇

出口信用证押汇(Negotiation under Documentary Credit)，是指出口商以信用证以及信用证规定的全套单据为抵押品，向议付行申请的出口押汇。前提是贸易采用信用证结算方式。议付行在决定是否提供融资时，主要考虑以下因素。

(1) 信用证条款与单据是否严格一致。如果单证不符，议付行可以通过电报或电传征求开证行的意见，即电提。开证行还要征求进口商的意见，若进口商愿意做出修订，使单证达到一致，则开证行回复第一性付款责任，并通知议付行。

(2) 开证行所在国家的政治经济状况会影响到安全收汇。若该国家发生战争、动乱或金融危机，则收汇的安全性不能得到保证。

(3) 开证行本身和出口商的资信。若开证行资信欠佳，议付行需要审查信用证是否经过保兑。在开证行拒付的情况下，议付行有权向出口商追索，因此，也要考虑出口商的资信。如果审查合格，议付行便可扣除押汇利息，向出口商提供贸易融资。

2. 出口托收押汇

出口托收押汇(Advance against Documentary Collection)是指采用托收结算方式的出口商在提交单据、委托银行代向进口商收取款项的同时，要求托收行先预支部分或全部货款，待托收款项收妥后归还银行垫款的融资方式。前提是贸易采用托收结算方式。与出口信用证押汇的主要区别在于它没有银行的信用保证，能否收回贷款完全取决于进口商的资信，因此风险较大，押汇利率也较高。托收行在决定是否提供融资时，主要考虑以下因素。

(1) 进口商和出口商的资信。由于出口商托收押汇没有银行的信用保证，所以除非贸易双方都得到托收行的充分信任，否则银行不愿承接这种融资业务。

(2) 交单方式。托收的交单方式有付款交单(Document against Payment，D/P)和承兑交单(Document against Aueptance，D/A)两种方式。采用付款交单方式托收，托收行在得到货款之前保留物权单据，收汇风险略小，押汇限额也较轻松。采用承兑交单方式托收，收汇风险较大，押汇限额也控制得更为严格。

(3) 保险单据。如果抵押的单据中包括出口信用险和运输险等单据，则相关风险转移给保险公司，托收行也可适当放宽押汇限额。

相关链接

出口押汇融资产品的优势为：(1)在进口商支付货款前可提前得到偿付，从而加快资金周转速度；(2)融资手续相对于流动资金贷款等简便易行；(3)可以增加当期现金流，从而改善财务状况；(4)可根据不同货币的利率水平选择融资币种，从而节约财务费用；(5)对于信用证项下单证相符的出口单据，即使出口商尚未在银行核有授信额度，也可以办理出口押汇。

例如：A公司为一流通型商贸企业，现以信用证方式出口一批纺织产品，货物已出运。为了加速资金流转，公司采取出口押汇方式向银行进行融资，使其在进口商支付货款前提前收回货款。

二、打包放款

打包放款(Packing Loan)是指银行以国外开来的信用证为抵押，向出口商提供装船前的贸易融资。起初，这种贷款是以处于打包阶段的货物为抵押品，故称为打包贷款。现在从接到订单到货物上船，出口商收购商品、租用运输设备等所需流动资金，都可凭出口订货凭证申请打包贷款，使出口信贷资金从流通领域进一步深入到生产领域。由于它有信用证的书面承诺，风险较小，利率也低于一般贷款。它的期限多为 3 个月，原则上不超过 6 个月。它不是一次性支付，而是由银行为出口商单开户头，由后者陆续支用。其融资比例不超过信用金额的 90%。打包放款通常和国际结算业务相结合。在货物上船后，出口商通过放款银行承做出口押汇，银行在出口押汇项下应付给出口商的款项中扣除打包放款的本息。放款行成为出口单据议付行，由其直接向开证行寄单索汇。

1. 打包放款的好处

对于银行来说，打包放款的好处如下。

(1) 与信用放款相比，打包放款以信用证为抵押，还款更有保证。

(2) 使信贷业务与结算业务相结合，不仅方便了客户，也使自己争取到更多的客户，扩展了融资范围，增加了银行的收益。

(3) 增加了银行业务的品种，增强了银行的竞争能力。

2. 提供打包放款应考虑的因素

银行在决定是否提供打包放款时，主要考虑以下因素。

(1) 开证行的资信。

(2) 得到出口商交出有效信用证的正本和出具总质权书，以保证银行能够有效地控制物权。

(3) 出口商品不违反本国禁令。

(4) 信用证规定的条款能否得到履行。这一方面涉及审查信用证条款有无对出口商不利的陷阱；另一方面涉及出口商的经营能力和履约状况。

(5) 能否得到政府出口信贷保险机构的担保。

相关链接

> 利用打包贷款融资的操作办法是：银行应信用证受益人(出口商)的申请向其发放用于信用证项下货物采购、生产和装运的专项贷款。该产品适用于已收到进口商银行开立的信用证，但备货资金短缺的出口企业。这类融资产品的产品优势有：(1)在出口商自身资金紧缺而又无法争取到预付货款的支付条件时，帮助出口商顺利开展业务、把握贸易机会；(2)在生产、采购等备货阶段均不占用出口商的自有资金，可以缓解企业的流动资金压力。

三、远期票据贴现

1. 远期票据贴现概述

远期票据贴现指远期信用证项下的汇票贴现，是银行根据客户(出口商，信用证受益人)的要求，在开证行、保兑行或其他指定银行对远期预付信用证项下的汇票承兑后，对该汇票进行有追索权的贴现。通知行将出口商开出的跟单汇票寄到开证行或付款行，后者扣下单据，对汇票承兑，将经过承兑的光票寄给出口商。出口商凭此向贴现公司提出书面申请，经审核合格后，可得到扣除贴现息的票款。在世界最大的贴现市场伦敦，贴现率由伦敦贴现市场工会参照市场供求关系制定，略低于银行贷款利率。在不同的贴现业务中，贴现率会有所不同，主要受出票人和承兑人地位的影响。若资信较好，贴现率可以略低。

在英国，出票人从事贴现业务还要支付印花税(Stamp Duty)，3 个月的国外汇票按票面的 1%左右计收。若出现拒付，贴现公司可向出口商追索垫款及随附信息。若发生迟付，贴现公司可向出口商追收迟付利息。

在采用托收计算方式时，出口商进行贴现业务，要先向承兑行提出申请，得到略低于托收汇票金额的承兑信用额度。在此额度内，他开出以承兑行为付款人、自己为收款人、期限略长于托收汇票期限的融通汇票。然后，将融通汇票和跟单汇票一并寄交承兑行。承兑行对融通汇票承兑后，送到贴现公司办理贴现，并把所得款支付给出口商。另一方面，承兑行用跟单汇票和进口商办理托收事宜。待期限较短的跟单售票先行到期时，承兑行将扣除融通汇票金额后的进口商缴付的剩余款项付给出口商。

2. 远期票据贴现的计算

票据贴现是指人们将未到期的票据，按照贴现率扣除贴现金额，向贴现公司或银行换取现金的融资方式。贴现金额指票据面值与票据价格之差。

有以下公式

贴现金额=(贴现率×票据金额×远期日期)/360

贴现率=(贴现金额×360)/(远期日期×票据金额)

例：某一远期票据金额为 10 万美元，贴现率为 10%，未到期期限是 180 天，贴现金额为

10%×10×180/360=0.5(万美元)

所以该票据的贴现金额为 0.5 万美元。

例：某一远期票据金额为 100 万英镑，贴现额为 2.5 万英镑，离到期日为 180 天，贴现率为

(25 000×360)/(180×1 000 000)=5%

四、定期放款

定期放款(Time Loan)是指银行将一笔固定贷方期限的资金转入客户的往来账户，并从贷方之日起开始计算贷款利息的融资方式。在客户未动用贷款时，它作为客户的存款可产生存款利息。但是，客户仍要承担存放款利息的差额费用。定期放款通常不允许提前偿还，除非客户愿意支付罚金。罚金相当于银行在该笔贷款上所损失的收益。

根据是否存在抵押品，定期放款可分为抵押放款(Secures Loan)和无抵押放款(Unsecured Loan)。前者的贷款额通常为抵押品价格的 50%~70%。若货价下降，银行可能要求提前偿还部分贷款以未出该比例。后者的风险较大，银行对其控制较严，通常只提供与银行关系密切、资信较好的大出口商。在贷款期限内，定期贷款可以采用固定利率，也可采用浮动利率。当贷款金额较大时，借款人可获得比较优惠的利率。

五、进口商对出口商的商业信用

进口商在收到货物之前，有时支付预付款。最常见的预付款是定金，它是进口商向出口商缴纳的履行合同的保证金，一般不把它列入融资方式。另一种预付款是进口商向出口商提供的商业信用(Commercial Credit)。这种预付款的期限较长，占交易金额的比重较

大，而且事实上是有息的。在现代，这种商业信用主要出现于两种场合：其一是发达国家采购发展中国家的某些设备时采用，以解决对方缺乏生产和出口资金的困难；其二是发展中国家采购发达国家的某些设备时采用，以减少对方对出口风险的顾虑。对于预付款的利息，有时在合同中做出明确规定，有时以隐蔽的方式收取，如在贸易合同中降低出口商品的价格。由于世界市场具有买方市场的特征，以及银行信用比商业信用更为可靠，这种融资方式的意义有降低趋势。

任务六　短期进口融资

『任务目标』

1. 了解信用证业务和信托收据业务
2. 掌握提货担保和承兑信用的概念
3. 掌握进口贷款的含义

『任务引入』

商业银行短期进口贸易融资业务的风险与防范

短期贸易融资(Trade Financing)作为银行最为重要的中介业务之一，业已成为我国商业银行争揽客户和拓展市场的重要手段。国际贸易与金融业的交融发展，使短期贸易融资业务品种繁多，衍生产品层出。正因如此，商业银行纷纷致力于贸易融资新产品的研究与发展，以增强和巩固在同业竞争中的优势地位。但由于此类产品具有极强的技术性，多数并不为银行从业人员所熟悉，加之还涉及跨国经营的特殊风险等，因此，商业银行在拓展贸易融资业务过程中应始终关注风险，并通过实施有效的措施来防控、规避风险。

(资料来源：网易财经证券时报.2010－05－17)

『知识内容』

短期进口融资主要包括信用证业务，信托收据业务，提货担保，承兑信用，进口贷款，出口商对进口商的商业信用等，下面分别介绍。

一、信用证业务

信用证(Letter of Credit)是银行根据进口商的申请，对出口商开出的保证在一定条件下承兑和付款的银行保证文件。信用证是一份独立的文件，不依附于贸易合同。它的业务处理是以单据而不是以货物为准。只要汇票和单据符合信用证条款的要求，开证行就承担起第一性付款的责任。信用证以其是否附带单据，分为光票信用证和跟单信用证。在国际贸易中主要使用的是跟单信用证(Documentary Credit)，即凭跟单汇票或单据付款的信用证。

银行开立信用证作为一种授信业务，它贷出的是信用，而不是资金。在开证时，银行一般要求进口商提供一定数量的押金。它通常以出口商发来的货运单据为抵押，要求进口商付款赎单。因此，信用证业务具有进口押汇的性质。

对于资信良好的老客户，银行通常提供开证额度(Limits for Issuing of Credit)，即银行向进口商提供的可以减收或免收开证押金的信用证金额。客户在此额度内申请开立信用证，一般免收押金。超出额度的信用证金额，银行仍要向进口商收取押金。

二、信托收据业务

信托收据(Trust Receipt)是进口人借单时提供的一种书面担保文件，用以表示出据人愿意以代收银行的受托人身份代为提货、报关、存仓、保险、出售，同时承认货物的所有权归属于代收贷款的银行。

无论采用信用证结算还是托收结算方式，进口商如想在付款之前先行提货，均可利用信托收据业务进行融资。首先，要征得付款银行的同意，获得信托收据额度。该额度通常低于货物的价格总额。然后，进口商按照银行核定开出信托收据，借出相应数据的单据，凭之提出货物进行加工和销售。在规定的期限内，进口商将出售货物所得货款付与银行，归还银行垫款。

在信托收据业务中，银行的权利是：

(1) 可以随时取消信托，收回借出的商品。

(2) 在规定的期限内，要求进口商归还银行垫款。该期限一般不超过半年。

(3) 在进口商出售货物而贷款尚未结清的情况下，银行有权向货物买方直接收取货款。

(4) 如果进口商借款之后发生破产倒闭，银行保留对信托收据项下的货物或贷款的所有权，他们排除于债权人可分配资产范围外。

在这种融资业务中，银行名义上掌握货物的所有权，实际控制的只是一纸收据。如果进口商资信欠佳，银行承担了很大的风险。因此，银行不仅要充分了解进口商的资信及其业务能力，而且要对交易有关的其他当事人进行资信调查。

信托收据业务是比信用证业务更典型的进口押汇(Inward Documentary Bills)，即银行以跟单汇票和进口货物为抵押，向进口商提供授信的融资方式。押汇行从垫款之日起开始计收押汇利息。为了鼓励客户尽早还款，押汇利率分为几个档次，时间越长，利率越高。

相关链接

为避免风险，信托收据内容应完善，包括：(1)转移所有权条款，即进口商在赎回信托收据之前货物所有权属于银行；(2)银行通过信托的方式委托进口商处理货物、进口商根据银行的要求收取并处理货物；(3)进口商只能以货主(出口商或银行)的名义将货物存仓、报关、保险、提货；(4)进口商处理货物后所获得款项应存入银行所指定的账户、该款项只能用于抵偿对银行的债务而不得挪作他用；(5)进口商独立承担有关货物处理过程中所发生的一切风险，银行因出借单据所遭受的一切损失均由进口商承担；(6)货款不足以抵偿债务时进口商承诺另行偿还；(7)银行可以随时取消信托收据，收回单据和货物。

三、提货担保

提货担保(Delivery against Bank Guarantee)是指在货物比单据先到的情况下，银行根据进口商的“提货担保申请书”，向海运公司提出具体担保，凭担保先行放货的授信方式。在担保书中，银行保证日后补交正本提单，负责向海运公司缴付有关费用，并赔偿海运公司由此可能产生的各种损失。有时，由进口商首先出具对海运公司的担保书，银行在上面签字后，将其作为双方共同向海运公司出具的担保书。进口商凭银行出具的担保书可以办理报关、存仓等手续。待收到出口商寄来的单据后，银行用正本提单换回提货担保，并同时解除担保责任。

防范提货担保业务风险的措施如下所示。

(1) 确保提货担保申请书的有效性和完善性。申请书的内容应该至少包括如下内容：货物名称、唛头、船名、发货人、装运地点及日期、信用证或合同号、金额、保证条款、进口商签字盖章等，尤其是保证条款不能少。

(2) 从信用证的角度防范欺诈。

① 开证行在开证时就在信用证中明确规定货物的唛头，在提货担保上打出货物唛头，并应加信用证号码。

② 银行应注意调查单据是否已经议付。开证行可以通过议付行获得货物的详情资料，了解单据是否已被议付，是否真的有这笔货物，以避免受骗。

(3) 要求进口商载体或申请书中做出明确的保证承诺。

① 在单据到达后，无论有无不符点，均不提出拒付/拒绝承兑。

② 单据到达后立即向运输公司换回提货担保书并退还给银行。

③ 承担银行引出具体或担保书而遭受的任何损失。

(4) 通过保证金机制来防范风险。银行要求办理即期信用证项下提货担保的进口商提供足额的保证金。

四、承兑信用

承兑指付款人在汇票上签字，表示承担汇票到期时付款责任的行为。由进口商承兑的远期汇票称为商业承兑汇票(Trader's Acceptance Bill)，由银行承兑的远期汇票称为银行承兑汇票(Banker's Acceptance Bills)。在进出口贸易中，若出口商怀疑进口商的支付能力，便会要求进口商开展承兑信用。

承兑信用(Acceptance Credit)指银行应进口商的申请，对出口商开出的远期汇票进行承兑，从而向进口商提供信用。承兑行并不负责垫付资金，它所贷出的是自己的信誉，以换取承兑手续费。承兑信用有以下 3 种类型。

1. 一般承兑信用

一般承兑信用指在出口商未对承兑行提出特别要求的前提下，进口商便会向进口银行提出承兑申请。待汇票到期，进口商对承兑行付款，后者支付承兑汇票。一般的承兑信用手续比较简单，但是若开证行缺乏知名度，可能影响汇票在贴现市场上的信誉。

2. 承兑—偿还信用

承兑—偿还信用是由第三国银行承兑汇票的承兑信用。伦敦是目前最大的贴现市场，8家承兑公司在那里有较高的信誉。为了提高汇票的信誉，出口商可能要求进口商向这些承兑公司申请承兑。其承兑费按承兑期每月1%计收，但是低于60天承兑期的至少收2%。这笔费用仍要由进口商承担。待汇票到期，开证行将款项付给承兑公司，后者用它支付承兑汇票。

3. 再融通

再融通是由银行承兑进口商签发的以银行为付款人的远期汇票的承兑信用。当出口商要求进口商用现金支付时，后者可通过贴现方式融资。在取得银行同意的前提下，进口商自行开出汇票，由银行承兑后，在贴现市场上取得现金，用于支付出口商货款。在商品销售之后，进口商将相应款项付给银行，由后者向贴现公司支付承兑汇票。

五、进口贷款

进口商可利用进口贷款进行短期融资。按照贷款用途，主要有以下几种形式。

1. 预付贷款信贷

预付贷款信贷是指出口方银行应进口商支付预付款的融资需要而向进口商提供的贷款。若预付金额较大，银行可能要求进口商提供抵押品。进口商要求出口商提供预付担保，以减少预付款的风险。

2. 原料采购信贷

原料采购信贷是指在本国政府的支持下，银行应进口商原料采购的融资需要，令其国外分支机构向本国制造商驻外采购人员垫付资金的贷款方式。在原料短缺的国家，政府会对这种贷款提供信贷担保的支持。

3. 商品购运信贷

商品购运信贷是指进口方银行应进口商支付到港货物货款和国内运费的融资需要，向进口商提供贷款。在规定的期限内，双方结算贷款利息。

进口商还可以在国际货币市场上向外国银行借入不指定用途的外汇用于短期贸易融资，其利率较高。在本国银行外汇不足的情况下，进口商可以采取这种融资方式。

六、出口商对进口商的商业信用

为了提高出口商品的竞争力，出口商可向进口商提供商业信用，即向进口商提供延期付款的融资便利。事实上这是一种公司信贷，其主要有两种形式。

1. 往来赊欠账户信贷

往来赊欠账户信贷是指根据赊销协议，进出口商分别将应收款项贷记或借记在相应的往来账户上的融资方式。出口商在货物上船后，将应收款项借记在进口商的账户上；进口商则需要同时将应付款项贷记在出口商的账户上。在约定的期限，进口商向出口商支付货款。

2. 票据信贷

票据信贷是指由进口商承兑出口商开立的远期汇票，并于汇票到期时支付票面金额的融资方式。由于商业承兑汇票一般难于贴现，进口商的融资成本相对较高。

项目小结

(1) 国际结算是指通过货币的收付，了结和清算国际间由于政治、经济和文化等活动而产生的债权、债务关系，包括贸易结算和非贸易结算。

(2) 国际结算中所使用到的各种主要工具有票据和单据等。票据主要包括汇票、本票和支票，重点介绍各种票据的含义、种类、基本内容；单据包括商业发票、保险单和运输单据。

(3) 国际融资是各国或地区的资金需求者通过各种途径在国际间向资金供应者进行资金融通，以调剂资金余缺的经济活动。

(4) 出口信贷指发达国家为了支持本国资本货物的出口，通过提供信贷担保给予利息补贴的办法，鼓励本国银行对本国出口商、外国进口商或进口方银行提供利率较低的中长期贸易融资。出口信贷可分为买方信贷和卖方信贷两种基本类型，买方信贷比卖方信贷更通用。

(5) 福费廷业务即包买远期票据，指包买商从出口商那里无追索权地购买经进口承兑和出口方银行担保的远期票据，向出口商提供中期贸易融资。

(6) 保付代理又称承购应付账款业务，指保付代理商向出口商提供以承购应收账款为中心内容的综合性金融服务。

(7) 打包放款指银行以国外开来的信用证为抵押，向出口商提供装船前贸易融资。起初，这种贷款是以打包阶段的货物为抵押品，故称打包放款。

项目练习

一、单项选择题

1. 汇票上的付款人在(　　)后必须承担付款责任。

A. 收到提示　B. 对汇票做出承兑　C. 汇票到期　D. 见票当天

2. 指示性抬头的汇票(　　)。

A. 须经背书方可转让　B. 不能通过背书转让

C. 无须背书，凭交付即可转让

3. 信用证体现了(　　)。

A. 开证申请人与开证行之间的契约关系 B. 开证行与受益人之间的契约关系

C. 开证申请人与受益人之间的契约关系

4. 由出票人允诺于规定时间无条件的由他自己向受款人交付一定金额的流通证券是(　　)。

A. 汇票　　B. 支票　　C. 本票

5. 在国际贸易结算中，汇票通常是(　　)开立的，委托当地银行向国外进口商或指定银行收取货款的票据。

A. 进口商　　B. 出口商　　C. 代理商　　D. 经销商

6. 汇票的付款日期为“At 30 days after sight”，这种规定方式属于(　　)。

A. 见票后若干天付　　B. 出票后若干天付款

C. 指定日期付款　　D. 提单签发后若干天付款

7. 某人有4张汇票，其抬头各不相同，其中无须由持票人背书即可转让的汇票是(　　)。

A. 仅付A公司　　B. 付给A公司或其指定人

C. 付给持票人

8. 某公司签发一张汇票，上面注明“At 90 days after sight”，则这是一张(　　)。

A. 即期汇票　　B. 远期汇票　　C. 跟单汇票　　D. 光票

9. 本票和支票的付款人分别为(　　)。

A. 出票人、银行　　B. 出票人或承兑人、银行

C. 出票人、企业　　D. 承兑人、企业

10. (　　)的出票人在该票据流通的任何情况下，都是该票据的主债务人。

A. 汇票　　B. 本票　　C. 支票　　D. 旅行支票

11. 下列4种汇票中，注明(　　)是不可转让的。

A. pay to Johnson Co. Ltd. only　　B. pay to Johnson Co. Ltd. and its order

C. pay to bearer　　D. Pay to the order of Johnson Co. Ltd.

12. 只能即期付款的票据是(　　)。

A. 汇票　　B. 本票　　C. 支票

13. 根据我国的票据法，当票据上金额的大、小写不一致时，(　　)。

A. 以大写金额为准　　B. 以小写金额为准

C. 以金额较小者为准　　D. 票据无效

14. (　　)是对支票的正确表述。

A. 是一种无条件的书面支付承诺　　B. 付款人可以是银行、工商企业或个人

C. 可以是即期付款或远期付款　　D. 是以银行为付款人的即期汇票

15. 银行承兑汇票的出票人应是(　　)。

A. 工商企业　　B. 商业银行　　C. 商业银行或工商企业

16. 由出口商签发的、要求银行在一定时间内付款的汇票，不可能是(　　)。

A. 远期汇票　　B. 银行汇票　　C. 即期汇票　　D. 商业汇票

17. (　　)是指票据上必须将法律规定的项目符合规定地记载完整。

A. 文义性　　B. 要式性　　C. 设权性　　D. 法律性

18. 注明“at three months after sight pay to...”的汇票确定具体(　　)付款时间。

A. 应提示承兑，才能　　B. 无须提示承兑，也可

C. 既可以提示承兑，也可以不加承兑，均可

19. 某平年1月31日出具的汇票上写明“at one month after date pay to...”，该汇票的到期日为当年(　　)。

A. 2月28日　　B. 3月1日　　C. 3月2日　　D. 3月3日

20. 票据金额必须同时有文字大写和数码小写两种形式。当票据用英文填写，票据金额为整数时，其大写金额末尾应加上(　　)，以防涂改。

A. only　　B. ok　　C. end　　D. enough

21.(　　)指其记载的金额高于其出票人在银行的存款余额。

A. 现金支票　　B. 转账支票　　C. 旅行支票　　D. 空头支票

22.(　　)是出口商的出口信贷机构或银行向进口商或出口方的银行提供中长期贷款。

A. 混合贷款　　B. 买方信贷　　C. 卖方信贷　　D. 福费廷业务

23. 国际标准ISO-4217货币代码中SGD代表的是(　　)。

A. 瑞士法郎　　B. 新西兰元　　C. 新加坡元　　D. 丹麦克朗

24. 买方信贷的授信人(或发放者)是(　　)。

A. 出口商　　B. 进口商

C. 出口商所在地银行　　D. 进口商所在地银行

25. 卖方信贷直接提供给(　　)。

A. 出口商　　B. 进口商

C. 进口方银行　　D. 出口信用担保机构

26. 国际融资的最基本特征是具(　　)。

A. 以盈利为目的　　B. 主客体比较复杂　　C. 风险较大　　D. 受到政府管制

27. 出口商持出口商银行开立的信用证从银行获得用于货物装运出口的周转性贷款，被称之为(　　)。

A. 买方信贷　　B. 卖方信贷　　C. 打包放款　　D. 出口押汇

28. 出口方银行为资助资本货物的出口，向进口商或进口方银行提供的中长期融资，是(　　)

A. 打包放款　　B. 福费廷　　C. 买方信贷　　D. 卖方信贷

29. 买方信贷的利率受到“君子协定的约束”，该协定规定出口信贷的最高额度为合同全额的(　　)。

A. 50%　　B. 65%　　C. 80%　　D. 85%

30. 包买商从出口商那里无追索权地购买经过进口商承兑和进口方银行提保的远期票据，向出口商提供中期贸易融资，被称之为(　　)。

A. 出口信贷　　B. 福费廷　　C. 打包放款　　D. 远期票据贴现

31. 对于一些风险较大的福费廷业务，包买商一般还要请(　　)进行风险参与。

A. 政府　　B. 担保人　　C. 金融机构　　D. 贴现公司

32. 对出口商来说，通过福费廷业务进行融资最大的好处是(　　)。

A. 转嫁风险　　B. 获得保费收入　　C. 手续简单　　D. 收益率较高

33. 对包买商来说，福费廷的主要优点是(　　)。

A. 转嫁风险　　B. 获得保费收入　　C. 手续简单　　D. 收益率较高

34. 根据销售货物的接受者不同，保付代理可分为(　　)。

A. 到期保付代理和融资保付代理　　B. 公开保付代理和隐蔽保付代理

C. 单保理和双保理　　D. 无追索权保理和有追索权保理

35. 下列提法中正确的是(　　)。

A. 出口信贷是商业银行向本国出口商提供的贷款

B. 出口商所在地银行对出口商提供的信贷就是买方信贷

C. “福费廷”是一种中、长期的资金融通形式

D. 证券投资也是直接投资的主要形式

36. 出口信贷具有以下(　　)特点。

A. 出口信贷与信贷保险相结合

B. 出口信贷的利率一般低于相同条件下的市场利率

C. 金额大、期限短、风险小

D. 政府设立专门的出口信贷机构

二、判断题

(　　) 1. 出口信贷的目的是解决本国出口商资金周转困难，或是满足外国出口商支付贷款的需要。

(　　) 2. 出口信贷中的买方信贷是与国际银行贷款直接相关的短期贸易融资。

(　　) 3. 利用卖方信贷的利率一般高于相同条件下的市场利率。

(　　) 4. 在当代，卖方信贷比买方信贷更为流行。

(　　) 5. 福费廷与其他的中期融资方式相比，在消除出口商的风险方面有突出的长处。

(　　) 6. 对于担保行来说，福费廷的主要优点是给他提供了获取可观的保费收入的机会。

(　　) 7. 对于进口商来说，保付代理业务是他能够以赊销方式进口商品，增加了贸易机会。

(　　) 8. 出口信贷是商业银行向本国出口商提供的贷款。

(　　) 9. 出口商所在地银行对出口商提供的信贷就是买方信贷。

(　　) 10. 出口托收押汇的前提是贸易采用托收结算方式。

三、案例分析题

1. 中国某外贸公司与某国 A 商达成一项出口合同，付款条件为付款交单见票后 30 天付款。当汇票及所附单据通过托收行寄抵进口地代收行后，A 商及时在汇票上履行了承兑手续。货抵目的港时，由于用货心切，A 商出具信托收据向代收行借得单据，先行提货转售。汇票到期时，A 商因经营不善，失去偿付能力。代收行以汇票付款人拒付为由通知托收行，并建议由该外贸公司直接向 A 商索取货物。

你认为该外贸公司应如何处理?

2. A公司于2006年7月22日与苏丹一家进口商签订了一笔大合同，装运期9月底以前，信用证付款条件为装船后120天(At 90 days after B/L)，并办妥出口信用保险。但A公司最近的资金周转不太顺畅，而开证行又属于受制裁的高风险地区，能否及时收款心里没底，同时还预期人民币汇率可能会继续升值，这可会给公司带来不小的损失，所以实在让公司王经理放不下。

请为王先生设计有针对性的融资方案来保障顺利收汇，规避汇率风险。

3. A公司与美国进口商B公司签订一笔金额为140万美元的商品出口合同，出口结算采用的方式为赊销(O/A)60天。6月初，A公司因资金周转困难，可能无法及时备妥出口商品并完成装运；如能如时发货，预计9月初才能收到货款。A公司希望能提前收款，锁定汇率风险。

请为A公司推荐产品并设计融资方案。

项目七　国际货币体系

项目导读

戴相龙：人民币国际化是必然趋势，但无日程表

中新社巴黎11月23日电（记者 龙剑武）中国全国社保基金理事会会长、前央行行长戴相龙2011年12月23日在法国巴黎举行的博鳌亚洲论坛国际资本会议上表示，人民币国际化是必然趋势，但没有日程表。

戴相龙在本次会议的分会发表演讲说，人民币的国际化是中国参与经济全球化和金融全球化的必然趋势，不但体现中国发展的长远利益，也是完善国际储备货币体系的需要。

戴相龙认为，人民币的国际化是一个有计划、逐步推进的过程，总体上可分为3个阶段：首先，推进人民币在跨境贸易中的定价和结算作用，使人民币成为众多国家使用的国际结算货币。然后推进人民币在资本项目下可兑换。最后要深化人民币利率市场化和汇率形成机制改革，使人民币成为许多国家中央银行的储备货币。

这位曾长期担任中国金融高官的中方代表在演讲中预测，经过15年努力，人民币有望实现国际化。他认为，5年后人民币将成为国际贸易结算货币，10年后可能成为完全可兑换货币，15年后可能成为许多国家中央银行的储备货币。

中国已就国际货币体系改革提出了“稳步推进国际货币体系多元化，共同支持国际货币体系稳定”的建议。所谓国际货币体系多元化，就是承认美元主导地位，发挥欧元作用，增加新的国际货币，包括人民币国际化。

目前，人民币国际化已成为中国金融改革的重点内容之一。作为这个进程中的重要环节，中国正在加快发展人民币离岸中心的建设。同时，中国强调保持人民币币值稳定，有利于推进人民币的国际化进程。

（资料来源：吉林新闻网．2011－12－28）

任务一　了解国际货币体系

『任务目标』

1. 掌握国际货币体系的含义
2. 掌握国际货币体系的作用和类型

『任务引入』

你知道什么是国际货币吗?

国际货币是在一定时间、一定条件下，各种国际间通用货币的总称。它在国际间行使着与国内货币相同的职能，即交易媒介、计价标准、支付手段、购买手段和贮藏货币的职能。

当前，国际上公认的国际货币包括：(1)某些国家的、可以自由兑换的货币，如美元、德国马克、日元等；(2)欧盟发行的欧元；(3)国际货币基金组织分配给各会员国的特别提款权(SDR)。

当前国际货币具有以下一些特点：

(1) 它们没有脱掉民族的或经济集团的“外衣”。

(2) 它们在国际上只能发挥货币的部分职能。

美元、德国马克、日元在这些货币发行国具有无限清偿的特权，而在国际上却丧失了这种地位，其他国家可以接受也可以不接受这种货币，特别是在国际储备方面，这些货币没有资格充当这些国家的储备资产。

(3) 它们所执行的部分货币职能也是有条件的。不具有最终的清偿能力。

『知识内容』

一、国际货币体系的含义

国际交往中的货币支付引发外汇、汇率以及外汇收支等一系列活动。为保持国际交往的顺畅进行，需要在国际间对这些活动作出某种安排。这就构成国际货币体系。

国际货币体系(International Monetary System)又称国际货币制度，是指各国政府为了解决国际经济交往中对于国际货币(即国际支付手段和国际储备资产)的需要，对涉及国际货币流通的各个方面，包括国际支付原则和汇率制度、国际收支的调节机制、国际储备供应与管理等，在国际范围内作出的制度性安排。

国际货币制度是伴随着以货币为媒介的国际经贸活动而产生的。由于早期的国际经贸往来主要是以贵金属货币为媒介的，因此，国际货币制度主要不是依靠法律的强制性及各种规章制度实施的，而是依靠贵金属货币的成色、重量及约定俗成的做法自然形成的。随着现代市场经济和信用纸币的兴起，以当代信用货币为媒介的国际经贸往来不断增长，国际间的货币往来日益频繁，国际货币制度逐渐成为各经济实体在国际经贸活动中共同遵守的协议、规章及维持货币秩序的协调与监督系统。通常一种制度、体系、秩序的形成，可以有3种渠道：一是依靠习惯缓慢发展形成的；二是依靠法律法规和行政命令建立的；三是依靠习惯和法律二者共同作用形成的，而现行的国际货币制度则是习惯与法律结合的产物。

二、国际货币体系的内容

1. 汇率制度的确定

各国货币间的汇率的安排，是钉住某一种货币，还是允许汇率随市场供求自由变动。

2. 国际储备资产的确定

使用什么货币作为国际间的支付手段，一国应持有何种国际储备资产，整个国际社会需要多少储备资产，新的储备资产如何供应和创造，都需要国际性的规则、制度来协调。

3. 国际收支的调节机制

当出现国际收支不平衡时，各国政府应采取什么方法弥补，又如何相互协调。

4. 国际间金融事务的协调和管理

其实质就是协调各国间的国际货币金融政策。通常需要建立国际金融机构，制定若干规则、惯例和制度。

三、国际货币体系的作用

如同一国的国内经济需要以该国货币为媒介才能正常运转一样，世界经济也必须以世界货币为媒介才能正常运转。如果世界货币是维持世界经济正常运转的经济血液，那么，国际货币体系正是这种血液循环系统。建立国际货币体系的主要任务是确定以何种货币作为世界货币，来建立国际经济秩序，促进各国经济及世界经济的发展和稳定。因此国际货币体系在世界经济中的地位举足轻重，它具体包括以下几个方面。

(1) 确定国际清算、国际支付和国际投资的手段、形式和数量，为世界经济的发展及各国的经贸往来提供必要和充足的国际货币，并规定国际货币与各国货币相互往来的准则，包括国际货币与各国货币的比价和兑换方式的确定等。

(2) 确定国际收支的调节机制，以确保各国经济及世界经济的均衡发展。调节机制涉及对国际收支失衡的汇率调节机制，对国际收支逆差国的资金融通机制和对世界货币发行国国际收支的纪律约束机制3个方面。

(3) 建立国际货币金融事务的协调、监督和执行机构，以维护国际货币制度的权威性。随着经济全球化的推进，各国间的经贸往来日益加强，参与国际货币金融业务的国家日益增多，国际经贸合作的形式、规模、范围日益复杂、深化和广阔，早期的国际货币金融事务的双边协商已不能解决所有问题，有必要建立多边的具有权威性的协商机制。国际货币制度是各国在国际货币往来中必须共同遵守的基本行为准则，要使它的各项机制得到落实则有必要建立一些监督和执行的具体机构。IMF、世界银行等就是这样的一些国际性机构。它们确定国际清算和支付手段来源、形式和数量，为世界经济的发展提供必要的充分的国际货币，并规定国际货币及其同各国货币的相互关系的准则。

四、国际货币体系的类型

判定一种货币制度的类型，可以依据汇率机制、国际储备资产形式及货币合作程度3种标准划分。

1. 按汇率机制的标准划分

按汇率机制的标准划分，国际货币制度可分为固定汇率制度、浮动汇率制度及介于二者之间的中间汇率制度三大类，其中固定汇率制度细分为以贵金属货币规范的固定汇率制度(金本位制)和人为制定的固定汇率制度(布雷顿森林体系)；浮动汇率制度细分为自由浮动、管理浮动等；中间汇率制度细分为可调节的钉住汇率制度、爬行钉住汇率制度、有管理的浮动汇率制度等。

2. 按国际储备资产形式的标准划分

按国际储备资产形式的标准划分，国际货币制度可分为金本位制和信用本位制两大类，其中可根据黄金和信用纸币充当国际储备资产及国际货币的作用程度细分为金币本位制、金块本位制、金汇兑本位制及与黄金没有任何联系的信用本位制等。从 19 世纪至第一次世界大战爆发，国际通行的货币制度是金币本位制；第一次世界大战后至 20 世纪 30 年代经济危机爆发，国际通行的货币制度是金块本位制；其后至第二次世界大战结束以及 1944—1973 年通行的布雷顿森林体系是金汇兑本位制；1976 年至现在通行的国际货币制度是信用本位制。

3. 按货币合作程度的标准划分

按货币合作程度的标准划分，国际货币制度可分为单一货币制度和多元货币制度两大类，国际金本位制(英镑本位制时代)、布雷顿森林体系(美元本位制时代)实施的都是以某一国家的货币充当国际货币的单一货币制度。信用本位制实施以来，特别是欧元的诞生标志着国际货币制度进入了多元货币制度的时代。

上述国际货币制度类型的划分标准不是孤立的，而是互相联系的。

任务二　国际货币制度的演变

『任务目标』

1. 了解国际货币制度发展的三阶段
2. 掌握三个不同阶段的国际货币制度的特点

『任务引入』

国际货币制度是与国际经济发展水平相适应的。一种好的国际货币制度，其汇率机制应该稳定而灵活，能使任何一个国家在平衡国际收支时付出最小的代价；其资信也应该是最好的，并且能够提供最适度的国际储备，而不至于引起国际性的通货紧缩和通货膨胀。因此能够有效地促进国际贸易和国际投资的发展，使得世界各国均可从国际经贸活动中获得好处。

当一种国际货币制度的汇率机制过于僵化或动荡，就会使国际间的经贸往来失去活力和公正；当它的国际储备资产严重不足或严重贬值而引发全球性的生产过剩或通货膨胀的信用危机时，该种国际货币制度的变革是不可避免的。一种国际货币制度的产生、发展和崩溃都与汇率的调节机制、提供国际储备资产的适度性及国际货币的信誉有关。从19世纪世界经济体系形成以来，先后有过3种不同的国际货币制度：即金本位制度、布雷顿森林体系和牙买加体系。本项目我们将介绍一百多年来，世界经济发展过程中的国际货币制度的变迁情况。

『知识内容』

国际货币制度至今经历了三个阶段，国际金本位制度、布雷顿森林体系和牙买加体系，下文分别介绍。

一、国际金本位制度

国际金本位制度是世界经济体系形成中出现的第一个国际货币制度，是以黄金为本位货币并作为货币发行基础而发挥世界货币职能的国际货币制度。至今，黄金依然被视为一种"准货币"，为国际所接受。类似于外汇、国债，黄金储备在各国财政储备中均有重要地位。一方面是出于对本国汇率的保障，另一方面则是据此对冲由美元贬值带来的损失。而在流动性市场上，黄金依然有着广泛的需求，依然被视为储藏财富的一种方式。

1. 国际金本位制的概念

金本位制是以一定成色的黄金作为各国本位货币，并建立起流通中各种纸币与黄金间固定兑换关系的一种货币制度。国际金本位制就是金本位制的国际化，即在世界主要资本主义国家普遍实行金本位制的一种国际货币制度。

2. 国际金本位制的建立

国际金本位制是世界上首次出现的国际货币制度，是在19世纪70年代至1914年第一次世界大战前各主要资本主义国家普遍实行金本位制的情况下自发形成的。1816年英国颁布了《金本位制度法案》，规定1盎司黄金等于3镑17先令10.5便士，最先采用了金本位制度。随后，其他资本主义国家也纷纷效仿，于1871—1897年间相继采用了金本位制度，从而形成了当时的国际货币制度。

3. 国际金本位制的特点

各国政府都规定以黄金作为本位货币，确定本国铸币的货币单位及含金量。金币具有无限法偿的权利，具有无限制的支付手段的权利，并能与银行券自由兑换。金币可以自由铸造，任何人可自由地将黄金交给国家铸币局铸造成金币。各国的货币储备是黄金，国际间的结算也使用黄金，黄金可以在各国之间自由地输出与输入。

由于金币可以自由兑换，各种价值符号(金属辅币和银行券)就能稳定地代表一定的黄金进行流通，从而保持币值的稳定，不致发生通货膨胀；由于自由铸造，金币的面值就可以与其所含的黄金价值保持一致，金币的数量也可以自发地满足流通中的需要；由于黄金自由输出输入，就能自动调节国际收支并保证外汇行市的稳定和国际金融市场的统一，所以国际金本位制度是一种比较稳定、健全的货币制度。

4. 国际金本位制的作用

(1) 保持汇率稳定、促进国际贸易发展。

在金本位制度下，各国货币的汇率十分稳定，它以铸币平价为基础，在黄金的输出与输入点之间波动，因而属于一种固定汇率制度。这种相对稳定的汇率制度为世界各国的经济发展和对外贸易创造了有利的条件。

(2) 自动调节各国的国际收支。

在金本位制度下，各国的国际收支可以自动进行调节。只要各国遵循金本位制度下的货币流通规则，一国的国际收支就可以通过黄金的流动和物价的变动而引起本国的进出口的变化，从而自动达到平衡。这一机制就是英国经济学家大卫·休谟所提出的物价一金币流动机制。

(3) 促进国际资本的流动。

当一国的国际收支发生逆差、外汇供不应求、汇率上涨并引起黄金外流时，会导致货币流通量减少，市场银根吃紧，短期资金利率上升。当本国利率高于同期外国利率时，资金就会内流，反之，则会引起资金的外流。这种资金流动可以改善一国的国际收支，稳定国际金融市场，有利于各国经济政策的协调。

5. 国际金本位制的类型

1) 金币本位制(Gold Coin Standard)

金本位制是以黄金为本位货币的一种制度。早期的(17—18世纪)金本位制是金币本位制，常把它称为典型的金本位制。在这个制度下各国货币汇率依据含金量确定。

相关链接

关于金本位制下汇率的确定

金本位制是以一定量黄金作为本位货币的制度。因此，各国规定的货币的含金量就成为各国货币汇率决定的基础。例如，英国规定1英镑货币的纯金量为113.001 6格令(Grains)。美国规定1美元的纯金量为23.22格令。这样，英镑与美元之间的汇率为：US 4.866 5，也就是说在英国1英镑买卖的黄金量与在美国以4.866 5美元买卖的黄金量相等。

金币本位制是金本位货币制度的最早形式，亦称为古典的或纯粹的金本位制，盛行于1880—1914年间。在该制度下，各国政府以法律形式规定货币的含金量，两国货币含金量的对比即为决定汇率基础的铸币平价。黄金可以自由输出或输入国境，并在输出入过程形成铸币—物价流动机制，对汇率起到自动调节作用。这种制度下的汇率，因铸币平价的作用和受黄金输送点的限制，波动幅度不大。1914年第一次世界大战爆发后，各国纷纷发行不兑现的纸币，禁止黄金自由输出，金币本位制随之告终。

金币本位制的特点是有四大自由：(1)自由流通，在国内金铸币具有无限法偿能力，可以自由流通；(2)自由兑换，即在国际市场上金币须脱去民族的“外衣”，必须还原为金条、金块的形式流通的同时，在国内也同时使用银行券，但银行券可以随时向银行兑换金币，在国际上有兑换业可以进行兑换，酌取手续费；(3)自由铸造，即任何人都可以用金条、金块向国家造币厂按含金量换取金币，同时也可以将金币熔化为金条、金块；(4)自由输出/入国境。

金币本位制具有的优点：(1)物价稳定，即在金本位国家里，物价上涨或下跌，会导致流通中的货币量减少或增加，通过黄金进入和退出流通的自动调节，使物价保持较为平稳的水平；(2)汇率稳定，即在金本位制度下，黄金流动机制可以保持汇率稳定；(3)利率稳定，即决定利率的因素，主要是物价与汇价，在金本位制度下，物价与汇价都相对稳定，因此利率也相对稳定，一般均在年息1%～2%；(4)国际收支趋于平衡，在金本位制度下，一国若发生国际收支逆差或顺差，会引起黄金输出或输入，国内物价下跌或上涨，使国际收支状况发生逆转，从而趋于平衡。

2）金块本位制(Gold Bullion Standard)

这是一种以金块办理国际结算的变相金本位制，亦称金条本位制。在该制度下，由国家储存金块，作为储备；流通中各种货币与黄金的兑换关系受到限制，不再实行自由兑换，但在需要时，可按规定的限制数量以纸币向本国中央银行无限制兑换金块。可见，这种货币制度实际上是一种附有限制条件的金本位制。

3）金汇兑本位制(Gold Exchange Standard)

这是一种持有金块本位制或金币本位制国家的货币，准许本国货币无限制地兑换成该国货币的金本位制。在该制度下，国内只流通银行券，银行券不能兑换黄金，只能兑换实行金块或金本位制国家的货币，国际储备除黄金外，还有一定比重的外汇，外汇在国外才可兑换黄金，黄金是最后的支付手段。实行金汇兑本位制的国家，要使其货币与另一实行金块或金币本位制国家的货币保持固定比率，通过无限制地买卖外汇来维持本国货币币值的稳定。

金块本位制和金汇兑本位制这两种货币制度在1970年基本消失。

6. 国际金本位制的弊端

(1) 英国等核心国家利用其工业强国的优势，向一般外围国家输出商品和资本，黄金流入源源不断，动摇了其他国家实行金本位制的物质基础。

(2) 国际收支逆差导致的黄金流出、货币紧缩，会加剧国内经济的恶化，使经济陷入严重的萧条。

(3) 黄金的供应必须能够满足世界经济增长的需要，而黄金产量无法与之相适应。

(4) 国际金本位制顺利运行的基础是各国必须遵守本位制度下“3个自由”的游戏规则，这在没有一个权威性的国际金融机构对其进行监督情况下执行是很困难的。

7. 国际金本位制的解体

随着世界经济的发展，破坏国际货币体系稳定性的因素也日益增长。到1913年，英、美、法、德、俄5个国家的黄金拥有量占世界黄金总量的2/3，这就削弱了其他国家实行国际金本位制度的基础。第一次世界大战的爆发彻底摧毁了这一制度。战争期间，各国为筹措军费，对黄金的流动实行控制，同时发行大量的银行券，使得银行券不能自由地兑换金币。由于维持国际金本位制的一些必要条件遭到破坏，国际金本位制宣告结束。

二、布雷顿森林体系

1. 布雷顿森林体系的产生背景

（1）重建国际货币体系的背景。

第二次世界大战使英美的实力对比发生了根本性改变。英国在战争期间遭受了巨大的创伤，经济受到严重的破坏。而美国同期的工业制成品占世界工业制成品总量的1/2，对外贸易总额占世界贸易总额的1/3，黄金储备达到200.8亿美元，占世界黄金储备总量的59%，成为世界最大的债权国和经济实力最强的国家，这为美国建立战后以美元为中心的国际货币体系提供了良好的基础。

（2）国际货币体系方案的提出。

1943年4月英美两国从本国的利益出发，分别抛出了新的国际货币体系的方案，即英国的“凯恩斯计划”和美国的“怀特计划”。

“凯恩斯计划”和“怀特计划”有一些共同点：都只着重解决国际收支经常项目不平衡的问题；都只着重解决工业发达国家的资金需要，而忽视了发展中国家的资金需要；追求汇率的稳定，防止竞争性的汇率下跌。但一些重大的问题上，两者针锋相对，因为两者都是从本国利益出发的。

（3）布雷顿森林体系的确立。

1944年7月，在美国新罕尔布什州的布雷顿森林镇召开有44国参加的“联合和联盟国家国际货币金融会议”，通过了以“怀特计划”为基础的《国际货币基金组织协定》和《国际复兴开发银行协定》，总称《布雷顿森林协定》（Bretton Woods Agreement）。该协定的建立，标志着战后以美元为中心的国际货币体系的诞生。布雷顿森林货币体系是以美元为中心、以黄金为基础的国际货币体系，即实行黄金—美元本位制。

2. 布雷顿森林体系的内容

布雷顿森林体系的实质是建立一种以美元为中心的国际货币体系。其基本内容是美元与黄金挂钩，其他国家的货币与美元挂钩，实行固定汇率制度。

（1）建立一个永久性的国际金融机构。

永久性的国际金融机构即国际货币基金组织，其总部设在美国华盛顿，主要任务是对战后的国际货币关系进行管理，清除各国之间的金融障碍，为会员国进行国际货币磋商和协调提供讲坛，以促进国际贸易的扩大及世界经济的发展，同时对各国的外汇制度进行监督并对各国经济发展进程中产生的国际收支的不平衡提供短期的资金融通。

（2）黄金和美元并重的国际储备体系。

布雷顿森林体系以黄金为基础，以美元作为最主要的国际储备货币。美国政府承诺，各国中央银行可用美元向美国中央银行按35美元=1盎司的固定价格兑换黄金，即美元与黄金挂钩；其他国家的货币与美元挂钩，就是说，各种可兑换货币可先兑换美元，然后才能兑换黄金。规定1美元含0.888 671克黄金，美国承担对外兑换黄金的责任。各国根据各自货币的含金量与美元含金量的对比订出各国货币对美元的汇率，即黄金平价。因此，布雷顿森林体系也被称为“国际金汇兑本位制”或“黄金—美元本位制”。

相关链接

关于布雷顿森林体系下的黄金平价

布雷顿森林协议规定各国货币都要与美元挂钩，即按照美元与各国货币含金量之比确定各国货币对美元的平价。例如，按照1盎司(31.103克)黄金的价格为35美元，美国政府规定1美元纸币的含金量为0.888 671克。而1英镑纸币的含金量为3.581 34克。这样与美元的汇率为

£1＝US 4.03

由于第二次世界大战后不再有金币流通，因此，各国纸币含金量之比所确定的平价叫黄金平价(Gold Parity)。

(3) 可调整的钉住美元汇率制度。

布雷顿森林体系采取了一种介于固定汇率与浮动汇率之间的可调整钉住美元汇率制，要求各国货币汇率钉住美元，一般只能在平价±1%幅度内波动，各国政府有义务维持这一汇率水平，只有在国际收支发生“根本不平衡”时，才容许调整货币平价，而且必须经过基金组织同意。

(4) 短期融资机制。

会员国国际支付困难时，可向基金组织申请借款，但需经基金组织审核。当发现该国确实存在支付困难且有合理的调整国际收支的计划时，才能获得批准。会员国向基金组织能借取的数额取决于会员国在基金组织的份额多少，但绝大多数资金的期限都较短，主要起临时融通作用。

(5) 取消外汇管制。

根据《布雷顿森林规定》第8条规定，各会员国不得限制经常项目的支付，不得采用歧视性的货币政策，并要求在兑换性的基础上实行多边支付。

(6) 稀缺货币条款。

一国国际收支持续大量顺差，国际货币基金组织可以宣布该国货币为“稀缺货币”。此时，国际货币基金组织可按逆差国的需要实行限额分配，其他成员国可以对“稀缺货币”实行临时性的兑换限制。

由此可见，在布雷顿森林体系下，美元可以直接兑换为黄金和各国实行可调节的钉住美元汇率制度，是构成这一货币体系的两大支柱。国际货币基金组织则是维持这一体系正常运转的中心机构。

3. 布雷顿森林体系的积极作用

(1) 一定程度上克服了国际金本位制下的储备资产不足的弊端。

这一制度使国际储备可以随着国际贸易的增长而不断增加，满足了国际间对支付手段的需要。

在这一国际货币制度下，美元是最主要的国际储备货币和国际支付手段，美元又等同于黄金，可作为黄金的补充。战后美元大量投放于世界货币市场，可以弥补国际清偿能力的不足，这在一定程度上解决了国际储备和国际支付不足的问题。

(2) 维持汇率相对稳定。

以美元为中心的钉住美元汇率制使汇率的波动幅度受到严格限制，实际汇率相对稳定，从而保证了国际贸易和国际投资活动的顺利开展。

(3) 促进国际金融合作和协调、维持国际货币制度的正常运转。

以国际货币基金组织为中心的国际金融组织，在促进国际间的货币合作和建立多边支付体系上也发挥了一定的积极作用。

4. 布雷顿森林体系的缺陷

(1) 美元的信用保证有限与国际储备资产不断增长的矛盾。

布雷顿森林体系将一国的主权货币作为共同的储备资产并与黄金挂钩，使该体系具有内在的不稳定性。布雷顿森林体系下美国必须承担两项重大责任：一是保证按 35 美元＝1 盎司的官价兑换黄金，维持各国对美元的信心；二是美元作为最主要的国际储备资产，必须随世界经济增长而增加。这两者之间是相互矛盾的。要维持美元的信心，就应该控制美元的发行，稳定美元的供给；但若控制美元的供给就会影响国际储备资产的增长，从而制约国际贸易的发展。这个进退两难的矛盾最早由美国耶鲁大学特里芬(R. Triffin)教授揭示出来，所以又称为“特里芬难题”(Triffin Dilemma)。

(2) 汇率制度过于刚性，国际收支调节机制不健全。

在布雷顿森林体系下，由于对国际收支的“根本不平衡”缺乏定量的标准，因而在执行过程中，各国的货币是否应调整对美元的平价及其幅度，以及在什么时候进行调整，操作起来难度很大。在布雷顿森林体系运行二十多年的时间里，真正修改平价的国家少之又少。这种过于刚性的汇率制度使得各国的国际收支调节机制不健全。

(3) 布雷顿森林体系下国际收支调节的责任不对称。

美国的国际收支逆差时不需作任何国内经济调整，只需多发行一些美元，而其他各国则必须付出调整国内经济的代价。此外，国际货币基金组织能够提供的融通资金数额很小，贷款的条件很严，而且受到以美国为首的发达国家的控制，很少照顾发展中国家的利益，这使得国际货币基金组织的作用十分有限。

总之，储备货币供给机制的两难矛盾、汇率制度的过于刚性和国际收支调节责任的不对称是布雷顿森林体系的三大主要缺陷。这些问题日渐严重，并最终导致布雷顿森林体系的崩溃。

三、牙买加体系

1. 牙买加体系的建立

1) 牙买加体系的建立背景

布雷顿森林体系下的国际货币制度存在着种种弊端，而美元与黄金挂钩和各国货币与美元挂钩是其最根本的缺陷，即当黄金产量跟不上美元的增长时，美元与黄金的挂钩便无法维持；当资本主义各国发展不平衡导致美国的国际经济地位相对下降时，各国货币与美元的挂钩也无法维持。因此，从1960年爆发第一次美元危机开始，国际货币制度就一直处于危机状态，不少国家的官方和经济学家纷纷批判它，主张从根本上进行改革，于是IMF的专家于20世纪60年代上半期开始改革研究。

2）牙买加体系的确立

1976年1月IMF的国际货币制度改革及有关问题的临时委员会在牙买加首都金斯顿达成了一个协议，称为“牙买加协议”。在“牙买加协议”达成后，IMF进行第二次国际货币基金协议的修正活动，并于1976年4月经理事会表决通过，从1978年4月1日起生效，从此，国际货币体系进入一个新的阶段——牙买加体系。

2. 牙买加协议的主要内容

(1) 黄金的非货币化。

黄金非货币化就是使黄金与货币完全脱离联系，成为一种单纯的商品。各会员国的中央银行可按市价自由进行黄金交易活动，会员国之间及会员国与基金组织之间需用黄金支付的义务一律取消。在基金组织持有的黄金总额中，按市场价格出售1/6，超过官价的部分用于援助发展中国家，另外1/6按官价归还会员国，剩余部分今后根据总投票的85%作出的决议进行处理。

(2) 汇率制度的多样化。

各会员国可根据自身经济发展的状况选择不同的汇率制度，但应与基金组织合作，保证有秩序的汇率安排和促进汇率制度的稳定。基金组织要对会员国的汇率政策进行监督，缩小波动的幅度，使汇率符合各国长期经济状况，不允许会员国通过操纵汇率来阻止对国际收支进行有效的调节，或获得对其他会员国不公平的竞争利益。客观上，基金组织还有权要求会员国解释他们的汇率政策，并推行适当的国内经济政策，来促进汇率体系的稳定。

(3) 扩大SDRs的作用。

在未来的货币体系中，应以SDRs(国际货币基金组织特别提款权)作为最主要的储备资产，也就是把美元本位改为SDRs本位。参加SDRs账户的国家可以用SDRs来偿还基金组织的借款，各会员国也可以用SDRs来进行借贷。

(4) 扩大会员国的份额。

根据当时各国经济发展的状况重新修订份额，由原来的292亿SDRs扩大到380亿SDRs。另外，在增加份额的同时，各国的份额比例也有所调整，前联邦德国、日本及某些发展中国家的份额比例有所扩大，而美国的比例则略有减少。

(5) 增加向发展中国家的资金融通。

IMF以出售黄金所得收入成立信托基金，用于援助发展中国家，同时扩大信用贷款部分的总额，由占会员国份额的100%增加到145%，并放宽“出国波动补偿贷款”额度，由50%提高到75%。

3. 牙买加体系的评价

1) 牙买加体系的积极作用

(1) 储备资产多元化，使国际货币制度的稳定性有所提高。

自1973年以来，国际储备资产的构成就出现了分散化的趋势，形成了多元化的储备局面。在所有的国际储备中，外汇储备的比例接近90%，而黄金、SDRs和IMF会员国的储备头寸为10%左右。国际储备的多元化和分散化，摆脱了布雷顿森林体系时期基准货币国家与依附国家相互牵连的弊端。在储备货币多元化的情况下，储备货币的好处和风险由多种货币分担，有利于国际货币制度的稳定性。

(2) 弹性化的汇率安排，能够较灵活地适应世界经济形势多变的状况。

1973年以后，各国普遍实行弹性汇率制。IMF根据弹性的程度将当前各国的汇率制度分为3类。第一类是钉住汇率制(其中又分为钉住单一货币和钉住一篮子货币两种)；第二类是相对于某种或某组货币具有有限灵活性的汇率(其中又分为相对于一种货币的有限灵活和合作安排两种)；第三类是较大灵活性的汇率(其中又分为根据一套指标调整、管理浮动和自由浮动3种)。大部分发展中国家实行钉住汇率制，欠发达的发展中国家常常采用钉住单一货币，另外一些新兴的工业国常采用管理浮动，而绝大多数的发达国家常采用自由浮动。主要储备货币的浮动汇率可以根据市场供求状况自动及时调整，从而灵敏地反映瞬息万变的经济状况，这有利于国际贸易和国际金融交易。

(3) 多样化的国际收支调节机制并行。

各种调节机制相互补充，而不是单单依靠某一种调节手段，这也比较适应当今世界经济发展不平衡的特点。牙买加体系中的国际收支调节方式跟以往相比具有多样化的特点。一国的国际收支不平衡可以通过汇率机制、利率机制、国内经济政策(主要包括货币财政政策及直接管制政策)、国际金融市场融资、国际金融机构的调节，及国际之间的货币合作等多种方式调节。一国可以根据自身的状况来选择成本最小及效率最高的调节方式。

2) 牙买加体系存在的问题

(1) 国际储备体系的问题。

①“特里芬难题”依然存在。

布雷顿森林体系崩溃后，美元失去垄断储备货币的资格，国际储备出现了多元化。但在多元化国际储备中美元仍然是最主要的储备货币，目前美元在国际外汇储备总量中约占56%，在国际贸易结算中大约60%使用美元。储备货币多元化并不能完全解决信心与清偿能力互相矛盾这一“特里芬难题”，只是使其暂时缓解而已。在多元化国际储备格局下，储备货币发行国仍享有“铸币税”等多种好处，同时，在多元化国际储备下，缺乏统一的稳定的货币标准，这本身就可能造成国际金融的不稳定。

② 多元化的储备货币体系更易产生动荡。

多元化储备体系使国际储备资产的管理更加复杂，国际金融局面更易产生动荡。首先，储备货币多元化以后，必须密切注意和研究各主要储备货币之间的汇率变动及其发展趋势；其次，各储备货币的发行国一般都是根据其国内经济的需要和货币流通状况来确定各自的经济政策，而不关心国际金融市场是否稳定。这些多样化的、甚至相互矛盾的经济政策，必然会引起国际金融市场的动荡。

③ 多元化国际储备的发行更易泡沫化。

近年来，由于金融自由化使各国金融市场紧密联系在一起，各国面临着强大的国际游资的冲击。大量的短期资金加快了国际信贷的扩张和资金的周转，使储备货币流向非储备倾向发行国，而储备货币发行国又脱离本国真实经济而滥发货币，形成全球国际储备的泡沫化。这种国际储备的泡沫对世界经济的发展影响巨大，容易造成全球金融市场的动荡及世界性的通货膨胀。

(2) 国际汇率制度的问题。

① 经济发展对固定汇率制渴望与市场对浮动汇率制要求的矛盾。

国际贸易和国际投资的发展要求有比较稳定的汇率，以减轻和防范汇率风险。但是，由于市场经济规律的客观要求，汇率的确定应反映市场规律的要求，依外汇市场的供需变化而弹性化。这就使汇率制度的选择变得非常困难，如果处理不好，就可能会出现金融动荡。1996 年亚洲金融危机前，东南亚各国大多实行钉住美元的联系汇率制。这种制度的最大优点是汇率变动较少，对各国国际贸易和国际投资活动的开展非常有利。但长期人为地固定，而不根据市场的实际进行调整，就会出现本国货币的汇率处于高估或低估的状况，其结果最终酿成了大面积的金融动荡。

② 弹性化的汇率机制使外汇市场动荡频繁，汇率风险日益加大。

这主要表现在以下 3 个方面：第一，在弹性的汇率制度下，汇率波动频繁而急剧，因而国际贸易和国际金融市场受到严重的影响。第二，弹性的汇率制度更易加剧世界性的通货膨胀，因为弹性汇率总的来说提高了世界各国的物价，使 IMF 对国际储备的控制削弱了，一些国家可以无限制地继续通货膨胀政策，而不必考虑国际支付问题。第三，弹性汇率的经常变动，不仅影响对外贸易和资本流动，而且使发展中国家外汇储备中的外债问题也变得复杂化。

(3) 国际收支调节机制的问题。

近 10 年来，各国国际收支不平衡的扩大表明，虽然在现行国际货币体系下，一国国际收支不平衡的调节方式很多，但在调节国际收支方面缺乏效率，而且布雷顿森林体系下国际收支调节责任的不对称在当今再次表现出来。由于当前国际货币无序而缺乏强制力，国际收支不平衡调节的责任实际上落在逆差国或非储备货币发行国头上，而顺差国或储备货币发行国则可袖手旁观。另外储备货币发行国可以通过发行储备货币的方式来解决本国的逆差，而非储备货币发行国则必须采取其他各种调整措施。

(4) 国际货币管理机构的问题。

目前 IMF 主要存在着下列重大问题：

① 受美国等少数发达国家的操纵，不能正确维护发展中国家的利益。

② 贷款的资金严重不足。

③ 资金的分配极不合理。

④ 对国际储备的泡沫毫无办法。

⑤ 对国际游资的监控无能为力等。

总之，现有的国际货币体系被人们普遍认为是一种过渡性的不健全的体系，需要进行彻底的改革。

任务三　了解欧元

『任务目标』

1. 掌握欧元的产生和发展过程
2. 掌握欧元对世界经济的影响

『任务引入』

欧洲争论欧元十年利弊

2011年是欧元进入流通第十年。在欧债危机愈演愈烈之际，欧洲媒体和专家对欧元利弊进行全面解读。法国国际信息与展望研究中心主任认为，欧元的好处现在并不突出。投资大师罗杰斯则对英国广播公司说，当前危机不能怪欧元。

法新社2011年12月27日说，多数经济学家承认尽管欧元对当前的危机有副作用，但长期看还是有很多好处。首先是使用统一货币减少了汇率波动风险和成本，加强了欧洲市场一体化，促进了欧元区成员国之间的贸易。其次是遏制通胀，欧元流通以来成员国的平均通胀率为2%，南欧国家尤其如此。意大利博克尼大学教授杰瓦尼说，欧元让欧洲国家政府无需用贬值的方法来提高产品竞争力。

但另一方面，单一货币意味着低利率，这为当前的危机埋下了种子。德国商业银行首席经济学家克莱默说，西班牙扣除通胀因素后的实际利率是负的，这助长了大量贷款，催生房地产泡沫。希腊政府则借助和德国同在一个货币区的优势大量借款。法国国际信息与展望研究中心主任伯纳希·凯尔认为，欧元的优势没有得到充分发挥，主要是欧元区国家政府的经济政策缺乏协调，"欧元的头10年是经济政策协调的失败，而不仅仅是削减赤字"。

柏林经济研究所的专家表示，德国在欧元流通后受益巨大，出口有40%去了欧元区国家，另有20%是欧盟其他国家。通过延后退休年龄和放缓涨工资速度，德国的劳动力成本获得了比欧元区其他国家更低的优势。投资大师罗杰斯2011年12月26日在接受英国广播公司采访时表示，当前"欧元危机"的核心不是欧元，而是某些欧元区国家过高的债务。在美元之外，世界需要另一种健康的货币。作为一个整体，欧元对世界是有利的。

（资料来源：环球时报．2011-12-28）

『知识内容』

一、欧元产生的背景

1.《德洛尔报告》

1988年6月，欧洲理事会汉诺威会议委托以德洛尔为首的欧共体委员会制定欧洲货币一体化的具体步骤。1989 年 4 月，德洛尔提出了《关于实现欧洲共同体经济和货币联盟的报告》(《德洛尔报告》)，并在 1988 年 6 月欧洲理事会马德里会议上经过激烈辩论后获得通过。《德洛尔报告》中提出分 3 个阶段来实现欧盟各国完全的一体化，其中货币一体化的内容如下：第一阶段(1990 年 7 月 1 日—1993 年 12 月 31 日)推动各国间的资本自由流动，实现金融市场一体化，加强各国货币及汇率政策的协调，尽可能减少欧洲货币体系中心汇率的调整，所有成员国加入欧洲货币汇率运行的窄幅波动，扩大欧洲货币单位的使用范围；第二阶段(1994 年 1 月 1 日—1998 年 12 月 31 日)进一步加强货币及汇率政策的协调，尽可能再缩小欧洲货币汇率的窄幅波动，建立欧洲中央银行的雏形——欧洲货币局；第三阶段(1999 年 1 月 1 日开始)建立欧洲中央银行体系，实现固定汇率制度，引进欧洲单一货币及统一的货币政策。

2.《马斯特里赫特条约》

1991 年 12 月 9 日和 10 日，欧共体 12 国首脑在荷兰的马斯特里赫特举行会议，通过了《政治联盟条约》及《经济和货币联盟条约》，统称《马斯特里赫特条约》(简称马约)。《政治联盟条约》规定，各国实行共同的外交政策、防务政策及社会政策。《经济与货币联盟条约》的目标是，最迟在 1999 年 1 月 1 日之前建立经济与货币联盟(Economic and Monetary Union，EMU)，在联盟内实现统一的货币、统一的中央银行及统一的货币政策。自 1992 年 6 月 2 日至 1993 年 10 月，欧共体各成员议会先后通过了马约，于是从 1993 年 11 月 1 日起，欧共体正式更名为欧洲联盟。

二、欧元的产生

1998 年 5 月 2 日至 3 日，欧盟首脑会议在布鲁塞尔召开，会议取得两项重大成果。一是确定了首批欧元区的参加国，即德国、法国、比利时、荷兰、卢森堡、奥地利、爱尔兰、芬兰、西班牙、葡萄牙和意大利 11 国(希腊后来加入)；二是确定了荷兰人杜伊森贝赫为首任欧洲中央银行行长。同年 7 月 1 日，欧洲中央银行正式运作。欧洲中央银行由两层组成：一是欧洲中央银行本身；二是欧洲中央银行体系，不加入欧元区的国家也属于欧洲中央银行体系的成员，但是，它们可以独立执行各自的货币政策，不参加有关欧元区的货币政策的制定和实施。1999 年 1 月 1 日欧洲货币一体化进入一个新时代，欧元顺利启动，欧元区正式形成。2002 年 1 月 1 日，欧元现钞开始进入流通领域，同年 3 月 1 日欧元开始全面替代欧元区 12 个国家的货币。

三、欧元启动对经济的影响

1. 对欧盟国家经济的影响

(1) 增强了欧盟国家的经济实力，提高了其竞争力。

目前欧元区的经济实力与美国大致相当，强于日本。这就改变了以往德国、法国等国家在与美国及日本经济竞争中的不利局面，经济实力的迅速增强使其在现有的竞争中处于有利的地位。

（2）减少了内部矛盾，防范和化解了金融风险。

在欧洲货币一体化的3个阶段中，各个国家的内部矛盾冲突十分激烈，有关汇率的安排及经济政策的采用等方面各个国家步调极不一致，从而出现了1992年的欧洲货币危机事件等，金融风险日益增加。欧元区建立后，成员国实行统一的货币及相同的经济政策，这从根本上减少了内部矛盾，防范和化解了金融风险。

（3）减少了成员国货币兑换的外汇风险，节省了清算支付成本。

欧元区的建立使得成员国不用再进行各自国家货币的兑换，这可完全消除原来的外汇风险，同时可大量节省流通环节的成本，估计每年会超过300亿美元。

（4）加速各个国家的经济发展，带动消费和投资的增加。

欧元建立后，各种生产要素完全进行流动，这将改变各个国家的产业结构与投资结构，优化各个国家资源配置的效率，加速各个国家GDP的增长，增加社会消费，刺激企业投资。

2. 对世界经济的影响

（1）使现有的国际储备体系趋于合理。从目前的全球国际储备的状况来看，欧元已与美元及日元三分天下，虽说其总数量还少于美元，但已全面超过日元，欧元在国际储备体系的重要性日益突出。这种现有的格局克服了以往国际储备的急剧膨胀，使国际储备的分配格局日趋合理并有利于各国国际储备的管理。

（2）使世界经济的一体化程度加深。欧元区的建立使欧洲金融市场完全一体化，从而进一步加深了世界经济一体化的程度。

（3）推动了现有国际货币体系的改革。欧盟一体化的进程为现有国际货币体系的改革提供了一整套可资参考的经验。

（4）进一步推动国际经济与货币合作。欧元区的成功建立进一步推动了现有的国际经济与货币合作，尤其是亚洲、非洲与拉美各国也将会联合起来进一步加强货币领域的合作，共同促进世界经济的发展。

任务四　国际金融组织

『任务目标』

1. 掌握国际金融组织机构的主要类型
2. 掌握国际货币基金组织与世界银行的基本职能及业务活动的异同

『任务引入』

IMF需精打细算　保留备用资金未雨绸缪

据外媒上周五（2011年12月23日）报道，有分析师指出，尽管IMF即将从欧盟成员国那里获得大约

2 000 亿美元的资金，为欧洲富裕国家的救援行动提供帮助，但仍然需要对每一分钱都精打细算，并还需要保留一定的备用资金。

这位分析师认为，IMF 最近拿到手的资金约有 700 亿美元，不及欧盟 2011 年 12 月稍早时订下的目标。即便如此，仍按 2 000 亿美元计算的话，IMF 掌握的资金将比目前的约 3 900 亿美元提高一半左右，接近 5 900 亿美元。

这位分析师指出，匈牙利债信评级被调降的消息提醒人们，历来被认为是中等收入的国家有可能寻求更多救助。因而，最终 IMF 可能仍需要对每一分钱都精打细算。

这位分析师表示，根据巴克莱资本(Barclays Capital)2011 年 11 月 24 日计算，西班牙和意大利政府未来 3 年需要借款约 1.25 万亿美元。假如 IMF 对希腊的资助规模占到总资金的 40%，而西班牙和意大利又同时伸手，那么将用去约 5 000 亿美元，只剩下不到 1 000 美元。

这位分析师进一步表示，而与此同时，可能又会有一大批老面孔前来借钱。匈牙利在过去 15 年中曾 3 次向 IMF 求助，根据花旗集团(Citigroup)的计算，匈牙利这一次最多可能要借 200 亿美元。另一个可能张口求助的 IMF 老客户可能是埃及，政局动荡令该国经济衰弱，今年财政赤字相当于国内生产总值(GDP)的比率可能超过 11%。

这位分析师认为，全球经济大幅下滑亦有可能损及其他国家。譬如，土耳其经济目前虽然快速成长，但其经常账赤字相当于 GDP 的比率也接近 10%，每年将近 800 亿美元，以美元计算仅次于美国。像这样陷入困境的国家还有很多，对 IMF 的援助需求或将很快升高，并轻而易举地突破 1 000 亿美元。

这位分析师指出，此外，IMF 还需要保留一定的备用资金，这样才能确保自己作为支持贷款人的公信力。当然，它可以不断地向成员国募集资金。但即便手中掌握的资金不断增多，IMF 也还是需要对资源的分配精打细算。

（资料来源：汇通网．2011－12－26）

『知识内容』

国际金融组织主要包括全球性的金融组织——国际货币基金组织和世界银行集团，以及区域性的国际金融组织——国际清算银行、亚洲开发银行、非洲开发银行和泛美开发银行等，下文对其分别介绍。

一、国际货币基金组织

1. IMF 的建立

国际货币基金组织 IMF 是全球性国际金融组织，它是联合国专营国际金融业务的专门机构。IMF 是根据 1944 年 7 月布雷顿森林会议的有关协定成立的。它正式创立于 1945 年 12 月，1947 年 3 月 1 日开始工作，同年 11 月 15 日成为联合国的一个专门机构，与世界银行集团、世界贸易组织一起构成战后国际经济秩序的三大支柱。国际货币基金组织总部设在华盛顿。其成员国分为两类：凡参加 1944 年布雷顿森林会议，并于 1945 年 12 月 31 日前在《协定》上签字正式参加的国家为创始成员国，此后参加的国家为其他会员国。其两种成员国在法律上享受平等的权利和义务。截至 2012 年 4 月，IMF 已有 188 个成员国。

2. IMF 的宗旨

《国际货币基金组织协定》第一条载明的 IMF 的宗旨是：

（1）通过设立一个就国际货币问题进行磋商和合作的常设机构，促进国际货币合作。

（2）促进国际贸易平衡地发展，并借此提高和保持高的就业率和收入水平，开发所有成员国的生产性资源，以此作为经济政策的主要目标。

（3）促进汇率的稳定，保持成员国之间有秩序的汇兑安排，避免竞争性货币贬值。

（4）协助建立成员国之间经济性交易的多边支付体系，取消阻碍国际贸易发展的外汇限制。

（5）在有充分保证的前提下，向成员国提供临时性资金融通，以增强其信心，使其有机会在不危害本国和国际经济的情况下，纠正国际收支失衡。

（6）根据上述宗旨，缩短成员国国际收支失衡的时间，减轻失衡的和谐。

按上述宗旨，IMF 履行的主要职能是：就成员国的汇率政策、与经常项目有关的支付，以及货币的兑换性问题确立一项行为准则，并实施监督；向国际收支发生困难的成员国提供必要的资金融通，以使它们遵守上述行为准则；向成员国提供国际货币合作与协商的场所。

3. IMF 的组织结构

IMF 的管理机构由理事会、执行董事会、总裁、副总裁和业务机构组成。

1）理事会

理事会是 IMF 的最高权力机构，它由会员国选派的理事和副理事各 1 人组成，担任理事一职的大都是各国财政部长或中央银行行长。理事会的主要任务是：接纳新会员，修改基金份额，分配特别提款权，决定会员国退出 IMF 和其他有关国际货币体系的重大问题。除此之外的其他职责由理事会授权执行董事会实施。理事会通常每年举行一次会议，即 IMF 年会，必要时可以举行特别会议。当出席会议的理事投票权合计数占总投票权势三分之二以上时，即达到法定人数。

2）执行董事会

执行董事会是负责处理 IMF 日常事务的机构，初期由 12 人组成，目前执行董事会由 22 名董事组成，其中 5 人是常任执行董事，由持有基金份额最多的英国、美国、德国、法国、日本担任，我国与沙特阿拉伯作为单独选区指派执行董事各 1 名，其余 15 名由其他成员国按地区划分为 15 个成员小组，通过选举产生。执行董事任期为 2 年，不得兼任理事。每名执行董事可指派 1 名副执行董事，在执行董事缺席时，可代行表决权。执行董事会根据业务的需要经常召开会议，当出席会议的执行董事投票数合计不少于总投票数的二分之一时，即达到法定人数。执行董事会推选总裁 1 人。

3）总裁

总裁是 IMF 的最高行政首脑，是执行董事会主席，由执行董事会选举，负责管理基金组织的日常工作。在通常情况下无投票权，只有在执行董事会投票表决出现双方票数相等时，才可投决定票。总裁历来由欧洲人担任，传统上副总裁只设 1 人，由美国人担任。1994 年 6 月初，执董会批准了总裁提出的建议，将基金组织副总裁的数目由 1 名增加到 3 名，这是 1949 年以来基金高级管理部门结构的首次重大变动。

4）业务机构

基金组织设有 16 个部门，负责经营管理日常业务。此外，IMF 还有两个永久性的海外机构，即欧洲办事处(设在巴黎)和日内瓦办事处，并在纽约联合国总部派驻一位特别代表。

4. IMF 的贷款

IMF 的贷款主要有以下几种。

1）普通贷款

普通贷款也叫普通提款权，是基金组织最基本的贷款方式。贷款期限为 3～5 年，贷款额度为会员国缴纳份额的 125%。基金组织把全部贷款额度分为两部分：第一部分为储备部分贷款，占总额的 25%，此部分贷款是无条件贷款，成员国无需支付利息，会员国用特别提款权和外汇作保证，故成员国可自动提用，不需经特殊批准；另一部分为信用贷款，再分为 4 个档次，每档次占 25%。在贷款掌握上，基金组织对 50%以内的贷款部分掌握较松，一般情况随时都能借到。对 75%～125%的贷款部分掌握较紧，属于高档信用贷款，一般很难借到。1981 年我国曾获得第一档次信用部分贷款 4.5 亿美元，1984 年还款。

2）中期贷款

这是为解决会员国较长期的结构性的国际收支逆差，于 1974 年 9 月设立的一种专项贷款，又称为扩展贷款。贷款期为 4～10 年，贷款额度最高可达借款国缴纳份额的 140%，并分期发放贷款。成员国申请这种贷款，必须向 IMF 证明自己发生了结构性国际收支逆差，而且要提出为克服这种困难而准备的政策和措施。借款后，4 年半开始偿还。现只有埃及、海地、牙买加和斯里兰卡借用这种贷款。

3）补偿贷款

此贷款设立于 1963 年 2 月，是 IMF 对初级产品出口国因出口收入下降，而发生国际收支困难时提供的一项专用贷款。贷款期限为 3～5 年，该项贷款最初只向初级产品出口国提供，所以也被称为出口波动补偿贷款。1981 年以后因进口价格上涨而发生国际收支困难的国家也可以申请这种贷款。贷款额度最初规定为相当于会员国缴纳份额的 25%，1966 年 9 月提高为 50%，现在最高可达 100%。

4）缓冲库存贷款

这是 IMF 于 1969 年 6 月为稳定国际市场上初级产品价格，向初级产品出口国发放的一种贷款。贷款期限为 3～5 年，贷款的最高额度为借款国缴纳份额的 50%。国际缓冲库存是一些初级产品生产国按照国际商品协定建立一定数量的存货，如锡、糖、可可和橡胶，当国际市场价格波动时向市场抛售或买进该项产品以稳定价格，从而稳定生产国的出口收入。

5）补充贷款

补充贷款是IMF为解决会员国持续逆差问题而设立的贷款，主要用于补充普通贷款和中期贷款的不足。此贷款设立于1977年4月，总计84亿特别提款权，由石油输出国提供48%，有顺差的7个工业化发达国家提供52%；贷款期限为3.5～7年，最高借款额可达会员国份额的140%。

6）扩大贷款

这是补充贷款承诺完成后，以同样的条件提供的一项贷款。贷款期限为1年，不超过份额的150%，或3年不超过份额的450%。该项贷款是在提取贷款后3年半开始偿还，到第7年年底还清，每半年一次，每次金额相同。

7）信托基金贷款

这是IMF在1976年受托承办的一种贷款，资金来源于“信托基金”，IMF将其持有黄金的1/6(2 500盎司)在1976年7月至1980年6月的4年内按市价拍卖，以所获利润(市价超过35美元官价的部分)建立一笔“信托基金”，按优惠条件向贫穷的发展中国家提供贷款，贷款期限为10年。所谓贫穷的发展中国家的标准，是指按1973年平均每人国民收入不超过300特别提款权单位的发展中国家。现此项贷款业务已终止。

8）结构调整贷款

该贷款于1986年3月设立，用于帮助国际收入发生持续性逆差的低收入国家的国际收支调节。贷款条件优惠，年利率仅为0.5%～1%，期限一般为10年，且有5年宽限期，贷款最高限额为份额的70%。成员国要获得该项贷款，必须有详细的经济调整计划，并且由IMF或世界银行工作人员参与计划的制订，最后由IMF核定批准。

9）制度转型贷款

该贷款于1993年4月设立，主要用于帮助解决由计划经济向市场经济转变引起的国际收支困难，由双边贸易转向多边贸易引起的国际收支困难；此项贷款最高额为份额的50%，期限为4～10年。该项贷款已于1995年12月底停止运作。

相关链接

1945年，IMF和世界银行成立时，旧中国是创始会员国之一。当时的国民党政权代表中国占据这两个组织的席位。新中国成立后，我国政府曾多次致电国际货币基金组织，要求恢复我国的合法席位，但问题一直被搁置。1980年，在我国政府再次致电IMF和世界银行，要求恢复我合法席位以后，两组织的执行董事会遂于同年4月17日和5月15日先后通过了恢复我国代表权的决定。我国遂即委派在这两个组织中的中国理事、副理事和正副执行董事，从此正式参加IMF和世界银行的工作。

我国恢复IMF的好处：第一，可以利用这些组织提供的资金和技术援助，为我国的经济建设利用外资增加筹资渠道；第二，通过参加这些组织在国际金融领域里的活动，扩大我国对外接触面，使世界更好地了解中国，有利于扩大我国政治影响和发展国际金融合作关系；第三，能获得更多的国际市场信息，从而有利于我国开展对外贸易。

在 IMF 刚刚创立时，我国的份额为 5.5 亿美元，1980 年增加为 12 亿特别提款权。1989 年我国在 IMF 中的份额达到 23.91 亿特别提款权，1997 年为 33.852 亿特别提款权，截至 2000 年 6 月 30 日，我国在 IMF 中的份额为 46.872 亿特别提款权，占总份额的比重为 2.23%。2001 年 2 月，IMF 理事会投票通过了关于中国特别提款权的决议，将我国在基金的份额提高到 63.692 亿特别提款权，占总份额的 2.99%。

我国从 1980 年第一次借用第一档信用部分贷款权 4.5 亿特别提款权以来，已经累计使用 IMF 的信贷 13.85 亿特别提款权，这些贷款对补充我国的资金短缺起到了积极作用。

二、世界银行集团

世界银行集团是世界银行、国际开发协会、国际金融公司、多边投资担保机构和国际投资争端解决中心的总称。前三者之间在业务上相互补充，在运营上互相独立：世界银行主要向发展中国家提供低于市场利率的中长期贷款；国际金融公司主要负责向发展中国家的私人企业提供贷款；而国际开发协会是向低收入的国家提供长期无息贷款。下文我们只介绍世界银行、国际开发协会和国际金融公司。

1. 世界银行

1）世界银行的建立与宗旨

世界银行(World Bank，WB)也称为国际复兴开发银行(International Bank for Reconstruction and Development，IBRD)，是 1944 年 7 月布雷顿森林会议后与国际货币基金组织同时产生的另一个国际金融组织。1945 年 12 月建立，1946 年 6 月开始营业。1947 年成为联合国的专门金融机构，其总部设在华盛顿，并在纽约、日内瓦、巴黎、东京等地设有办事处。其目标最初是为西欧国家战后复兴提供资金支持。1948 年马歇尔计划内的欧洲的复兴资金落实以后，业务目标转变为帮助亚、非、拉发展中国家提高生产力，促进其社会进步和经济发展，改善和提高人民生活。世界银行与国际货币基金组织有紧密联系，是相互配合的国际金融组织，每年这两个机构的理事会联合召开年会。目前世界银行有 183 个会员国。按该行协定，凡参加世界银行的国家，首先必须是 IMF 的会员国，但 IMF 的会员国不一定都参加世界银行。

世界银行的宗旨是：(1)与其他国际机构合作，为生产性投资提供长期贷款，协助会员国的复兴与开发，并鼓励不发达国家开发生产与资源；(2)促进私人对外投资；(3)促进国际贸易的长期平衡发展，维持国际收支平衡；(4)与国际其他方面的贷款相配合，提供贷款保证。

2）世界银行的组织机构

世界银行设有理事会、执行董事会和行长。

(1) 理事会。

理事会是世界银行的最高权力机构，它由会员国选派的理事和副理事各 1 人组成，任期 5 年，可以连任。会员国一般委派财政部长或中央银行行长担任理事。理事会每年举行一次年会，一般与 IMF 年会联合召开。理事会的职责是：批准接纳新会员国、停止会员国资格、增加或减少银行资本、决定银行净收益的分配，以及处理其他重大事件。

（2）执行董事会。

执行董事会是世界银行负责处理日常事务的常设机构，执行董事的选举与国际货币基金组织选举执行董事的办法相同。执行董事会主席由世行行长担任。行长无投票权，只有在执行董事会表决中双方票数相等时，可以投决定性的 1 票。

（3）行长。

行长是世界银行的最高行政长官，由执行董事会选举产生，负责领导银行的日常工作以及任免银行的高级职员和工作人员。世界银行自成立以来，行长一直由美国人担任。世界银行除在华盛顿设有总部外，在许多成员国设有办事处、派出机构和常驻代表。在总部内按地区和专业设有 50 个局和相当于局的机构，分别由 18 名副行长领导。

3）世界银行的资金来源

世界银行的资金主要来源于以下 4 个方面。

（1）成员国缴纳的股本金。

世界银行成立时，协定规定银行法定资本为 100 亿美元，分为 10 万股，每股 10 万美元。由于美元币值不稳，多次贬值，1978 年，世界银行法定资本每股改按 10 万特别提款权计算。成员国缴纳的股金以它们在 IMF 中分摊到的份额为准，其中的 20%在参加时缴纳，包括 2%的黄金或美元，18%的本国货币。2%这一部分股金，银行有权自由使用，其余的 18%用会员国本国货币支付的，银行征得该会员国同意才能将这部分股金用于贷款。会员国认购股份的另外 80%是待缴股本。从 1981 年起，各会员国实缴股金降为 7.5%(其中 0.75%用可自由兑换货币缴纳，其余的 6.75%用本币缴纳)。

世界银行会员国的投票权不是实行一国一票的原则，而是采取按股份额计算投票的原则。与 IMF 一样，会员国均拥有基本投票权 250 票，另外每认购 10 万美元(后改为 10 万特别提款权)股金即增加一票。

（2）借款。

世界银行实有资本有限，而且它不能像商业银行那样吸收存款，它主要通过在各国和国际金融市场发行债券筹措资金。这是世界银行资金的主要来源。在世行提供的贷款总额中，约有 70%依靠发行债券借入。发行债券的期限从 2 年到 25 年不等，发行最多的是美元。

（3）债权转让。

这是世界银行的又一资金来源。世界银行采取将其贷出款项的债权转让给私人投资者(主要是商业银行)的办法，提前收回一部分资金，以扩大银行贷款资金的周转能力。商业银行也借此利用世界银行的能力，获得比较安全的投资渠道。

（4）业务净收益。

主要来自利息收入和投资收益。从 1948 年以来每年世行都有节余，且业务净收入逐年递增，除一部分以赠款形式拨给国际开发协会以外，大部分留作贷款。

4）世界银行的业务活动

世界银行的主要业务是发放贷款。

（1）贷款原则主要有以下 5 点。

① 只贷给会员国政府或由会员国政府、中央银行担保的机构。

② 世界银行只对无法以合理的条件从其他方面取得贷款的成员国发放贷款，不与其他贷款机构竞争。

③ 贷款必须用于世界银行审定批准的工程项目，即项目贷款；只有在特定情况下，才发放非项目贷款，用以解决进口物资、设备，支持生产发展和克服自然灾害发展经济的资金需要。

④ 贷款必须专款专用，并接受世界银行的监督。

⑤ 因为贷款的资金来源主要是国际金融市场上的借款，必须确保贷款能如期收回，所以，贷款只贷给有偿还能力的会员国。

（2）贷款的种类。

世界银行的贷款分为项目贷款、部门贷款、结构调整贷款、联合贷款和第三窗口贷款等几种类型，其中项目贷款是世界银行贷款业务的主要组成部分。

项目贷款又称为特定投资贷款，用于资助成员国某个具体的发展项目。世界银行对农业和农村发展、教育、能源、工业、交通、城市发展等方面的大部分贷款都属于此类贷款。

世界银行的贷款由于贷款条件严格、贷款利率相对较高，又称为硬贷款。国际开发协会所发放的优惠贷款则被称为软贷款。

世界银行除了发放贷款以外，其业务活动还包括对非商业性的风险提供担保、为提高贷款的经济效益而提供技术援助和人员培训、进行社会经济调查等。

2. 国际开发协会

国际开发协会（International Development Association，IDA）是专门向贫穷的发展中国家提供长期资金帮助的相对独立的国际性金融组织。它是世界银行的附属机构，建立于 1960 年 9 月，同年 11 月 3 日开业，总部设在华盛顿。国际开发协会刚建立时只有 68 个会员国，截至 2012 年 4 月已增至 172 个会员国。其成员国分两类，一类是重工业发达国家和石油输出国，另一类是发展中国家。只有世界银行的会员国才有资格参加国际开发协会，但世界银行会员国不一定参加该协会，国际开发协会年会与世行同步举行。

1）国际开发协会的宗旨

作为世界银行的一个附属机构，国际开发协会是为了补充世界银行对发展中国家的贷款活动而专门设立的。其宗旨是：向发展中国家提供比世界银行的贷款条件更为宽厚的长期信贷，以减轻其国际收支负担，促进它们的经济发展，提高居民的生活水平，从而补充世界银行的作用，推动世界银行目标的实现。

2）国际开发协会的组织机构

国际开发协会的组成方式与世界银行相同，即也是按股份公司原则以会员国入股方式组成的企业性国际金融机构。国际开发协会与世界银行在组织机构方面是“一套人马、两块牌子”。但两者在法律上和财务上相互独立，两者的股本、资产和负债相互分开，业务分别进行，只不过是提供条件不同的贷款的两个窗口。协会的组织机构在名义上也有理事会、执行董事会和经理、副经理。

理事会是最高权力机构；执行董事会是负责组织日常业务的机构；以经理、若干副经理和工作人员组成的办事机构负责处理日常业务工作。国际开发协会的正、副理事由世界银行的正、副理事兼任，正、副执行董事也由世界银行的正、副执行董事兼任，世界银行的正、副行长兼任该协会的正、副经理。

3）国际开发协会的资金来源

(1) 会员国认缴的股金。

会员国认缴股本数额，根据其在世界银行认购股份比例确定。按照经济发展状况会员国分为两类：第一类为工业发达国家和高收入国家，如美、日、德、英、法等发达国家和南非、科威特等高收入国家共22个，这些国家认缴的股本需以黄金或自由兑换货币缴纳；第二类是亚、非、拉发展中国家，这些国家认缴股本的10%需以黄金和自由兑换货币缴纳，其余90%用本国货币缴纳，且这些货币在未征得货币所属国同意前，国际开发协会不得使用。

(2) 会员国和其他资助国的补充资金和特别捐款。

由于会员国认缴股金不能满足信贷需要，协会要求有能力的会员国，主要是第一类国家，在一定时期内提供一些资金，以保证协会的资金来源。

(3) 世界银行的赠款。

世界银行从其净收益中划出一部分款项作为对协会的赠款。

(4) 协会本身业务经营的净收入。

协会本身业务经营的净收入，是指协会经营业务所获得的净收益。但这部分款项为数甚少。

(5) 基金收入。

国际开发协会于1982年10月设立了特别基金，1985年5月又设立了非洲基金。这两项基金均由该会员国及世界银行及其他国家的捐款组成，用以解决特殊贷款的资金需要。

4）国际开发协会的业务活动

国际开发协会的主要业务，是向低收入的发展中国家提供长期优惠性贷款。按1989年新标准的规定，只有人均国民生产总值在580美元以下的成员国，才能获得此种贷款。

由于国际开发协会提供的贷款优惠而宽松，故被称为软贷款，又叫开发信贷。贷款期限为50年，前10年为宽限期不必还本，从第二个10年起每年还本1%，其余30年还本3%。在整个贷款期限中免收利息，只对已拨付的部分每年收取0.75%和手续费。因此，国际开发协会的信贷具有明显的援助性质。其贷款的对象主要有：农业和农村发展、能源、工业项目、教育、人口保健和营养、电信、旅游、运输等部门。接受贷款较多的国家有印度、孟加拉、巴基斯坦等。

3. 国际金融公司

国际金融公司(International Finance Corporation，IFC)是专门向经济不发达会员国的

私人企业提供贷款和投资的国际性金融组织。国际金融公司成立于1956年7月24日，它也是世界银行的一个附属机构。其总部设在华盛顿。

1）国际金融公司的宗旨

为发展中国家成员国私人企业的新建、扩建、改建提供没有政府机构担保的贷款，以促进发展中国家的私人经济增长和资本市场的发展。

2）国际金融公司的组织机构

国际金融公司的组织形式与国际开发协会相同。与国际开发协会不同的是国际金融公司有独立的办事机构。公司办事机构的日常工作由一名执行副总裁主持，几名副总裁协助，下设若干局、专业业务局和职能局。公司的成员国必须是世界银行的成员国，而世界银行的成员国并不一定都要加入国际金融公司。

3）国际金融公司的资金来源

（1）成员国认缴的股金。

成员国认缴的股金是国际金融公司的重要资金来源。认缴额根据成员国在世界银行的认缴股金而定，而且认缴股金必须是黄金或美元。

（2）从世界银行及其他国家得到的贷款。

（3）公司收益。

（4）转让投资股本。

与世界银行相类似，公司通过转让投资股本取得周转资金。

4）国际金融公司的业务活动

国际金融公司的资金主要用于向成员国的私人企业提供贷款或直接投资。其中贷款不需要成员国政府提供担保，公司常与私人商业银行等联合提供。贷款期限一般为7～15年；每笔贷款限于200万～400万美元；利率一般高于世界银行利率而稍低于市场利率；未提用部分每年收1%的承担费。而直接投资的对象是不发达国家的私营(包括公私合营)企业，一般投资额不超过总股份的25%(最低的只有2%)，但收益率要在10%以上。在进行投资的同时，还向项目主办企业提供必要的技术援助，并且还向会员国政府提供政策咨询服务，以协助创造良好的投资环境，从而达到促进私人投资的目的。但还款条件较严，必须以原借款的货币偿还。另外，贷款使用范围较为广泛，可用于发展中国家的采掘、加工、制造、公用事业、旅游等。

三、区域性国际金融机构

1. 国际清算银行

1）国际清算银行的宗旨

国际清算银行(Bank for International Settlements，BIS)于1930年5月根据海牙国际协定，由英国、法国、意大利、德国、比利时、日本的中央银行以及美国的三大金融机构(摩根保证信托公司、纽约花旗银行、芝加哥花旗银行)共同组建，行址设在瑞士的巴塞尔。国际清算银行刚建立时只有7个成员国，现在已发展到30多个。我国于1996年加入该行。

国际清算银行成立的最初目的是为了处理第一次世界大战后德国战败赔款和债务问题，1945 年 IMF 和世界银行成立后，曾通过决议撤销国际清算银行，但美国为了实现马歇尔计划，力主将该行作为欧洲国家之间和美国与欧洲国家之间进行国际结算的代理机构，国际清算银行才保留。所以现在国际清算银行的宗旨是：促进中央银行之间的合作，并向它们提供更多的国际金融业务的便利，在国际金融清算业务方面充当受托人或代理人。

2）国际清算银行的组织机构

国际清算银行的最高权力机构是股东大会。股东大会每年举行一次，由认购该行股票的各国中央银行派代表参加，实际权力则由董事会掌握。董事会由董事长、副董事长各 1 名及 11 名董事组成。董事会下设经理部，有总经理和副总经理及正、副经理 10 余人组成，下设 4 个机构：银行部，主管具体银行业务；货币经济部，负责研究和调查工作；秘书处；法律处。该行雇员约 300 余人。

3）国际清算银行的资金来源

（1）成员国认缴的股金。

国际清算银行的股份资本不仅可由各个国家的中央银行认购，而且私人银行和个人也可以认购，不过认购了该行股份的私人银行或个人没有投票权。

（2）国际清算银行接受各中央银行的存款。

目前全世界约有 80 多家中央银行将其大约 10%的外汇储备和 3 000 多吨黄金储备存于该行。存款在该行的资金来源中占有很重要的地位。

（3）向成员国中央银行的借款。

国际清算银行为补充资金的不足，向各国的中央银行借款。

4）国际清算银行的业务活动

国际清算银行主要是和各国中央银行往来，包括成员国和非成员国的中央银行，与各国中央银行进行国际金融合作。此外，还和一些国家的商业银行有往来关系。它的主要业务是：

（1）存款业务。

（2）国际清算业务。

（3）经营各国国库券及其他债券的贴现和买卖业务。

2. 亚洲开发银行

1）亚洲开发银行的宗旨

亚洲开发银行的宗旨是向成员国发放贷款，进行投资和技术援助，协调成员国在经济、贸易、发展方面的政策，促进亚洲及太平洋地区的经济合作与发展。

2）亚洲开发银行的组织机构

亚洲开发银行设有理事会、董事会以及亚洲开发银行总部。

（1）理事会。

理事会是亚行的最高权力机构，由各成员国任命的 1 名理事和 1 名副理事组成。理事会通常每年举行一次会议，即亚洲开发银行理事会年会。当出席会议的理事投票权合计数占总投票的三分之二以上时，会议内容即可通过。

（2）董事会。

董事会是亚行日常业务的领导机构，行使由亚行章程和理事会赋予的权力。董事会现由12名董事组成，其中8名来自亚太地区，4名来自亚太以外地区。董事可以任命1名副董事。我国自1986年加入亚行后，作为单独选区指派了董事和副董事。

（3）行长。

行长是亚行的合法代表和最高行政长官，在董事会的指导下处理亚行的日常业务并负责亚行官员和工作人员的任命和辞退。亚行行长由理事会选举产生，必须是亚太地区成员国的公民，历届行长均由日本人担任。

行长可以参加理事会，但无表决权。一般不参加投票，只有在表决中出现赞成与反对票数相等的情况，才可以投决定性一票。

（4）总部。

总部是亚行的执行机构，负责亚行的业务经营。在总部内设有24个局和局级办公室。亚行除总部外，还在借款多的国家和地区设立了常驻代表处。

3）亚洲开发银行的资金来源

（1）普通资金。

普通资金是亚行开展业务最主要的资金来源，具体包括以下几个方面。

① 股金。亚行建立时的法定资本为10亿美元，分为10万股，每股1万美元。亚太地区成员应缴纳的股金，按特定公式用人口、税收和出口额进行加权调整后的国内生产总值来计算；非亚太地区成员认缴的股金主要根据各自的对外援助政策和各自对多边开发机构资助预算的分配，经协商谈判确定。新接纳成员认缴的股金由亚行理事会确定。首批股金分为实缴和待缴股本，各占50%。实缴股本分5次缴纳，每次缴20%。每次缴纳金额的一半以黄金或自由兑换货币支付，另一半以本国货币支付。待缴部分当亚行催缴时，应以黄金、自由兑换货币或亚行指定的货币缴付。

② 借款。亚行主要向国际金融市场借款，多数依赖在国际资本市场发行长期债券筹集，也向有关成员国政府、央行及其他金融机构直接安排债券销售，同时还直接从商业银行借款。

③ 亚行的业务净收益。从放款的利息、承诺费和其他收入中，扣除利息支出、行政管理费和成员的服务费以后的所得。

（2）特别基金和开发基金。

① 技术援助特别基金。亚行于1967年为了提高发展中成员国的人力资源素质并加强其执行机构的建设而建立的基金。

② 亚洲开发基金。亚洲开发基金始建于1974年6月28日，专门用于亚太地区贫困成员国的优惠贷款。基金来源于发达成员国的捐赠。最大认捐国是日本，第二是美国。

③ 日本特别基金。1987年在日本大阪举行亚行第20届年会期间，日本政府表示愿意出资建立一个特别基金，用于加速亚行发展中成员国的经济增长。亚行董事会于1988年3月10日作出决定，由亚行与日本政府正式签署设立日本特别基金协议。该项基金以赠款形式对成员的公营、私营部门进行技术援助，或者通过单独或联合的股本投资，支持私营

部门的开发项目，或者以单独或联合赠款的形式，对亚行向公营部门开发项目贷款的技术援助部分给予资助。

4）亚洲开发银行的业务活动

亚洲开发银行的业务活动有3个方面：贷款、股本投资、技术援助。

（1）贷款。

亚行贷款是亚行最主要的业务，按贷款条件可分为硬贷款、软贷款和赠款3种形式。

硬贷款，即相对来讲贷款条件比较严格的贷款。其利率为浮动利率，按国际金融市场状况每半年调整一次，期限一般为10～30年，含2～7年的宽限期。硬贷款资金来自普通资金，特别是来自国际资本市场的借款。

软贷款，即贷款条件相对优惠的贷款。仅提供给人均GNP低于650美元(1983年标准)的贫困成员国，贷款期限为40年，不收利息，仅收取1%的手续费。软贷款资金来源于亚洲开发基金。亚行每年向本区域发展中成员国提供约60亿美元的发展援助金。

赠款用于技术援助，资金来自技术援助特别基金和日本特别基金，其金额有限。

（2）股本投资。

股本投资是指亚行通过购买私人企业股票或私人开发金融机构股票等形式，对发展中国家私人企业融资。

（3）技术援助。

亚行对会员国提供技术援助，主要包括咨询服务、派遣长期或短期专家顾问团指导、协助拟订和执行开发计划等。

3. 非洲开发银行

1）非洲开发银行的建立和宗旨

非洲开发银行(African Development Bank，AFDB)是在联合国非洲经济委员会帮助下主要由非洲国家政府合办的具有互助性质的半区域性国际金融机构。成立于1964年9月，1966年7月开始营业，总部设在科特迪瓦(象牙海岸)首都阿比让。非洲开发银行原本具有严格的地区性，成员国只限于非洲国家，为了广泛吸收资金和扩大贷款能力，非洲开发银行理事会在1980年5月举行的第15届年会上通过决议，允许区外国家加入，这些国家有美国、日本、西欧等国，我国于1985年5月正式加入该行。现在非洲开发银行的成员国77个，除53个非洲国家外，还有24个区外国家。

非洲开发银行的宗旨是：向非洲成员国提供投资和贷款或给予技术援助，充分利用本地区的人力和资源，以促进各国经济发展和社会进步，帮助非洲大陆制定经济和社会发展的总体规划，协调各国的发展计划，从而达到非洲经济一体化。

非洲开发银行集团(由非洲开发银行、非洲开发基金和尼日利亚信托基金组成，简称非行集团)，是非洲最大的地区性政府间开发金融机构，其宗旨是促进非洲本地区成员的经济发展和社会进步。

2）非洲开发银行的资金来源

该行的资金来源主要是成员国认缴的股本。最初的核定资本为2.5亿记账单位，以后逐年增加，到1998年底，非洲开发银行的股本总额已达到278亿美元。

3）非洲开发银行的业务

非洲开发银行经营的业务分普通贷款业务和特别贷款业务。普通贷款业务是该行用普通股本资金提供的贷款和担保；特别贷款业务是用非洲开发银行规定专门用途的特别基金开展的优惠贷款业务。非洲开发银行的贷款主要用于农业、教育、卫生、交通运输、公用事业、工业和金融部门。

4）非洲开发银行的机构

非洲开发银行的管理机构也是由理事会、董事会和行长组成。为了充分动员和利用资金，非洲开发银行还建立了非洲开发基金、非洲投资与开发国际金融公司、尼日利亚信托基金、非洲再保险公司、非洲工业发展基金等机构。通过上述机构的经营活动，聚集了大量的资金。

4. 泛美开发银行

泛美开发银行(Inter－American Development Bank，IDB)是由美洲及美洲以外的国家联合建立，向拉丁美洲国家提供贷款的半区域性国际金融机构。它的宗旨是：集中动员洲内外的力量，对需要资金的拉丁美洲国家或地区的经济和社会发展计划提供资金和技术援助，从而促进拉美国家的经济发展。泛美开发银行成立于1959年4月，1960年10月开始营业，行址设在美国华盛顿。创办时由美国和19个拉美国家组成。

泛美开发银行的机构设置与亚洲开发银行相同，也设理事会、董事会和行长。

泛美开发银行的主要业务是提供普通贷款和特别业务基金贷款。普通贷款是对成员国政府、公私团体的经济项目所发放的贷款。特别业务基金贷款是对以公共工程为主的特别经济项目的贷款。前者期限为10～25年，后者期限为10～30年，而且利率较低。

项目小结

(1) 对国际间货币政策协调过程中的一些基本问题所进行的制度安排被称之为国际货币体系。国际货币体系随着历史的发展而不断演变，主要经历了国际金本位制时期、布雷顿森林体系时期和牙买加体系时期。

(2) 国际金本位制就是以各国普遍采用金本位制为基础的国际货币体系，它形成于19世纪80年代。国际金本位制的特点是：黄金不但是国际货币体系的基础，而且可以自由输出输入、自由兑换、自由铸造。20世纪初，历史条件的变化使国际金本位制最终崩溃。

(3) 布雷顿森林体系是第二次世界大战后形成的一个美国居于统治地位的新国际货币体系，它的最主要特征可概括为双挂钩的可调整的钉住汇率制度。“双挂钩”，即美元与黄金挂钩，其他货币与美元挂钩。布雷顿森林体系的根本缺陷，即“特里芬难题”，最终导致了它的崩溃。

(4) 20世纪70年代后，国际货币体系进入了牙买加体系。牙买加体系对布雷顿森林体系进行了扬弃。一方面，它继承了布雷顿森林体系下的IMF，并且，IMF的作用还得到了加强；另一方面，它放弃了布雷顿森林体系下的双挂钩制度，实行了多样化的汇率安排。牙买加体系具有较强的灵活性，在一定程度上适应了世界经济的现状。

(5) 欧洲货币体系包括 3 个主要内容：创设欧洲货币单位(ECU)；建立稳定汇率机制；建立欧洲货币基金。欧元的成功启动加速了其他区域性货币集团的进程。

(6) IMF 是在国际合作的基础上，为协调国际间货币政策，加强货币合作而建立的政府间的国际金融机构。它既是一个联合国专营国际金融业务的专门机构，又是一个成员国政府间进行交往的渠道和论坛，具有浓厚的政治色彩。

(7) 世界银行集团由世界银行、国际开发协会、国际金融公司、多边投资担保机构和国际投资争端解决中心组成。其目标最初是为西欧国家战后复兴提供资金支持，1948 年马歇尔计划中的欧洲复兴资金落实以后，业务目标转变为帮助发展中国家提高生产力，促进其社会进步和经济发展，改善和提高人民生活。其中前 3 个机构为集团的主要业务机构。

(8) IMF 与世界银行的基本职能及业务活动的异同。

相同点：都是全球性的国际金融组织，其职能和业务活动的目的均在于维持世界经济的发展。

不同点：

第一，基本职能不同。IMF 的基本职能是：①推动国际货币领域的合作；②促进国际贸易的扩大和平衡发展；③促进会员国之间的汇率稳定；④协助会员国间建立多边支付体系；⑤帮助会员国政府调整国际收支。世界银行的基本职能是：①协助会员国的复兴与开发；②促进私人的对外投资；③鼓励会员国之间的国际投资，扩大资源利用。

第二，业务活动不同。IMF 的业务活动主要是：①汇率监督与政策协调；②创造储备资产；③向会员国提供贷款。世界银行的主要业务活动是：向会员国政府以及政府担保的公私机构提供贷款。

(9) IMF 的贷款与世界银行贷款的异同点。

相同点：二者都是全球性国际金融组织发放的贷款。

不同点：

第一，对象不同。IMF 限于会员国政府，而世界银行贷款对象是会员国政府以及政府担保的公私机构。

第二，规模不同。IMF 贷款与会员国所交纳的份额成正比，而世界银行贷款通常为所贷项目总额的 30%～40%，个别的可以达到 50%。

第三，目的不同。IFM 贷款用于会员国进行国际收支的调整、经济结构调整及经济改革，而世界银行贷款目的是为了推动会员国生产性资源的利用。

第四，方式不同。IMF 提款采用“购买”方式，还款采用“购回”方式，而世界银行贷款是浮动利率贷款。

第五，附加条件不同，IMF 贷款的同时要求会员国政府对国内经济结构做相应调整，而世界银行要求资金专款专用。

(10) IMF 的成员所交纳的基金份额的作用。

作为 IMF 的成员国，都要交纳一定的基金份额，即 IMF 所创设的记账单位特别提款权。其主要作用在于：

① 提供资金，是IMF最主要的资金来源，而且每个成员国所交纳基金份额的多少反映了一国在世界经济中的地位。

② 决定会员国从IMF借款的额度。

③ 决定会员国在IMF中投票权的多少。

④ 决定会员国从IMF分得的SDR的多少。

项 目 练 习

一、填空题

1. 国际货币体系中三位一体的有机组成是指________、________、________。

2. ________年7月，在美国的新罕布什尔州的________城召开了有________国参加的国际金融会议，通过了以________为基础的"国际货币基金协定"和________总称________。

3. IMF主要的日常事务活动是向出现________的会员国提供贷款。

4. 世界银行成立于________年，总部设在________。

5. "双挂钩"是指________和________，它是以________为基础，以________为中心的________两大支柱。

二、单项选择题

1. 以美元为中心的固定汇率制规定汇率波动范围不得超过货币平价的(　　)。

A. ±1.25%　　B. ±2.25%　　C. ±1.5%　　D. ±1%

2. 历史上第一个国际货币体系是(　　)。

A. 国际金汇兑本位制　　B. 国际金本位制

C. 布雷顿森林体系　　D. 牙买加体系

3. 布雷顿森林体系实质是(　　)。

A. 金本位　　B. 金块本位制度　　C. 新金汇兑本位制　　D. 浮动汇率制

4. IMF的最高权力机构是(　　)。

A. 股东大会　　B. 理事会　　C. 董事会　　D. 总裁

5. 下列不属于世界银行集团成员的是(　　)。

A. 国际金融公司　　B. 国际开发协会

C. 国际复兴开发银行　　D. 农业发展基金

三、多项选择题

1. 国际货币体系包括(　　)。

A. 各国货币比价规定　　B. 各国货币的兑换性

C. 黄金外汇流动与转移是否自由　　D. 国际收支调节

E. 国际储备资产的确定

2. 金本位制下的黄金的“三自”的特点是指（　　）。
   A. 自由铸造　　B. 自由输出入　　C. 自由兑换　　D. 自由交易
3.（　　）共同构成战后国际经济三大支柱。
   A. IMF　　B. 国际开发协会　　C. 国际金融公司
   D. 世界银行集团　　E. 关税与贸易总协定
4. 属于全球性的国际金融机构有（　　）。
   A. 世界银行　　B. 国际清算银行　　C. 亚洲开发银行
   D. IMF　　E. 国际金融公司

四、判断题

（　　）1. 国际货币体系历来就是一种约定俗成的管理体制。
（　　）2. 黄金平价是金本位制度下汇率决定的基础。
（　　）3. 牙买加体系完全摒弃了布雷顿森林体系。
（　　）4. 世界银行贷款属于硬通贷款。

五、简答题

1. 什么是国际货币体系，包括的内容是什么？
2. 简述世界银行的宗旨。

六、案例分析题

阅读下列材料：

材料一　主要资本主义国家工业生产在资本主义世界生产中的比重见表7-1。

表7-1　主要资本主义国家工业生产在资本主义世界生产中的比重(%)

年份＼国别	美国	英、法	德、意、日
1937年	41.4	18.5	16.8
1948年	56.4	15.8	7.9

美国的外汇黄金储备在1937年占资本主义世界黄金外汇总储备的46.4%，到1948年占74.6%。

材料二　1945年，美国总统罗斯福在要求国会批准《布雷顿森林协定》的咨文中说：“如果我们想使和平的努力达到同我们战争的努力一样的水平，我们必须把和平的机构坚实地放在国际政治和经济合作的牢固基础之上。……只有我们今天面临的棘手的经济问题找到解决办法时，才能建立起友好的和建设性的国际关系。”

分析：

(1) 材料一反映了什么问题？

(2) 结合材料二及所学知识回答：美国为谋取国际经济合作，在经济领域采取了哪些重大举措？其主要目的是什么？结果如何？

(3) 材料一、二有什么内在联系？

参 考 文 献

[1] 姜波克．国际金融学[M]．北京：高等教育出版社，2008.
[2] 杨胜刚．国际金融[M]．北京：高等教育出版社，2007.
[3] 陈雨露．国际金融[M]．北京：中国人民大学出版社，2007.
[4] 刘舒年．国际金融[M]．北京：中国人民大学出版社，2007.
[5] 李文和．国际金融理论与实务[M]．北京：中国时代经济出版社，2006.
[6] 唐友清．国际金融原理与实务[M]．重庆：重庆大学出版社，2006.
[7] 刘园．国际金融实务[M]．北京：高等教育出版社，2006.
[8] 郑甘澍．国际金融[M]．北京：高等教育出版社，2006.
[9] 孙立坚．开放经济中的外部冲击效应和汇率安排[M]．上海：上海人民出版社，2005.
[10] 张纯威．人民币名义汇率超稳定研究[M]．北京：经济管理出版社，2005.
[11] [英]劳伦斯·S. 科普兰．汇率与国际金融[M]. 3版．康以同，等译．北京：中国金融出版社，2002.
[12] 郭晓晶．国际金融[M]．北京：清华大学出版社，2005.
[13] 刘舒年．国际金融[M]．北京：对外经济贸易大学出版社，2005.

北京大学出版社高职高专经管类规划教材书目

财务会计类

序号	书　　名	标 准 书 号	主 编	定价	出版年份	配套情况
1	统计学基础	978-7-81117-756-5	阮红伟	30	2009	ppt
2	统计学原理	978-7-81117-825-8	廖江平　刘登辉	25	2009	ppt
3	统计学原理与实务	978-7-5038-4836-0	姜长文　简家进	26	2009	ppt
4	实用统计基础与案例	978-7-301-20409-2	黄彬红	35	2012	ppt
5	经济法原理与实务	978-7-5038-4846-9	孙晓平　邓敬才	38	2009	ppt
6	经济法实用教程	978-7-81117-675-9	胡卫东　吕　玮	39	2009	ppt
7	财经法规	978-7-81117-885-2	李　萍　亓文会	35	2009	ppt
8	会计基本技能	978-7-5655-0067-1	高东升　王立新	26	2010	ppt
9	会计基础实训	978-7-301-19964-0	刘春才	29	2012	ppt
10	企业会计基础	978-7-301-20460-3	徐炳炎	33	2012	ppt/浙江省重点教材建设项目网站
11	基础会计	978-7-5655-0062-6	常　美	28	2010	ppt
12	基础会计教程	978-7-81117-753-4	侯　颖	30	2009	ppt
13	基础会计教程与实训	978-7-5038-4845-2	李　洁　王美玲	28	2009	ppt
14	基础会计教程与实训（第2版）	978-7-301-16075-6	李　洁	30	2011	ppt
15	基础会计实训教程	978-7-5038-5017-2	王桂梅	20	2009	ppt
16	基础会计原理与实务	978-7-5038-4849-0	侯旭华　缑宇英	28	2009	ppt
17	财务管理教程与实训	978-7-5038-4837-7	张　红　景云霞	37	2008	ppt
18	财务会计	978-7-5655-0117-3	张双兰　李桂梅	40	2011	ppt
19	财务会计	978-7-301-20951-6	张严心　金敬辉	32	2012	ppt
20	财务会计（第2版）	978-7-81117-975-6	李　哲　等	32	2010	ppt
21	财务会计实用教程	978-7-5038-5027-1	丁增稳　高　丛	36	2008	ppt
22	财务活动管理	978-7-5655-0162-3	石兰东	26	2011	ppt
23	财务管理	978-7-5655-0328-3	翟其红	29	2011	ppt
24	财务管理	978-7-301-17843-0	林　琳　蔡伟新	35	2011	ppt
25	Excel 财务管理应用	978-7-5655-0358-0	陈立稳	33	2011	ppt
26	成本会计	978-7-81117-592-9	李桂梅	28	2009	ppt
27	成本会计	978-7-5655-0130-2	陈东领　周美容	25	2010	ppt
28	成本会计	978-7-301-19409-6	徐亚明　吴雯雯	24	2011	ppt
29	成本费用核算	978-7-5655-0165-4	王　磊	27	2011	ppt
30	成本会计实务	978-7-301-19308-2	王书果	36	2011	ppt
31	成本会计实训教程	978-7-81117-542-4	贺英莲	23	2008	ppt
32	审计学原理与实务	978-7-5038-4843-8	马西牛　杨印山	32	2007	ppt
33	审计业务操作	978-7-5655-0171-5	涂申清	30	2011	ppt
34	审计业务操作全程实训教程	978-7-5655-0259-0	涂申清	26	2011	ppt
35	税务会计实用教程	978-7-5038-4848-3	李克桥　郭　华	37	2008	ppt
36	涉税业务核算	978 7 301-18287-1	周常青	29	2011	ppt
37	企业纳税实务	978-7-5655-0188-3	司宇佳	25	2011	ppt
38	企业纳税与筹划实务	978-7-301-20193-0	郭武燕	38	2012	ppt
39	会计电算化实用教程	978-7-5038-4853-7	张耀武	28	2008	ppt
40	会计电算化实用教程（第2版）	978-7-301-09400-6	刘东辉	20	2008	ppt
41	会计英语	978-7-5038-5012-7	杨　洪	28	2009	ppt
42	行业特殊业务核算	978-7-301-18204-8	余　浩	20	2011	ppt
43	财经英语阅读	978-7-81117-952-1	朱　琳	29	2010	ppt
44	资产评估	978-7-81117-645-2	董亚红	40	2009	ppt
45	预算会计	978-7-301-20440-5	冯　萍	39	2012	ppt
46	电算会计综合实习	978-7-301-21096-3	陈立稳　陈　健	38	2012	ppt

金融贸易类

序号	书　　名	标 准 书 号	主 编	定价	出版日期	配套情况
47	国际结算	978-7-5038-4844-5	徐新伟	32	2009	ppt
48	国际结算	978-7-81117-842-5	黎国英	25	2009	ppt
49	货币银行学	978-7-5038-4838-4	曹　艺　卞桂英	28	2009	ppt
50	国际金融基础与实务	978-7-5038-4839-1	冷丽莲　刘金波	33	2008	ppt
51	国际贸易概论	978-7-81117-841-8	黎国英　张新亚	28	2009	ppt
52	国际贸易理论与实务	978-7-5038-4852-0	程敏然　贺亚茹	40	2008	ppt
53	国际商务谈判	978-7-81117-532-5	卞桂英　刘金波	33	2008	ppt
54	国际商法实用教程	978-7-5655-0060-2	聂红梅　史亚洲	35	2010	ppt
55	进出口贸易实务	978-7-5038-4842-1	周学明　金　敏	30	2008	ppt
56	金融英语	978-7-81117-537-0	刘　娣	24	2009	ppt/省级精品课程网站
57	财政基础与实务	978-7-5038-4840-7	才凤玲　张云莺	34	2007	ppt
58	财政与金融	978-7-5038-4856-8	谢利人　郝巧亮	37	2008	ppt
59	国际贸易实务	978-7-301-19393-8	李湘滇　刘亚玲	34	2011	ppt

60	国际贸易实务操作	978-7-301-19962-6	王言炉	37	2011	ppt
61	国际贸易实务	978-7-301-20192-3	刘　慧	25	2012	ppt
62	国际商务谈判（第2版）	978-7-301-19705-9	刘金波	35	2011	ppt
63	外贸单证	978-7-301-17417-3	程文吉　张　帆	28	2011	ppt/浙江省重点教材建设项目网站
64	商务英语学习情境教程	978-7-301-18626-8	孙晓娟	27	2011	ppt/浙江省重点教材建设项目网站
65	保险实务	978-7-301-20952-3	朱丽莎	30	2012	ppt
66	国际贸易结算	978-7-301-20980-6	罗俊勤	31	2012	ppt
67	国际商务单证	978-7-301-20974-5	刘　慧，杨志学	29	2012	ppt
68	国际投资	978-7-301-21041-3	高田歌	33	2012	ppt
69	国际金融	978-7-301-21097-0	张艳清	26	2012	ppt
70	新编外贸单证实务	978-7-301-21048-2	柳国华	(估)30	2012	ppt

营销管理类

序号	书　名	标 准 书 号	主 编	定价	出版日期	配套情况
71	市场营销学	978-7-5038-4859-9	李世宗　李建峰	28	2008	ppt
72	市场营销	978-7-81117-957-6	钟立群	33	2010	ppt
73	市场营销理论与实训	978-7-5655-0316-0	路　娟	27	2011	ppt
74	市场营销项目驱动教程	978-7-301-20750-5	肖　飞	34	2012	ppt
75	管理学原理	978-7-5038-4841-4	季　辉　冯开红	26	2008	ppt
76	管理学基础	978-7-81117-974-3	李蔚田	34	2010	ppt/立体化教学资料
77	管理学原理与应用	978-7-5655-0065-7	秦　虹	27	2010	ppt
78	通用管理实务	978-7-81117-829-6	叶　萍	39	2009	ppt
79	现代公共关系原理与实务	978-7-5038-4835-3	张美清	25	2007	ppt
80	公共关系实务	978-7-301-20096-4	李　东　王伟东	32	2012	ppt
81	企业管理	978-7-5038-4858-2	张　亚　周巧英	34	2008	ppt
82	企业管理实务	978-7-301-20657-7	关善勇	28	2012	ppt
83	现代企业管理	978-7-81117-806-7	于翠华　贾志林	38	2009	ppt
84	现代企业管理	978-7-301-19687-8	刘　磊	32	2011	ppt
85	商务礼仪	978-7-81117-831-9	李　巍	33	2009	ppt
86	商务礼仪	978-7-5655-0176-0	金丽娟	29	2011	ppt
87	现代商务礼仪	978-7-81117-855-5	覃常员　张幸花	24	2009	ppt
88	商务沟通实务	978-7-301-18312-0	郑兰先	31	2011	ppt
89	商务谈判	978-7-301-20543-3	尤风翔　祝拥军	26	2012	ppt
90	商务谈判	978-7-5038-4850-6	范银萍　刘　青	32	2009	ppt
91	人力资源管理	978-7-5038-4851-3	李蔚田	40	2008	ppt
92	人力资源管理实务	978-7-301-19096-8	赵国忻	30	2011	ppt/浙江省重点教材建设项目网站
93	电子商务实务	978-7-301-11632-6	胡华江	27	2009	ppt/国家级精品课程网站
94	电子商务实用教程	978-7-301-18513-1	卢忠敏　胡继承	33	2011	ppt
95	电子商务英语	978-7-301-17603-0	陈晓鸣　叶海鹏	22	2010	ppt
96	电子商务项目式教程	978-7-301-20976-9	胡　雷	25	2012	ppt
97	网络营销理论与实务	978-7-5655-0039-8	范军环　宋沛军	32	2010	ppt
98	市场调研案例教程	978-7-81117-570-7	周宏敏	25	2008	ppt
99	市场调查与预测	978-7-5655-0252-1	徐　林　王自豪	27	2011	ppt
100	市场调查与预测	978-7-301-19904-6	熊衍红	31	2011	ppt
101	管理信息系统	978-7-81117-802-9	刘　宇	30	2009	ppt
102	商品学概论	978-7-5038-4855-1	方凤玲　杨　丽	20	2008	ppt
103	广告原理与实务	978-7-5038-4847-6	郑小兰　谢　璐	32	2007	ppt
104	零售学	978-7-81117-759-6	陈文汉	33	2009	ppt
105	消费心理学	978-7-81117-661-2	臧良运	31	2009	ppt
106	消费心理与行为分析	978-7-301-19887-2	王水清	30	2011	ppt
107	营销策划技术	978-7-81117-541-7	方志坚	26	2008	ppt
108	现代推销技术	978-7-301-20088-9	尤凤翔　屠立峰	32	2012	ppt
109	营销策划	978-7-301-20608-9	许建民	37	2012	ppt/国家级精品课程网站
110	中小企业管理	978-7-81117-529-5	吕宏程	35	2008	ppt
111	中小企业财务管理教程	978-7-301-20608-9	周　兵	28	2012	ppt
112	连锁经营与管理	978-7-5655-0019-0	宋之苓	37	2010	ppt
113	秘书理论与实务	978-7-81117-590-5	赵志强	26	2008	ppt
114	企业经营管理模拟训练（含记录手册）	978-7-301-21033-8	叶　萍　宫恩田	29	2012	ppt

请登录 www.pup6.cn 免费下载本系列教材的电子样书(PDF 版)、ppt 和相关教学资源。

欢迎免费索取样书，并欢迎到北京大学出版社来出版您的大作，您可在 www.pup6.cn 在线申请样书和进行选题登记，也可下载相关表格填写后发到我们的邮箱，我们将及时与您取得联系并做好全方位的服务。

联系方式：010-62750667，sywat716@126.com，linzhangbo@126.com，欢迎来电来信咨询。